Sprachen des Alten Orients

Michael P. Streck (Hrsg.)

Sprachen des Alten Orients

3. Auflage

1. Auflage 2005
2., überarbeitete Auflage 2006

Die Deutsche Nationalbibliothek verzeichnet diese Publikation
in der Deutschen Nationalbibliografie;
detaillierte bibliografische Daten sind im Internet über
http://dnb.d-nb.de abrufbar.

3., durchgesehene Auflage 2007

Die Herausgabe des Werkes wurde durch
die Vereinsmitglieder der WBG ermöglicht.
Einbandgestaltung: Peter Lohse, Büttelborn
Gedruckt auf säurefreiem und alterungsbeständigem Papier
Printed in Germany

Besuchen Sie uns im Internet: www.wbg-darmstadt.de

ISBN 978-3-534-17996-1

INHALTSVERZEICHNIS

ABKÜRZUNGSVERZEICHNIS 6
VORWORT 7
EINLEITUNG von Michael P. Streck 8
SUMERISCH von Gábor Zólyomi 11
1. Einleitung 11
2. Diachrone und synchrone Variation 12
3. Phonologie 15
4. Nominalphrasen 17
5. Pronomina 23
6. Finite Verbalformen 24
7. Infinite Verbalformen 36
Abkürzungen in den interlinearen Übersetzungen 38
Bibliographie 39
AKKADISCH von Michael P. Streck 44
1. Sprachgeschichte 44
2. Struktur des Altbabylonischen 47
3. Kleine Geschichte des akkadischen Wortschatzes 66
Bibliographie 73
HETHITISCH von Elisabeth Rieken 80
1. Einleitung 80
2. Lautlehre 85
3. Morphologie 87
4. Syntax 102
5. Wortschatz 120
Bibliographie 121
HATTISCH von Jörg Klinger 128
1. Zur Überlieferungs- und Sprachgeschichte 128
2. Grammatische Strukturen 129
Bibliographie 133
HURRITISCH UND URARTÄISCH von Joost Hazenbos 135
1. Einleitung; Sprachgeschichte 135
2. Struktur des Hurritischen und Urartäischen 137
3. Beispiele 154
Bibliographie 156
ELAMISCH von Manfred Krebernik 159
1. Einleitung 159
2. Schrift- und Lautsystem 161
3. Zur morphosyntaktischen Struktur des Elamischen 163
4. Pronomina 166
5. Nomina 170
6. Postpositionen, Kasussuffixe 173
7. Adverbien 174
8. Numeralia 174
9. Verben 174
10. Partikeln 179
Bibliographie 181
INDEX. Zusammengestellt von Brit Jahn 183

ABKÜRZUNGSVERZEICHNIS

AfO	= Archiv für Orientforschung. Wien etc.
AHw	= Akkadisches Handwörterbuch. Wiesbaden.
AMI	= Archäologische Mitteilungen aus Iran. Berlin.
AOAT	= Alter Orient und Altes Testament. Kevelaer etc.
AoF	= Altorientalische Forschungen. Berlin.
AS	= Assyriological Studies. Chicago.
ASJ	= Acta Sumerologica. Hiroshima.
BAW	= Bayerische Akademie der Wissenschaften. München.
BBVO	= Berliner Beiträge zum Vorderen Orient. Berlin.
BCSMS	= Bulletin of The (Canadian) Society for Mesopotamian Studies. Toronto.
BiOr.	= Bibliotheca Orientalis. Leiden.
CAD	= Assyrian Dictionary of the University of Chicago. Glückstadt etc.
FAOS	= Freiburger Altorientalische Studien. Wiesbaden.
HdO	= Handbuch der Orientalistik. Leiden etc.
HSS	= Harvard Semitic Studies. Atlanta.
IBS	= Innsbrucker Beiträge zur Sprachwissenschaft. Innsbruck.
JAOS	= Journal of the American Oriental Society. New Haven.
JCS	= Journal of Cuneiform Studies. Cambridge (Massachusetts).
JNES	= Journal of Near Eastern Studies. New Haven.
JRAS	= Journal of the Royal Asiatic Society. London.
JSS	= Journal of Semitic Studies. Manchester.
MDOG	= Mitteilungen der Deutschen Orient-Gesellschaft. Berlin.
MVAeG	= Mitteilungen der Vorderasiatisch(-Ägyptisch)en Gesellschaft. Leipzig.
N.A.B.U.	= Nouvelles Assyriologiques Brèves et Utilitaires. Paris.
Or.	= Orientalia. Rom.
OLZ	= Orientalistische Literaturzeitung. Leipzig.
OPSK	= Occasional Publications of the Samuel Noah Kramer Fund. Philadelphia.
RA	= Revue d'Assyriologie et d'Archéologie Orientale. Paris.
RlA	= Reallexikon der Assyriologie und Vorderasiatischen Archäologie. Berlin etc.
SAAS	= State Archives of Assyria Studies. Helsinki.
SAKI	= F. Thureau-Dangin, Die sumerischen und akkadischen Königsinschriften = VAB 1 (1907) Leipzig.
SCCNH	= Studies on the Civilization and Culture of Nuzi and the Hurrians. Winona Lake.
SEL	= Studi Epigrafici e Linguistici sul Vicino Oriente. Verona.
SMANE	= Sources and Monographs of the Ancient Near East. Malibu.
SMEA	= Studi Micenei ed Egeo-Anatolici. Rom.
StBoT	= Studien zu den Bogazköy-Texten. Wiesbaden.
TSO	= Texte und Studien zur Orientalistik. Hildesheim.
WO	= Welt des Orient: Wissenschaftliche Beiträge zur Kunde des Morgenlandes. Göttingen.
WZKM	= Wiener Zeitschrift für die Kunde des Morgenlandes. Wien.
ZA	= Zeitschrift für Assyriologie und verwandte Gebiete. Leipzig/Berlin.
ZDMG	= Zeitschrift der Deutschen Morgenländischen Gesellschaft. Leipzig.

VORWORT

Die Arbeit an vorliegendem Buch hat sich viele Jahre hingezogen. Mehrfach wechselten die Konzeption und die Autoren. Der Herausgeber stand mehr als einmal an der Schwelle zur Kapitulation. Dass dieses Buch nun dennoch endlich erscheinen konnte, ist in erster Linie den Autoren zu verdanken, die in unterschiedlichen Entstehungsphasen zum Autorenteam stießen, mit großer Geduld ihre zum Teil lang liegenden Manuskripte umarbeiteten und sich zunehmend rigideren Vorgaben bezüglich Umfang und Inhalt anpassten.

Das englisch geschriebene Manuskript von Gábor Zólyomi wurde vom Herausgeber in das Deutsche übersetzt.

Um die druckreife Herstellung des Manuskriptes hat sich in zahlreichen Stunden Brit Jahn M.A. verdient gemacht, wofür ich ihr ganz herzlich danke.

Ferner danke ich Konrad Volk und Pascal Attinger für verschiedentliche Unterstützung und der Wissenschaftlichen Buchgesellschaft für die Aufnahme des Buches in ihr Programm.

Vorliegendes Buch hätte ursprünglich von meinem verehrten Lehrer, dem Meister nicht nur der altorientalischen, sondern auch zahlreicher lebender Sprachen, Dietz Otto Edzard (1930–2004), geschrieben werden sollen. Sein Erscheinen kann er nun nicht mehr erleben. Dieses Buch ist daher seinem Andenken gewidmet.

Altorientalisches Institut der Universität Leipzig,
im Mai 2005,
Michael P. Streck

VORWORT ZUR ZWEITEN AUFLAGE

Die erste Auflage dieses Buches war nach kurzer Zeit vergriffen. Für die zweite Auflage wurde der Text an einigen Stellen leicht korrigiert und auf einen neueren Stand gebracht.

Altorientalisches Institut der Universität Leipzig,
im Januar 2006,
Michael P. Streck

VORWORT ZUR DRITTEN AUFLAGE

Auch für die dritte Auflage wurde der Text leicht korrigiert und ergänzt.

Altorientalisches Institut der Universität Leipzig,
im Mai 2007,
Michael P. Streck

EINLEITUNG

MICHAEL P. STRECK

„Darum wird diese Stadt Babel genannt, denn dort hat der Herr die Sprache der Menschen verwirrt und von dort aus die Menschen über die ganze Erde zerstreut“ (Genesis 11,9). Sprachenvielfalt und Vielzahl der Völker – die Bibel verlegt den Ursprung beider nach Babylon, der uralten Metropole im Land zwischen den Strömen Euphrat und Tigris. Was an der Oberfläche nur eine gelehrte und dennoch falsche Namensetymologie zu sein scheint,[1] ist im Kern eine Erinnerung an eine überaus bewegte dreitausendjährige Geschichte des Alten Mesopotamiens und seiner Nachbarn. Diese Geschichte wurde in der Tat durch ein Vielzahl von Völkern geformt; Sumerer, Babylonier, Assyrer, Elamer, Hurriter, Urartäer, Hattier, Hethiter, Luwier, Kassiten, Amurriter, Ugariter, Aramäer und Phönizier heißen die wichtigsten Akteure auf der Bühne des Alten Orients. Wie sie lebten, was sie taten und dachten ist uns durch ihre mannigfaltigen materiellen Hinterlassenschaften, vor allem aber durch eine heute nicht mehr überschaubare Zahl von Texten überliefert. Text bedeutet schriftlich festgehaltene Sprache. Schrift und Sprache sind somit das wichtigste Medium zur Rekonstruktion der lange Jahrhunderte verschollenen Kulturen des Alten Orients geworden. Doch nicht nur das: sie sind zugleich selbst charakteristische Komponenten dieser Kulturen. Die schriftlich überlieferten Sprachen des Alten Orients sind Gegenstand des vorliegenden Buches.

Geographie, Chronologie und der Gebrauch der Keilschrift definieren diesen Gegenstandsbereich. Das geographische Herz des Alten Orients ist Mesopotamien auf dem Gebiet des heutigen Iraks und Teilen Syriens. Darum gruppieren sich Westiran, Syrien westlich des Euphrats bis zum Mittelmeer und schließlich Kleinasien auf dem Gebiet der heutigen Türkei. Das Auftreten der Schrift am Ende des 4. Jahrtausends v. Chr. und das Aufgehen der altorientalischen Kulturen im Hellenismus um Christi Geburt bilden die chronologischen Grenzen. Innerhalb dieser Grenzen in Raum und Zeit stellt die Keilschrift das wichtigste Schriftsystem dar, in dem Texte in Sumerisch, Akkadisch (= Babylonisch-Assyrisch), Elamisch, Hattisch, Hethitisch, Luwisch, Palaisch, Hurritisch und Urartäisch geschrieben wurden. Die Beschränkung des zur Verfügung stehenden Raumes verbot es, auf die in anderen altorientali-

[1] Babel wird in Anlehnung an die semitische Wurzel *BLL „mischen“ gedeutet. In Babylon selbst verstand man den Namen der Stadt babylonisch als *bāb ili* „Gottespforte“. Beide Etymologien halten einer Überprüfung durch die moderne Namensforschung nicht stand. Vielmehr ist *Babillu* Teil einer alten Schicht von Ortsnamen, die auf *-llu* u. ä. enden und einer uns nicht mehr bekannten, prähistorischen Sprache angehören.

schen Schriftsystemen – protoelamische Strichschrift, luwische Hieroglyphen (S. 83), semitische Alphabete[2] – geschriebenen Sprachen, die nur durch Eigennamen und Lehnwörter erschließbaren Sprachen (z. B. Amurritisch,[3] Kassitisch[4]) und das Keilschriftsystem selber[5] näher einzugehen.

Selbst der Fachforscher kann sich kaum mehr mit allen Sprachen und Kulturen des so definierten Alten Orients gründlich auseinandersetzen und bedarf einer Orientierungshilfe in ihm ferner liegenden Arbeitsbereichen. Um so mehr benötigen Studenten und Wissenschaftler aus Nachbardisziplinen einen Einstieg in dieses weit verzweigte Forschungsgebiet. Allerdings kann vorliegendes Buch kein Lehrbuchersatz sein. Vielmehr besitzt der ideale Leser schon Grundkenntnisse in der einen oder anderen altorientalischen Sprache; Beherrschung verwandter (vor allem semitischer und indoeuropäischer) Sprachen oder Routine im Umgang mit sprachwissenschaftlicher Literatur können solche Kenntnisse jedoch bis zu einem gewissen Grad ersetzen. Der einführende Charakter des Buches und die Platzbeschränkung bedingen, daß nicht jede Einzelheit zur Sprache kommen kann. Da die altorientalische Philologie in keinem ihrer Teilbereiche schon auf so festen Füßen steht wie andere Philologien und die Forschung noch überall im Fluß ist, legt vorliegendes Werk besonderen Wert darauf, den aktuellen Forschungsstand zu referieren und bibliographisch zu dokumentieren.

Ordnet man die Sprachen des Alten Orients nach Familien, so ergibt sich folgendes (in diesem Buch behandelte Keilschriftsprachen sind kursiv hervorgehoben):

Semitisch: Ostsemitisch: *Akkadisch* (= Babylonisch-Assyrisch einschließlich Eblaitisch). Nordwestsemitisch: Amurritisch, Ugaritisch, Phönizisch, Altaramäisch.

Indoeuropäisch: Anatolisch: *Hethitisch*, Luwisch, Palaisch, Lykisch, Lydisch, Pisidisch, Sidetisch, Karisch. Indo-Iranisch: Mittanisch.

Hurro-Urartäisch: *Hurritisch*, *Urartäisch*.

Isolierte Sprachen: *Sumerisch*, *Elamisch*, *Hattisch*, Kassitisch.

[2] Für das Ugaritische s. J. Tropper, Ugaritische Grammatik = AOAT 273, Münster 2000; für das Phönizische J. Friedrich/W. Röllig, Phönizisch-Punische Grammatik, 3. Aufl., neu bearb. von M. G. Amadasi Guzzo, unter Mitarbeit von W. R. Mayer = Analecta Orientalia 44, Roma 1999; für das Altaramäische u. a. S. Segert, Altaramäische Grammatik mit Bibliographie, Chrestomathie und Glossar, Leipzig 1986.

[3] Vgl. dazu M. P. Streck, Das amurritische Onomastikon der altbabylonischen Zeit, Bd. 1 = AOAT 271/1, Münster 2000.

[4] Vgl. dazu K. Balkan, Kassitenstudien 1: Die Sprache der Kassiten = AOS 37, New Haven 1954.

[5] Vgl. dazu D. O. Edzard, Keilschrift, RlA Bd. 5 (1976–1980) 544–568; D. O. Edzard/M. P. Streck/N. Oettinger, Orthographie, RlA Bd. 10/1–2 (2003) 132–143.

Die längste Überlieferungsdauer unter den Keilschriftsprachen besitzen das Akkadische und Elamische, die beide vom 3. bis zum 1. Jt., Elamisch dabei allerdings mit großen Lücken, belegt sind. Das Sumerische ist vor allem im 3. und frühen 2. Jt. bezeugt, wird aber auch noch später neben dem Akkadischen als Kult- und Gelehrtensprache verwendet. Hethitisch ist vom 16. Jh. bis ca. 1200, Hurritisch vom späten 3. Jt. bis ca. 1200 überliefert. Hattisch ist aus den Archiven von Boghazköy (16. Jh. bis ca. 1200) bekannt, war aber wohl schon um 1400 keine gesprochene Sprache mehr. Urartäische Texte gibt es vom 9. bis 7. Jh.

Die größte geographische Verbreitung hat unter den Keilschriftsprachen das Akkadische. Es fand nicht nur in Babylonien und Assyrien, sondern darüber hinaus zu verschiedenen Perioden zumindest als Schriftsprache auch in Westiran, Syrien, Kleinasien und sogar Ägypten Verwendung. Dagegen ist das Sumerische überwiegend auf Südmesopotamien beschränkt, das Elamische auf Westiran, das Urartäische auf Ostkleinasien sowie das Hethitische und Hattische auf Anatolien. Hurritische Texte finden sich vom Osttigrisland über Syrien bis nach Anatolien.

Die Keilschriftsprachen sind ganz unterschiedlich gut bezeugt. Das Textkorpus der best bezeugten Keilschriftsprache, des Akkadischen, dürfte nach C. Peust[6] in der Größe dem antiken lateinischen Textkorpus gleichkommen (ca. 10 Millionen Wortformen), damit größer als das des Ägyptisch-Demotischen sein und im Altertum nur noch vom Altgriechischen übertroffen werden. An zweiter und dritter Stelle unter den Keilschriftsprachen stehen das Textkorpus des Sumerischen und Hethitischen, beide kleiner als das Korpus des Ägyptisch-Demotischen, aber immer noch deutlich größer als das des Althebräischen. Deutlich schlechter belegt sind das Elamische, Hurritische, Urartäische und Hattische. Eine Besonderheit aller altorientalischer Textkorpora, die sie von manch anderen antiken Textkorpora abhebt, besteht darin, daß sie mehr oder weniger rapide durch archäologische Ausgrabungen und Raubgrabungen von Jahr zu Jahr anwachsen, ohne daß ein Ende des Wachstums absehbar wäre.

Insgesamt und gemessen an Überlieferungsdauer, räumlicher Verbreitung und Dichte der Bezeugung bietet der Alte Orient sprachliche Reichtümer, die in der antiken Welt kaum ihresgleichen finden und ein Erbe der Menschheitsgeschichte darstellen, dessen Bewahrung und Erforschung eine der wichtigsten und dankbarsten Aufgaben der Wissenschaft ist.

[6] Über ägyptische Lexikographie. 1. Zum Ptolemaic Lexikon von Penelope Wilson, 2. Versuch eines quantitativen Vergleichs der Textkorpora antiker Sprachen, Lingua Aegyptia 7 (2000) 245–260, bes. S. 252ff. Peust zählt belegte Wortformen.

SUMERISCH[1]

Gábor Zólyomi

1. EINLEITUNG[2]

Sumerisch wurde im Südteil des alten Mesopotamien gesprochen. Der Name Sumerisch ist von der akkadischen Bezeichnung für die Sprache, *šumeru*, abgeleitet. Der sumerische Name der Sprache lautet *eme-gir*$_{15}$, was vielleicht „einheimische Sprache" bedeutet.[3] Sumerisch ist mit keiner anderen bekannten Sprache genetisch verwandt. Die Sprache ist im wesentlichen agglutinierend und teilweise – je nach Semantik der Nominalphrase (§ 5 S. 23f.) und dem Tempus oder Modus des Verbs (§§ 6.3 S. 25ff., 6.13–14 S. 33ff.) – ergativisch (sogenannte Split-Ergativität).[4] Sumerisch besitzt ein grammatisches Geschlecht, das Personen- und Sachklasse differenziert. Das Verb steht am Satzende; die Stellung der anderen Satzglieder ist durch die Informationsstruktur des Satzes bedingt. Die Sprache ist ausgestorben und kann daher heute nur durch Schriftquellen, die ein gemischt logographisch-phonographisches Schriftsystem verwenden, untersucht werden.[5]

[1] Vorliegendes Kapitel habe ich in meiner Zeit als Humboldt-Stipendiat am Institut für Assyriologie und Hethitologie in München von Mai 2003 bis März 2004 geschrieben. Ich danke der Alexander von Humboldt-Stiftung für die Unterstützung und dem Institut für hervorragende Forschungsbedingungen. Ebenfalls danke ich Bram Jagersma, dessen noch unvollendete sumerische Grammatik (Jagersma 1999) besonders meine Beschreibung der Phonologie und der infiniten Verbalformen beeinflußt hat.

[2] Eine allgemein anerkannte Referenzgrammatik des Sumerischen ist noch ungeschrieben. Die vorliegenden Grammatiken differieren mitunter beträchtlich, besonders hinsichtlich der Beschreibung der finiten und infiniten Verbalformen. Die beste Einführung in das Sumerische ist immer noch Thomsen 1984, allerdings nur zusammen mit dem grammatischen Teil von Attinger 1993 (S. 1–318) zu benutzen. Eine weitere Einführung bietet Römer 1999. Kurzgefaßte Grammatiken stammen von Poebel 1923 (bahnbrechend), Jestin 1951, Falkenstein 1964, Kaneva 1996, Hayes 1997, Edzard 2003 und Michalowski 2004. Für den fortgeschrittenen Studenten am wichtigsten ist Attinger 1993, ein Werk, das in vielerlei Hinsicht neue Maßstäbe gesetzt hat. Spezifische Textkorpora behandeln Falkenstein 1949, 1950 (seinerzeit grundlegend) und Kärki 1967. – Lehrbücher: Hayes 2000^2, Bord 2001, Volk 2003. – Wörterbücher: Ein vollständiges und aktuelles sumerisches Wörterbuch gibt es nicht. Sjöberg et alii (ed.) 1984–1998 enthält nur den Buchstaben B und etwa zwei Drittel von A. Oberhuber 1990 bietet ein Glossar der sumerischen Texte der hellenistischen Zeit.

[3] Steinkeller 1993, 112–113 Anm. 9.

[4] Michalowski 1980.

[5] Für das Schriftsystem s. Krebernik/Nissen 1994 und Wilcke 1994. Das für das Sumerische benutzte Schriftsystem verhält sich zur gesprochenen Sprache nicht wie die modernen Alphabete. Eine grammatische Beschreibung muß deshalb Sprache und Schriftmedium unterscheiden. Die Beispiele in folgendem Kapitel bieten daher getrennt eine

Phonologie, Morphologie, Syntax und Sprachgebrauch lassen sich aus der vorhandenen Evidenz, wie umfangreich sie auch sein mag, nur unvollständig rekonstruieren. Die folgende grammatische Skizze beschreibt unter Betonung struktureller Merkmale nur die wichtigsten Charakteristika der Sprache.

2. Diachrone und synchrone Variation

Wie jede Sprache muß auch das Sumerische zahlreiche örtliche und zeitliche Varietäten unterschieden haben. Die meisten dieser Varietäten sind jedoch für immer verloren, weil die Schriftquellen in einem formellen und konventionellen Sumerisch abgefaßt sind, dessen Charakteristika und Geschichte von denen der Umgangssprache beträchtlich abgewichen haben dürften.[6]

Die ersten Texte, die sehr wahrscheinlich von Sumerern abgefaßt wurden, datieren an das Ende des 4. Jahrtausends.[7] Diese Texte in einer logographischen Schrift lassen sich in jeder Sprache lesen und sind daher für grammatische Untersuchungen ungeeignet. Die ersten Texte, die für eine linguistische Analyse genügend phonographische Zeichen verwenden, stammen aus der Mitte des 3. Jahrtausends.[8]

Sumerisch war nur eine der in einer mehrsprachigen Gesellschaft gebrauchten Sprachen. Die andere Hauptsprache war das ostsemitische, flektierende Akkadisch. Man vermutet, daß der Kontakt zwischen beiden Sprachen bis an die Anfänge des Schreibens an der Wende vom 4. zum 3. Jahrtausend zurückreicht;[9] er resultierte in Ähnlichkeiten beider Sprachen auf der Ebene von Lexikon, Phonologie, Morphologie und Syntax.[10] Die meisten dieser Ähnlichkeiten sind bereits im frühesten durch Texte belegten Sprachstadium greifbar. Ohne historische Daten zu den gesellschaftlichen Umständen, dem Sprachverhalten, der Dauer und Intensität des Sprachkontaktes, des relativen Anteils von Sprechern, dem Grad der Zweisprachigkeit usw. ist es allerdings schwierig, das Verhältnis beider Sprachen zueinander zu beurteilen. Die Interpretation der linguistischen Evidenz ist daher zu einem Gutteil auf Mutmaßungen angewiesen. So können wir nicht wissen, ob die angenommenen Ähnlichkeiten beider Sprachen das Ergebnis eines langfristigen Sprachkontaktes

Transliteration des Textes (1. Zeile), eine Transkription der Morpheme (2. Zeile), eine Glossierung der Morpheme (3. Zeile) und eine fortlaufende Übersetzung (4. Zeile).

[6] Für umgangssprachliches Sumerisch s. Krecher 1993.

[7] Für diese Texte s. Englund 1998.

[8] Für diese Texte s. Krebernik 1998.

[9] Wilcke 1996, 36f. und Wilcke im Druck.

[10] Falkenstein 1960, Cooper 1973, Lieberman 1977, Pedersén 1989, Streck 1998, Edzard 2003a, 173–178. S. auch Michalowski 2005 mit einer Diskussion unter Einbeziehung der linguistischen Literatur zu Sprachkontakt und Sprachtod.

mit wechselseitigen Beeinflussungen, d. h. eines Sprachareals oder Sprachbundes, oder von einseitigen Beeinflussungen mit wechselnden Richtungen sind, was ebenfalls zu dem Eindruck eines Sprachareals führt.

Wie sich beide Sprachen in der Frühzeit auch zueinander verhielten, vom 23. Jahrhundert an dürfte das Akkadische die Dominanz gewonnen haben. Die Reduktion der protosemitischen Gutturale etwa zu dieser Zeit weist vermutlich auf eine relativ große Zahl vom Sumerischen zum Akkadischen wechselnder Sprecher.[11] In den folgenden Jahrhunderten sind nur Interferenzen vom Akkadischen auf das Sumerische und nie umgekehrt belegt. Die Dominanz des Akkadischen führte schließlich zum Ersatz des Sumerischen durch das Akkadische als Umgangssprache. Höchstwahrscheinlich gab es am Ende der altbabylonischen Zeit (um 1600) keine sumerischen Muttersprachler mehr; bereits in der altbabylonischen Zeit (erste Hälfte des 2. Jahrtausends) dürfte die Mehrheit der Sumerisch Schreibenden Akkadisch oder andere Sprachen als Muttersprache verwendet haben.[12] Auch das Auftreten von langen Akkadisch-Sumerischen Verbalparadigmen mit hochentwickelter Systematik, die sogenannten *Old Babylonian Grammatical Texts*, die Sumerisch nach akkadischen morpho-syntaktischen Kategorien analysieren, weisen auf den Status des Sumerischen als Zweitsprache.[13]

In den ersten beiden Jahrhunderten des 2. Jahrtausends reduzieren sich die Textgattungen, für welche Sumerisch gebraucht wird. Sumerische Briefe, Rechts- und Verwaltungsurkunden verschwinden schrittweise. Sumerisch beschränkt sich auf mehr formelle Textgattungen: Königsinschriften (fast ausschließlich zweisprachig in Sumerisch und Akkadisch) und literarische Texte. Nach der altbabylonischen Zeit bis in das 1. Jahrhundert n. Chr. hinein lehrte und lernte man Sumerisch nur noch für kultische, literarische und wissenschaftliche Zwecke.[14]

Während des 3. Jahrtausends läßt sich lediglich eine Hand voll Unterschiede zwischen Texten aus verschiedenen Orten und Zeiten erkennen, z. B. die Vokalharmonie in den Verbalpräfixen in südbabylonischen Städten während des 24.–23. Jahrhunderts (§ 3.2 S. 15), der Gebrauch des Präfixes */a(l)/* in passiver Bedeutung in nordbabylonischen Städten während derselben Periode (§ 6.15 S. 35) und der Gebrauch des Komitativs in der Funktion eines Terminativs im 25. Jahrhundert.[15]

[11] Gemeint ist hier Interferenz, die „results from imperfect learning during a process of language shift“ (Thomason/Kaufman 1988, 38).

[12] Für den Tod von Sumerisch als Umgangssprache s. Cooper 1973, Sallaberger 1999, 129–131, Michalowski 2005 und Sallaberger 2004.

[13] Black 1991, 1998, Zólyomi 2005, 353ff.

[14] Geller 1997.

[15] Krebernik 1984, 43. 218f. 310f., Krebernik 1998, 260.

Seit dem Ende des 3. Jahrtausends erlebt Sumerisch eine tiefgehende Akkadisierung, die mit dem Wechsel seines soziolinguistischen Status zusammenhängt. Das sumerische Lautsystem gleicht sich dem Akkadischen an; so werden z. B. stimmlose Konsonanten in den meisten Positionen stimmhaft (§ 3.3 S. 16), */uj/* und */aj/* werden monophthongiert. Grammatische Unterscheidungen des Sumerischen werden nicht konsequent beibehalten oder aufgrund falscher Gleichsetzung mit akkadischen Unterscheidungen durch andere ersetzt; so werden z. B. Personen- und Sachklasse der Pronomina falsch verwendet und die Kasus Lokativ, Obliquus-Lokativ und Obliquus-Direktiv promiscue gebraucht.[16] Eine Anzahl struktureller Interferenzen des Akkadischen läßt sich beobachten,[17] z. B. das Verschwinden der Entsprechung von Kasusmorphemen und Verbalpräfixen, die Beeinflussung der nominalen Kasusmorpheme durch entsprechende akkadische Idiome oder die Entwicklung morphologischer Kausativität im Sumerischen.

Eine Besonderheit des Sumerischen ist die ausschließlich literarische Varietät mit Namen *eme-sal*, was wahrscheinlich „feine Sprache" bedeutet. Sie ist offenbar durch ein beträchtliches Maß an phonologischer Variation und eine beschränkte lexikalische Substitution gekennzeichnet.[18] Das Entstehungsdatum dieser Varietät kennen wir nicht. Wahrscheinlich hat sie ihren Ursprung in einer Form des gesprochenen Sumerischen. Eine ihrer Gebrauchsweisen in der gesprochenen Sprache war ziemlich sicher die eines Frauendialektes; doch für welche historische Periode und welche Regionen dies gilt, läßt sich nicht mehr feststellen, weil zu Beginn des 2. Jahrtausends (aus dieser Zeit stammen die ersten *eme-sal*-Texte) dieser Gebrauch durch eine Spezialisierung auf bestimmte religiöse und poetische Textgenres und Kontexte abgelöst wurde (einschließlich der literarischen Wiedergabe von Frauenrede, ohne sich jedoch auf sie zu beschränken).

[16] Wilcke 1998 (besonders S. 464).
[17] Zólyomi 2005.
[18] Schretter 1990, Black 1992, Bauer 1998, 435f., Veldhuis 2002, 69, Krispijn 2005.

3. Phonologie

3.1. Allgemeines

Die Rekonstruktion des sumerischen Lautsystems basiert ausschließlich auf Schriftquellen, abgefaßt in einem gemischt logographisch-syllabischen Schriftsystem. Interpretation und Transliteration dieser Schrift hängen letztlich von unserem Verständnis akkadischer Phonologie ab, die ihrerseits selbst in manchem unklar ist.[19] Als weitere Evidenz kommen die Wiedergabe von Lehnwörtern, Glossen in Syllabaren und Vokabularen, Schreibvarianten desselben Wortes, die alten Namen der Keilschriftzeichen sowie griechische Umschriften sumerischer und akkadischer Wörter aus hellenistischer Zeit hinzu.[20] Ohne die Möglichkeit, die Sprache zu hören, bleibt die Rekonstruktion des sumerischen Lautsystems bis zu einem gewissen Grad unsicher.

3.2. Vokale

Das Sumerische besitzt vier Vokale. Die Vokallänge ist wohl phonemisch.

	vordere	Hintere
hoch	/*i*/	/*u*/
tief	/*e*/	/*a*/

Die Assimilation bestimmter Verbalpräfixe mit Vokal /*i*/ oder /*e*/ hinsichtlich der Vokalhöhe an den Vokal der folgenden Silbe (sogenannte „Vokalharmonie“) stellt eine Isoglosse von Städten in Südbabylonien (Lagaš, Umma, Ur und Uruk) im Gegensatz zu Städten in Nordbabylonien (Nippur, Adab, Šuruppag und Isin) im 24.–23. Jahrhundert dar, welche in den folgenden Jahrhunderten verschwindet.[21]

[19] So ist es z. B. von unmittelbarer Bedeutung auch für die sumerische Phonologie, wenn die sogenannten akkadischen Sibilanten /*s*/, /*z*/ und /*ṣ*/ als Affrikaten interpretiert werden s. S. 48 § 2.1.2.

[20] Krecher 1969, 158f. (§ 5). Für die hellenistische Evidenz s. Maul 1991 und Geller 1997.

[21] Poebel 1931, Kramer 1936, Krispijn 2005.

3.3. Konsonanten

Die folgende Tabelle nennt in eckigen Klammern für jeden Konsonanten die rekonstruierte Aussprache des 3. Jahrtausends und in runden Klammern die traditionelle Transliteration. Konsonanten, die im Laufe des 3. Jahrtausends schwinden und daher in unserem vom Altbabylonischen ausgehenden Transliterationssystem gewöhnlich unberücksichtigt bleiben, sind durch (–) gekennzeichnet (Frik. = Frikative, App. = Approximanten, Nas. = Nasale, stml. = stimmlos, asp. = aspiriert, bil. = bilabial, den. = dental, alv. = alveolar, lat. = lateral, pal. = patatal, vel. = velar, glot. = glottal).

	Verschlußlaute		Affrikaten		Frik.	App.	Nas.
	stml.	stml. asp.	stml.	stml. asp.			
bil.	[*p*] (*b*)	[p^h] (*p*)					[*m*] (*m*)
den. oder alv.	[*t*] (*d*)	[t^h] (*t*)	[*ts*] (*z*)	[ts^h] (*d*) oder (*r*)	[*s*] (*s*)	[*r*] (*r*)	[*n*] (*n*)
lat.						[*l*] (*l*)	
pal.					[*ʃ*](*š*)	[*j*] (–)	
vel.	[*k*] (*g*)	[k^h] (*k*)			[*x*] (*ḫ*)		[*ŋ*](*ĝ*)[22]
glot.	[ʾ] (–)				[*h*] (–)		

Im 3. Jahrtausend besitzen die Verschlußlaute mit Ausnahme des Glottisverschlusses und die Affrikaten zwei stimmlose Reihen, die eine aspiriert und die andere deaspiriert. Um 2000 werden die deaspirierten Verschlußlaute in den meisten Positionen stimmhaft,[23] während die aspirierten Verschlußlaute ihre alte Aussprache beibehalten. Zur gleichen Zeit wird die deaspirierte stimmlose Affrikate /*ts*/ in den meisten Positionen stimmhaft (/*dz*/), während die stimmlose aspirierte Affrikate /ts^h/ mit [*r*] oder [*t*] vor Vokal zusammenfällt und am Wortende oder vor Konsonant schwindet.[24] Ein Phonem /*h*/ kann nur in wenigen Wörtern rekonstruiert werden, z. B. */*haj*/ „Haus" (später *é* = /*e*/) oder /*hit*/ „Fluß" (später *íd* = /*id*/).[25] Im 3. Jahrtausend schwindet dieses Phonem ebenso wie /ʾ/ und /*j*/. /*uj*/ und /*aj*/ werden zu /*ū*/ und /*e*/ (z. B. */*aj*/ „Wasser" > /*e*/).

[22] Grundlegende Diskussion zu diesem Phonem bei Krecher 1978.

[23] Vgl. Gelb 1961^2, 28–40 und Krecher 1969 für den Lautwechsel am Ende des 3. Jt.

[24] Dieses Phonem wurde früher als /*dr*/ bezeichnet (Bauer 1975, Black 1990). Die Beschreibung hier basiert auf Jagersma 2005.

[25] Für die Existenz von /*h*/ s. Edzard 2003a, 19 (Abschnitte a–c).

4. NOMINALPHRASEN

4.1. Allgemeines

Die sumerische Nominalphrase besteht aus 5 strukturellen Positionen (s. Tabelle). Position 1 und Position 2 werden durch eine Vielzahl struktureller Einheiten besetzt. Position 3 ist ein Nomen im Genitiv oder ein possessives pronominales Enklitikon. In Position 4 und Position 5 finden sich Enklitika, d. h. Affixe an Phrasen, aber nicht an lexikalischen Köpfen.

1.	2.	3.	4.	5.
Kopf	Erweiterung	Possessor	Pluralmarker	Kasusmarker

Diese anscheinend einfache Struktur kann komplexe Konstruktionen ergeben, da eine in Position 3 stehende Nominalphrase ihrerseits ebenfalls Elemente in allen 5 Positionen haben kann, so daß sich bis zu 5 strukturelle Einheiten zwischen dem Kopf und dem Kasusmarker der Haupt-Nominalphrase finden:

> P1*ama* P3[P1*dumu* P2*zid*-P3*ani*-P4*ene*-P5*ak*]-P5*ra*
> Mutter Sohn wahr-POSS.3SG-PL-GEN-DAT
> „für die Mutter seiner legitimen Söhne".

Von dem Nomen in Position 3 kann seinerseits ein weiteres Nomen in Position 3 abhängen:

> P1*ama* P3[P1*dumu* P2*zid* P3[P1*lugal*-P5*ak*]-P4*ene*-P5*ak*]-P5*ra*
> Mutter Sohn wahr König-GEN-PL-GEN-DAT
> „für die Mutter der legitimen Söhne des Königs".

Da die Elemente in Position 4 und Position 5 sowie die Possessivpronomina in Position 3 Enklitika sind, die an den letzten Bestandteil der Nominalphrase auf der Wortebene angehängt werden, akkumulieren sich all diese Elemente am rechten Ende der Phrase in doppelten oder dreifachen Genitivkonstruktionen wie in den genannten Beispielen.

4.2. Position 1: Kopf

Position 1 kann durch einfache Nomina oder Komposita, Pronomina, erweiternde Genitivkonstruktionen, infinite Verbalformen (§ 7 S. 36ff.) oder Sätze mit subordinierten finiten Verbalformen besetzt werden.

4.3. Position 2: Erweiterung

In Position 2 finden sich infinite Verbalformen, Relativsätze, Kardinalzahlen und Demonstrativpronomina.

4.4. Position 3: Possessor

Position 3 kann durch zwei Arten von Elementen besetzt werden: durch ein possessives pronominales Enklitikon oder durch eine Nominalphrase im Genitiv. Die folgende Tabelle bietet die pronominalen Enklitika:

	1. Person	2. Person	3. Person
Singular	*/-ĝu/*	*/-zu/*	Personenklasse: */-ani/*; Sachklasse: */-bi/*
Plural	*/-me/*	*/-zunene/*	*/-anene/*

4.5. Position 4: Pluralmarker (nominaler Plural)

In Position 4 kann nur der Pluralmarker */-ene/* stehen. Dieses Enklitikon wird fakultativ und nur bei Nominalphrasen, deren Kopf der Personenklasse angehört, verwendet, sofern dieser nicht durch eine Kardinalzahl erweitert oder Subjekt eines Kopularsatzes ist. Vielleicht hat er eine individualisierende Funktion. Die Pluralität von Nomina der Sachklasse wird gewöhnlich nicht explizit markiert.[26] Nomina der Personen- und Sachklasse können – auch zusätzlich zum Pluralmarker – redupliziert werden, wobei dann oft Totalität gemeint ist: *kur-kur* „alle Länder".

4.6. Position 5: Kasusmarker

Sumerisch besitzt 10 nominale, enklitische Kasusmarker. Zusätzlich werden die Kasus auch durch die verbalen Kasusaffixe differenziert. Drei nominale Kasusmarker (*/-ra/*, */-ʾa/*, */-e/*) sowie ein verbales Kasusaffix (Direktiv */-i/*) markieren mehr als einen Kasus. Die Entsprechungen zwischen nominalen und verbalen Kasusmarkern ergeben 11 Kasus, die in drei Gruppen (Ergativ/Absolutiv, adverbiale und adnominale Kasus) eingeteilt werden können:

[26] Beste Übersicht zum Plural des Nomens bei Attinger 1993, 159–167.

Kasus	nominaler Kasusmarker		verbales Affix[27]
	Pers.-klasse	Sachklasse	
Ergativ	*/-e/*	*/-e/*	pron. Präfix (Slot 10) und/oder pron. Suffix (Slot 13), s. § 6.3 S. 25ff.
Absolutiv	*/-Ø/*	*/-Ø/*	pron. Präfix (Slot 10) oder pron. Suffix (Slot 13), s. § 6.3 S. 25ff
adverbiale Kasus			
Dativ	*/-ra/*	*/-e/*	*/a/* (Slot 6)
Obliquus-Direktiv	*/-ra/*	*/-e/*	*/i/* (Slot 9)
Obliquus-Lokativ	*/-ra/*	*/-ʾa/*	*/i/* (Slot 9)
Lokativ	—	*/-ʾa/*	*/ni/* (Slot 9)
Terminativ	*/-še/*	*/-še/*	*/ši/* (Slot 8)
Ablativ	—	*/-ta/*	*/ta/* (Slot 8)
Komitativ	*/-da/*	*/-da/*	*/da/* (Slot 7)
adnominale Kasus			
Genitiv	*/-ak/*	*/-ak/*	–
Äquativ	*/-gin/*	*/-gin/*	–

Der Ergativ bezeichnet den Agens (das Subjekt eines transitiven Verbums), der Absolutiv das Subjekt eines intransitiven oder Objekt eines transitiven Verbums.

Die adverbialen Kasus drücken primär den Ort des Sachverhaltes aus, haben aber davon abgeleitet auch temporale und andere Funktionen. Die lokalen Funktionen lassen sich durch eine Hierarchie von Kontrasten charakterisieren:

[27] Für die in Klammern genannten Slots s. § 6.1 S. 24f.

Kasus	Bew.			Position	angrenzend an					im Inneren
		nach	*von*			*mit Kontakt*			*ohne Kontakt*	
							unspez.	hor.		
Komitativ	–			+	+	(+)	+	–	(+)	–
Dativ	+	+	–	–	+	(+)	+	–	(+)	–
Obliquus-Direktiv	(+)	+	–	(+)	+	+	+	–	–	–
Obliquus-Lokativ	(+)	+	–	(+)	+	+	–	+	–	–
Lokativ	(+)	+	–	(+)	–	–	–	–	–	+
Terminativ	+	+	–	–	(+)	(+)	(+)	(+)	(+)	(+)
Ablativ	+	–	+	–	(+)	(+)	(+)	(+)	(+)	(+)

Bew. = Bewegung, unspez. = unspezifisch, hor. = horizontal

Bezeichnet sind Bewegung oder Position. Bewegung kann auf eine Entität hin oder von einer Entität weg gerichtet sein. Position, Ausgangs- oder Zielort einer Bewegung können innerhalb oder angrenzend an eine andere Entität sein. Eine Entität, die an eine andere grenzt, kann mit oder ohne direkten Kontakt zu ihr sein. Direkter Kontakt kann horizontal oder nicht näher bezeichnet, dann gewöhnlich vertikal sein.

(+) bedeutet, daß ein Kasus hinsichtlich beider Glieder eines Kontrasts unmarkiert ist. So ist z. B. der Lokativ hinsichtlich des Kontrasts Bewegung : Position unmarkiert: er bezeichnet entweder eine Bewegung in das Innere einer Entität oder eine Position innerhalb einer Entität. + bezeichnet das Hauptcharakteristikum eines Kasus. Der Dativ z. B. drückt die Bewegung zu etwas aus und gibt die Art des Kontakts zu seinem Ziel nicht näher an. Dies paßt gut zu seiner Funktion, den Empfänger, Nutznießer oder Adressaten zu bezeichnen. Obliquus-Direktiv und Obliquus-Lokativ implizieren direkten Kontakt; beiden gemeinsam ist der Gebrauch des direktiven Verbalpräfixes.

Der Obliquus-Direktiv bezeichnet den Verursacher transitiver kausativer Konstruktionen und das semantische Objekt zahlreicher zusammengesetzter Verben. Seine lokale Bedeutung ist bei einer begrenzten Anzahl von Verben belegt, z. B. *ús* „angrenzen an, erreichen“. Auch der Obliquus-Lokativ drückt das semantische Objekt einer Reihe zusammengesetzter Verben aus. Seine lokale Funktion ist bei zahlreichen Verben belegt, z. B. *dù* „bauen auf“, *túm* „geeignet sein zu“, *ĝar* „setzen auf“.

Nicht immer erscheinen nominaler und entsprechender verbaler Kasusmarker zusammen. Drei Fälle lassen sich dabei unterscheiden:

1) Der nominale Kasusmarker hat kein verbales Gegenstück. Dies ist häufiger bei Ablativ, Terminativ und Lokativ, besonders, wenn sie in nicht-lokalem Sinn gebraucht werden.

2) Der verbale Kasusmarker hat kein nominales Gegenstück. Dafür kann es zwei Gründe geben. Zum einen kann der verbale Kasusmarker ähnlich den Pronomina anderer Sprachen fungieren (vgl. deutsch „Er konnte *ihm davon* nicht abraten“), so daß Ergänzungen des Verbums, die schon früher im Text eingeführt werden, nur durch das Verbalaffix bezeichnet werden. Zum anderen können die verbalen Kasusmarker zur Modifikation der Verbbedeutung ähnlich den Vorsilben des Deutschen wie auf-, weg- oder zer- dienen.

3) Auch die Interferenz des Akkadischen bewirkt, daß sich nominale und verbale Kasusmarker nicht immer entsprechen. Das Verb *kur*$_9$ „eintreten, bringen“ z. B. bezeichnet den Ort des Eintretens mit dem Lokativ. Das entsprechende akkadische Verb *erēbum*/*šūrubum* drückt dasselbe durch die Präposition *ana* aus, deren Entsprechung zum sumerischen Kasusmarker /*-še*/ gut etabliert ist. Daher wird es besonders seit dem Ende des 3. Jahrtausends im Sumerischen immer üblicher, durch /*-še*/ beim Nomen den

Ort des Eintretens zu markieren, während das Verb das ursprüngliche Kasusaffix beibehält.

Die beiden adnominalen Kasus besitzen keine Entsprechung beim Verb. Der Genitiv drückt hauptsächlich den Possessor aus, wenn Position 2 der Nominalphrase durch bestimmte Typen infiniter Verbalformen besetzt ist, auch das Subjekt oder indirekte Objekt der Verbalform. Der Äquativ bezeichnet Vergleiche.

4.7. Inalienable Possession

Wenn zwischen Possessor und Possessum eine inalienable Beziehung besteht, kann das Verb oder die Kopula mit dem Possessor statt mit dem Possessums kongruieren.[28] Dadurch wird ikonisch hervorgehoben, daß das Prädikat eine Aussage über den Possessor trifft. Im folgenden Beispiel kongruiert die Kopula in Numerus und Person mit dem Possessor in der 2. und nicht mit dem Possessum in der 3. Person:

> *igi-zu ḫuš-me-en za-pa-⌈áĝ-zu maḫ*$^{?}$*-me-en*⌉ (Iddin-Dagan D [2.5.3.4][29] 30)
> *igi-zu-Ø ḫuš-me-en zapaĝ-zu-Ø maḫ-me-en*
> Gesicht-POSS.2SG-ABS furchtbar-KOP-2SG.S Schrei-POSS.2SG-ABS majestätisch-KOP-2SG.S
> „Was dein Gesicht betrifft, so bist du furchtbar, was deinen Schrei angeht, majestätisch".

4.8. Adjektive

Sumerisch besitzt keine morphologisch oder syntaktisch abgrenzbare Wortklasse Adjektiv. Adjektivische Bedeutungen drückt man durch Verbstämme oder Genitivkonstruktionen aus. Verbstämme mit adjektivischer Bedeutung (z. B. *dugud* „schwer", *tur* „klein", *sukud* „hoch", *dùg* „süß") begegnen zwar in weniger morpho-syntaktischen Kontexten als Verbstämme, die eine Handlung bezeichnen; das folgt aber nur aus ihrer Bedeutung, welche die möglichen Kontexte ihres Auftretens beschränkt, und rechtfertigt das Postulat einer eige-

[28] Zólyomi 1999, 231–237 unter dem Stichwort „possessor raising"; Zólyomi 2005a.
[29] Literarische Texte zitiere ich nach der Edition des Electronic Text Corpus of Sumerian Literature (Black et al. 1998–). Die Zahlen in eckigen Klammern nach dem Titel beziehen sich auf die Nummer im Katalog dieses Korpus.

nen Wortklasse Adjektiv nicht. Am häufigsten werden sie als zeitlose, infinite Verbalformen gebraucht (§ 7 S. 36ff.), deren Funktion – Ausdruck eines Verbalzustands als permanente und wesentliche Eigenschaft – mit ihrer Bedeutung vereinbar ist.[30]

4.9. Adverbien der Art und Weise

Adverbien der Art und Weise werden auf zwei Arten gebildet:

1) Mit dem Adverbiativsuffix /*-eš*/: *gal-le-eš* (*gal-eš* = groß-ADV) „in großartiger Weise", *ud-dè-eš* (*ud-eš* = Tag-ADV) „wie der Tag". Dieses Suffix leitet Adverbien von Nomina oder zeitlosen infiniten Verbalformen ab. Wahrscheinlich ist es eine Entlehnung des akkadischen Terminativ-Suffixes *-iš*.[31]

2) Mit dem Suffix /*-bi*/, das Adverbien von zeitlosen und präteritalen infiniten Verbalformen ableitet: *gal-bi* (*gal-bi* = groß-POSS.3.SA) „in großartiger Weise", *ul₄-la-bi* (*ul-ʾa-bi* = eilen-PT-POSS.3.SA) „eilig". Vielleicht ist dieses /*-bi*/ mit dem Possessivsuffix der 3. Person Sachklasse verwandt, doch ist der Ursprung dieser Konstruktion unbekannt. Von der altbabylonischen Zeit an tritt zu /*-bi*/ zusätzlich das Adverbiativ-Suffix verstärkend hinzu: *maḫ-bé-éš* (*maḫ-bi-eš* = prächtig-POSS.3SA-ADV) „in prächtiger Weise".[32]

5. PRONOMINA

Das Sumerische besitzt Personal-, Interrogativ-, Indefinit-, Reflexiv- und Demonstrativpronomina.

Selbständiges Personalpronomen: Je nach Semantik der Nominalphrase zeigt das Sumerische Split-Ergativität. Denn anders als das ergativische Nomen (§ 4.6 S. 19) differenziert das selbständige Personalpronomen das Subjekt

[30] Die Existenz einer eigenen Wortklasse Adjektiv wird in der Sumerologie kontrovers diskutiert. Die beste Zusammenfassung der relevanten Literatur bietet Schretter 1996, 403–408. Black 2002, 72–74 und Black 2005 argumentiert für eine beschränkte Klasse von Adjektiven.

[31] Attinger 1993, 253–256 hält das Adverbiativ-Suffix für einen Kasusmarker. Doch unterscheidet es sich von den anderen Kasusmarkern: 1) Es ist kein Enklitikon, denn es kann von seinem Bezugswort nicht durch eine Erweiterung getrennt werden; 2) Das suffigierte Wort erhält eine neue Bedeutung und wechselt die Wortklasse. – Ältere Grammatiken (z. B. Thomsen 1984) unterscheiden nicht klar zwischen dem Adverbiativ-Suffix und dem Kasus Terminativ.

[32] Attinger 1993, 169 § 105 R1.

eines transitiven und eines intransitiven Verbums nicht.[33] Paradigma: 1. Person Singular /*ĝe*/, 2. Person Singular /*ze*/, 3. Person Singular /*ane*, /*ene*/, 3. Person Plural /*anene*/, /*enene*/. Die 1. und 2. Person Plural wird durch verschiedene periphrastische Konstruktionen ersetzt.[34] Die selbständigen Personalpronomina braucht man in der Regel nur bei besonderer Betonung oder zum Ausdruck eines Kontrastes; sonst werden die Personen durch die verbalen pronominalen Affixe bezeichnet.

6. Finite Verbalformen

6.1. Allgemeines

Finite Verbalformen werden durch eine große Zahl von Affixen an der Verbalbasis differenziert. Diese Affixe und die Verbalbasis lassen sich in 14 strukturellen Positionen oder Slots anordnen. Zehn Slots befinden sich vor der Basis, welche Slot 11 besetzt, drei Slots nach der Basis. Anders als im Deutschen oder Englischen, wo sich Verbaffixe nur auf das Subjekt beziehen, beziehen sich die Verbaffixe im Sumerischen auf bis zu vier Ergänzungen des Verbs.

Slot 1	Modal
Slot 2	/*nga*/
Slot 3	Ventiv
Slot 4	Medium
Slot 5	Pronominales Präfix
Slot 6	Adverbial I: Dativ
Slot 7	Adverbial II: Komitativ
Slot 8	Adverbial III: Ablativ/Terminativ
Slot 9	Adverbial IV: Lokativ/Direktiv
Slot 10	Pronominales Präfix
Slot 11	Verbalbasis
Slot 12	Präsens-Futurmarker
Slot 13	Pronominales Suffix
Slot 14	Subordinator

[33] Siehe Krecher 1987, 85f. Anm. 14, und Klein 2005 zu den Formen des selbständigen Personalpronomens.
[34] Bauer 1982, van Dijk 1983.

Auf Agens, Subjekt eines intransitiven Verbums und Objekt beziehen sich die Affixe in Slot 10 und 13. Ihre syntaktische Funktion wird hauptsächlich durch die Position bezeichnet; so drückt im Präsens-Futur das pronominale Suffix in Slot 13 Agens und Subjekt eines intransitiven Verbums, das Präfix in Slot 10 das Objekt aus. Auf die syntaktische Funktion anderer Ergänzungen des Verbums beziehen sich die Präfixe in den Slots 6–9, während Person, Numerus und Genus der Ergänzung in der Regel durch das pronominale Präfix in Slot 5 bezeichnet werden. Bei mehr als einem adverbialen Präfix in der Verbalform gehört das pronominale Präfix in Slot 5 zum nächststehenden, während sich die anderen adverbialen Präfixe auf eine Ergänzung der 3. Person Sachklasse beziehen.[35] Ein prothetisches */i/* erscheint am Verbanfang, wenn die verbalen Präfixe sonst ein Konsonantencluster ergeben würden.[36]

6.2. Slot 14: Subordinator

Slot 14 enthält das Suffix */ʾa/*, das den Satz subordiniert, so daß er als Kopf einer Nominalphrase oder als Erweiterung einer Nominalphrase (Position 2) dienen kann. Letztere Konstruktion fungiert als Relativsatz.

6.3. Slots 10 bis 13: Tempora

Im Indikativ unterscheidet das Sumerische zwei Tempora, Präsens-Futur und Präteritum, mit folgenden formalen Mitteln: Verwendung unterschiedlicher Affixe in Slot 10 und 13, Form der Verbalbasis in Slot 11 und Suffix */-ed-/* als Marker für das Präsens-Futur in Slot 12. Alle drei formalen Mittel können in einer gegebenen Verbalform nicht gleichzeitig vorkommen.

Sumerisch besitzt ein relatives Tempussystem. Das Präsens-Futur bezeichnet Sachverhalte, die nicht vorzeitig, sondern gleich- oder nachzeitig zu einem Relationswert liegen; das Präteritum drückt vorzeitige Sachverhalte aus.[37] Diese Opposition ist bei Verben, die Zustände bezeichnen, neutralisiert, da diese nur das Präteritum verwenden.

Im Präsens-Futur beziehen sich die Suffixe in Slot 13 auf den Agens (Tabelle § 6.4 S. 28 Reihe A) und das Subjekt intransitiver Verben (Tabelle § 6.4

[35] Diese Regel von fundamentaler Wichtigkeit für die Analyse der verbalen Präfixkette wurde das erstemal explizit von Krecher 1985, 133 Anm. 1 formuliert; s. auch Attinger 1993, 206 § 134 R1.
[36] In der morphematischen Analyse wird dieses /i/ als zum folgenden Präfix gehörig angesehen.
[37] Vgl. Streck 1998.

S. 28 Reihe B). Auf das Objekt beziehen sich die Präfixe in Slot 10 (Tabelle § 6.7 S. 29). Bis zum Ende des 3. Jahrtausends steht vor den Suffixen der Reihe B aus Slot 13 */-ed-/* aus Slot 12; in der altbabylonischen Zeit gebraucht man es seltener.[38] Bei Verbalbasen ohne besondere Form des Präsens-Futurs differenziert nur */-ed-/* das intransitive Präsens-Futur vom intransitiven Präteritum, weil beide Reihe B aus Slot 13 zur Bezeichnung des Subjekts verwenden. Die folgende Tabelle faßt das Konjugationsmuster des Präsens-Futur zusammen:

	S10	S11	S12	S13	
	Objekt			Agens	Subjekt des intranstiven Verbums
transitiv	pron. Präfix	Präsens-Futur-Basis	—	Reihe A	
intransitiv	—	Präsens-Futur-Basis	*/-ed-/*		Reihe B

Die Verben lassen sich entsprechend der Form der Präsens-Futur-Basis in vier Klassen einteilen:[39]

1) Unveränderliche Klasse: Dieselbe Basis für Präsens-Futur und Präteritum. Die Mehrheit der Verben, ca. 50–70 %, gehört dieser Klasse an.

2) Reduplikationsklasse: Die Basis ist im Präsens-Futur redupliziert. Ein auslautender Konsonant wird bei der Reduplikation entweder weggelassen (*ĝar /ĝar/* : *ĝá-ĝá /ĝaĝa/* „setzen“, *naĝ /naĝ/* : *na_8-na_8 /nana/* „trinken“) oder bleibt nur bei der ersten Silbe erhalten (*ḫal /ḫal/*: *ḫal-ḫa /ḫalḫa/* „verteilen“, *te-en /ten/* : *te-en-te /tente/* „sich abkühlen“). Endet die einsilbige Basis auf Vokal, wird er als Ganzes redupliziert: *gi_4 /gi/* : *gi_4-gi_4 /gigi/* „zurückkehren“, *mú /mu/* : *mú-mú /mumu/* „wachsen“. Bei einigen zweisilbigen Basen tritt zusätzlich zur Reduplikation der ersten Silbe Sonorisierung des Konsonanten auf: *tuku /tuku/* : *du_{12}-du_{12} /dudu/* „haben“, *$taka_4$ /taka/* : *da_{13}-da_{13} /dada/* „verlassen“.[40]

3) Erweiterungsklasse: Die Basis ist im Präsens-Futur durch einen Konsonanten erweitert: *è /e/* : *éd /ed/* „hinausgehen“, *te /te/* oder *ti /ti/* : *tèĝ /teĝ/* oder *$tiĝ_4$ /tiĝ/* „sich nähern“. Dieser zusätzliche Konsonant wird in der Schrift nur sichtbar, wenn ein Affix folgt.

[38] Krecher 1995, 179–182 §§ 40–41.
[39] Krecher 1995.
[40] Für *$taka_4$* s. Powell 1978.

4) Suppletivklasse: Das Präsens-Futur gebraucht eine ganz andere Basis: *dug*$_4$ /*dug*/ (Singular), *e* /*e*/ (Plural) : *e* /*e*/ (Singular und Plural) „sprechen" (vgl. auch zu den Suppletivformen der Pluralverben § 6.6 S. 29).

Im Präteritum beziehen sich die Suffixe der Reihe B in Slot 13 (Tabelle § 6.4 S. 28) auf das Subjekt des intransitiven Verbums und das Objekt. Auf den singularischen Agens wird durch die Singularformen der pronominalen Präfixe in Slot 10 referiert, auf den pluralischen durch eine Kombination der singularischen Präfixe aus Slot 10 und der pluralischen Suffixe der Reihe B aus Slot 13. So hat eine Verbalform mit einem Agens der 3. Person Plural Personenklasse die Struktur ...-*n*-VERB-*eš* (...-3SG.A-Basis$_{PT}$-3PL.S/O); das pronominale Suffix scheint hier nur die Funktion der Markierung von Pluralität zu besitzen. Auf einen Agens der 3. Person Plural kann sich auch das Präfix der 3. Person Singular Sachklasse /*b*/ aus Slot 10 beziehen.

	Slot 10	Slot 11	Slot 13
intransitiv			Subjekt
		Präteritum-Basis	Reihe B
	Agens		Objekt
transitiv mit singularischem Agens	pron. Präfix	Präteritum-Basis	Reihe B
transitiv mit pluralischem Agens	pron. Präfix (Singular)	Präteritum-Basis	Reihe B (Plural)

Die komplexe Natur des Konjugationsmusters im transitiven Präteritum erklärt sich aus seiner Entstehung. Wie in vielen anderen Sprachen wurde nämlich eine passive Struktur als aktiv-transitiv reanalysiert, wodurch das Ergativmuster des Präteritums entstand.[41]

Sumerisch ist eine Sprache mit Split-Ergativität im Verbalsystem.[42] Das Präsens-Futur besitzt in der 1. und 2. Person ein Nominativ-Akkusativ-System: auf Agens und Subjekt des intransitiven Verbums referiert dieselbe Reihe von Suffixen aus Slot 13, während auf das Objekt die pronominalen Präfixe aus Slot 10 referieren. In der 3. Person Singular und Plural gibt es ein dreigeteiltes System mit verschiedenen Affixen für Agens, Subjekt des intransitiven Verbums und Objekt. Das Präteritum dagegen zeigt ein ergativisches Konju-

[41] Coghill/Deutscher 2002.

[42] Michalowski 1980; Attinger 1993, 151f.

gationsmuster: Subjekt des intransitiven Verbums und Objekt sind beide durch die Reihe B der Affixe in Slot 13 markiert.

6.4. Slot 13: Pronominale Suffixe

Für den Gebrauch der pronominalen Suffixe im Präsens und Präteritum s. § 6.3 S. 27.

	Singular			Plural		
	1.	2.	3.	1.	2.	3.
Reihe A	*/-en/*	*/-en/*	*/-e/*	*/-enden/*	*/-enzen/*	*/-ene/*
Reihe B	*/-en/*	*/-en/*	*/-Ø/*	*/-enden/*	*/-enzen/*	*/-eš/*

6.5. Slot 12: Präsens-Futur-Marker

Das Suffix */-ed-/* markiert des Präsens-Futur in intransitiven (§ 6.3 S. 26) und infiniten (§ 7 S. 37) Verbalformen.

6.6. Slot 11: Verbalbasis

Der Wechsel der Verbalbasis hat zwei Funktionen: Markierung des Präsens-Futur (§ 6.3 S. 26f.) und des verbalen Plurals.

Zwei Typen des verbalen Plurals lassen sich unterscheiden. Der erste Typ markiert verbale Pluralität (Iterativität, Durativität, Intensität, Totalität von Subjekt oder Objekt, Distributivität, d. h. der Sachverhalt beinhaltet mehr als ein Subjekt oder Objekt gleichzeitig oder hintereinander)[43] durch volle Reduplikation der Verbalbasis wie in folgendem Beispiel:[44]

> *kur ḫu-mu-gam-gam kalam ḫu-mu-ge-en-ge-en* (Šulgi A 91 [2.4.2.01])
> *kur-ø* $_{\text{S1}}$*ḫa*-$_{\text{S3}}$*mu*-$_{\text{S10}}$*j*-$_{\text{S11}}$*gam.gam*-$_{\text{S13}}$*ø* *kalam-ø* $_{\text{S1}}$*ḫa*-$_{\text{S3}}$*mu*-$_{\text{S10}}$*j*-$_{\text{S11}}$*gen.gen*-$_{\text{S13}}$*ø*
> Fremdland-ABS MOD-VEN-1SG.A-unterwerfen.PL.RDP-3SG.O Land-ABS MOD-VEN-1SG.A-festmachen.PL.RDP-3SG.O
> „Ich unterwarf vollständig die Fremdländer, ich sicherte das Land ganz und gar".

[43] Dressler 1968, Newman 1990, besonders 53–58.
[44] Yoshikawa 1979, Edzard 1971: 226–232.

Dem zweiten Typ des verbalen Plurals gehört die kleine Gruppe von Verben an, die zum Ausdruck des Plurals des Subjekts intransitiver Verben oder des Objekts eine suppletive Verbalbasis verwenden: *ĝen* /*ĝen*/ (Präteritum Singular), *e-re*$_7$ /*ere*/ (Präteritum Plural): *du* /*du*/ (Präsens-Futur Singular), *súb* /*sub*/ (Präsens-Futur Plural) „gehen"; *gub* /*gub*/ (Präteritum und Präsens-Futur Singular) : *súg* /*sug*/ (Präteritum und Präsens-Futur Plural) „stehen"; *tuš* /*tuš*/ (Präteritum Singular), *dúr* /*dur*/ (Präsens-Futur Singular) : *durun* (Präteritum und Präsens-Futur Plural) „sitzen, setzen"; *tìl* /*til*/ (Präteritum Singular Personenklasse), *lug*, *lug*$_x$ (LUL) /*lug*/ (Präteritum Singular Sachklasse) : *sig*$_7$ /*sig*/ (Präteritum Plural Personen- und Sachklasse) „leben"; *úš* /*uš*/ (Präteritum Singular), *ug*$_7$, *ug*$_5$ /*ug*/ (Präsens-Futur Singular) : *ug*$_x$ (UŠ.UŠ), *ug*$_7$, *ug*$_5$ /*ug*/ (Präteritum und Präsens-Futur Plural) „sterben, töten"; *de*$_6$ /*de*/ (Präteritum mit „Kollektiva" als Objekt), *túm* /*tum*/ (Präteritum mit einer Person, einem Tier oder einem Boot als Objekt) : *tùm* oder *túm* /*tum*/ (Präsens-Futur Singular) : *laḫ*$_4$, *laḫ*$_5$ /*laḫ*/ (Präteritum und Präsens-Futur mit Personen, Tieren, Booten als Objekt) „bringen".[45] Die pluralischen Verbalbasen werden mehr oder weniger obligatorisch bei einer pluralischen verbalen Ergänzung gebraucht. Der Unterschied zwischen beiden Formen der Pluralität zeigt sich auch darin, daß pluralische Verbalbasen selbst redupliziert werden können.

6.7. Slot 10: Pronominale Präfixe

Die Präfixe aus Slot 10 bezeichnen den Agens im Singular Präteritum und das Objekt im Präsens-Futur.

Slot 10	Singular			Plural		
Person	1.	2.	3.	1.	2.	3.
Pron. Präfix	/*j*/ (?) /*e*/ (?)	/*j*/, /*e*/	Personenkl.: /*n*/ Sachkl.: /*b*/ oder /*Ø*/	(nicht belegt)	(nicht belegt)	/*nne*/ oder /*b*/

Als der Konsonant /*j*/ gegen Ende des 3. Jahrtausends verloren ging, veränderten sich auch die Präfixe der 1. und 2. Person Singular: die Phonemfolge /*aj*/ wurde zu /*e*/, wobei unklar bleibt, ob dieses Allomorph auf andere phonologische Umgebungen übertragen wurde. Unklar ist auch, welche Form das Präfix nach dem Ventiv /*mu*/ – nachdem

[45] Für Pluralverben allgemein s. Krecher 1968, Steinkeller 1979 und 1984. In der altbabylonischen Zeit wird der Unterschied von Singular- und Pluralbasen beim Verb „sterben" nicht mehr konsequent beachtet. Für das Verb „bringen" s. Sallaberger 2005.

die Lautfolge */uj/* zu */ū/* wurde – annahm. In einigen altbabylonischen Texten erscheint das Objektpräfix der 1. und 2. Singular im Präsens-Futur als */n/*,[46] eine Innovation, die vielleicht durch den Schwund von */j/* bedingt ist.

Im Präsens-Futur und in der Konstruktion mit dem modalen Präfix */ga/* (§ 6.13 S. 34) wird das Objekt der Sachklasse oft ohne Präfix ausgedrückt. Die genauen Bedingungen für den Gebrauch des */b/* und des Null-Morphems sind unklar.[47]

6.8. Slots 6–9: Adverbiale Präfixe

Diese Präfixe bezeichnen die Ergänzungen des Verbums mit Ausnahme von Subjekt und Objekt:

Slot 6	Slot 7	Slot 8	Slot 9
Dativ: */a/*	Komitativ: */da/*	Ablativ: */ta/*, Terminativ: */ši/*	Lokativ: */ni/*, Direktiv: */i/*

Die pronominalen Präfixe in Slot 5 können vor dem Komitativ mit dem Subjekt des Verbs korreferentiell sein. Der Komitativ hat dann die Bedeutung „können". Vor dem Lokativ */ni/* kann der Komitativ zu */di/* werden. Zwischen zwei Vokalen wird der Ablativ fakultativ zu */ra/*. Die Morphemfolgen $_{S5}$*/nn/* + $_{S9}$*/i/* (3SG.PR + DIR) und $_{S4}$*/b/* + $_{S9}$*/i/* (3N.PR + DIR) werden zu */n/* bzw. */b/*, wenn Slot 10 leer ist. In derselben Umgebung wird die Folge $_{S5}$*/jr/* + $_{S9}$*/i/* (2SG.PR + DIR) zu */j/* bis zum Ende des 3. Jahrtausends und zu */e/* danach.[48] Vor dem Lokativ */ni/*, das sich stets auf die 3. Person Sachklasse bezieht, befindet sich nie ein pronominales Präfix.

Das Direktiv-Präfix hat zwei Allomorphe: */i/* nach Konsonant und */j/* nach Vokal. Das zweite Allomorph wird am Ende des 3. Jahrtausends nach */a/* zu */e/* (*/aj/* > */e/*); dieses Allomorph */e/* wird später analog auf alle Umgebungen, in denen früher */j/* verwendet wurde, übertragen.[49]

[46] Attinger 1986 und 1993: 226f. Vgl. Krecher 1995: 183–188 für eine abweichende Ansicht.

[47] Wilcke 1990: 480–485; Attinger 1993: 229f. § 144; Krecher 1995: 186–188 §§ 46–48; Zólyomi 1996; Attinger 1996 (*/b/* wäre vielleicht „agrammatical").

[48] Vgl. zu diesen Morphemfolgen Wilcke 1988, 40–42; Attinger 1993, 234–237 (dort ist statt von */j/* von */e/* die Rede).

[49] Zólyomi 1999: 230; 2000. Anders Attinger 1993: 240–246; 1999; 2000.

6.9. Slot 5: Pronominale Präfixe

Die pronominalen Präfixe aus Slot 5 beziehen sich auf die verbale Ergänzung, die durch das erste adverbiale Präfix aus den Slots 6–9 wiederaufgenommen wird.

	Singular			Plural		
Person	1.	2.	3.	1.	2.	3.
	/j/ (?)	*/jr/*, */j/*, */e/*	*/nn/*, */n/*	*/me/*	*/ene/*	*/nne/*

Vor dem Dativ- und dem Direktivpräfix, die beide eine Bewegung auf ein Ziel hin ausdrücken, fungiert ein Allomorph des Ventivpräfixes aus Slot 3 als pronominales Präfix der 1. Person Singular.

Im 3. Jahrtausend hat das Präfix der 2. Person Singular zwei Allomorphe: */jr/* vor Vokal und */j/* vor Konsonant. Das zweite Allomorph wird am Ende des 3. Jahrtausends nach */a/* zu */e/* (*/aj/* > */e/*); dieses Allomorph */e/* wird später analog auf alle Umgebungen, in denen früher */j/* verwendet wurde, übertragen. Unklar bleibt, welche Form das Allomorph */jr/* annimmt, nachdem */j/* am Ende des 3. Jahrtausends schwindet.

Das Präfix der 3. Person Singular bezieht sich nur auf die Personenklasse. Auf die Sachklasse referiert ein Allomorph des Mediumpräfixes aus Slot 4 (§ 6.10 S. 31). Das Allomorph */nn/* wird vor Vokal, */n/* vor Konsonant verwendet. Ein prothetisches */i/* tritt vor die Präfixe */jr/*, */nn/* oder */nne/* in Anfangsposition.[50]

Anstelle von */ene/* ist in altbabylonischen literarischen Texten eine periphrastische Konstruktion …-$_{\text{S5}}$*/r/*-…-VERB-$_{\text{S13}}$*enzen* für die 2. Person Plural belegt.[51]

6.10. Slot 4: Mediumpräfix[52]

Das Mediumpräfix */ba/* drückt aus, daß der Sachverhalt das grammatische Subjekt oder seine Interessen berührt. So wird es bei intransitiven Verben mit einer entsprechenden Bedeutung verwendet: *ba-úš* ($_{\text{S4}}$*ba*-$_{\text{S11}}$*uš*-$_{\text{S13}}$*Ø* = MEDIUM-sterben-3SG.S) „stirbt"; oder, wenn der Agens weggelassen wird, was ein intransitives, passives Verb ergibt: *ba-ḫul* ($_{\text{S4}}$*ba*-$_{\text{S11}}$*ḫul*-$_{\text{S13}}$*Ø* = MEDIUM-zerstören-3SG.S) „wurde zerstört"; schließlich, wenn Benefizient und Subjekt iden-

[50] Für */jr/* und */nn/* s. Jagersma 1999.
[51] Thomsen 1984: 221, van Dijk 1983: 41f., Attinger 1993: 210, 231, 237.
[52] S. für die Funktionsbeschreibung Zólyomi 1993; Jagersma 1999. Vgl. auch Woods 2001, 361–588.

tisch sind (indirekt reflexiv): *ba-an-tuku* $_{S4}$*ba*-$_{S10}$*n*-$_{S11}$*tuku*-$_{S13}$*Ø* = MEDIUM-3SG.A-haben-3SG.O) „heiratete (= nahm für sich selbst)".

Bei Verben der Bewegung resultiert der indirekt-reflexive Gebrauch in eine separative Bedeutung. Das *ba*-Präfix drückt hier aus, daß sich der Endpunkt der Bewegung und das Subjekt der 3. Person am selben Ort befinden: *ba-ĝen* (MEDIUM-gehen-3SG.S) „ging weg", *ba-de*$_6$ ($_{S4}$*ba*-$_{S10}$*n*-$_{S11}$*de*-$_{S13}$*Ø* = MEDIUM-3SG.A-bringen-3SG.O) „brachte weg".

Wahrscheinlich sekundär ist die Funktion von /*ba*/ als pronominales Präfix vor den adverbialen Präfixen der Slots 6–9: *igi ba-ši-bar* (*igi-Ø* $_{S4}$*ba*-$_{S8}$*ši*-$_{S10}$*n*-$_{S11}$*bar*-$_{S13}$*Ø* = Auge-ABS 3SA.PR-TERM-3SG.A-richten-3SG.O) „richtete sein Auge auf eine Sache, schaute eine Sache an". In dieser Funktion hat /*ba*/ das Allomorph /*b*/. /*ba*/ wird vor Präfixen der Form Konsonant-Vokal, /*b*/ vor solchen der Formen Konsonant-Vokal oder Vokal alleine gebraucht.

6.11. Slot 3: Ventiv[53]

Das Ventivpräfix bezeichnet eine Bewegung zu einem deiktischen Zentrum hin. Dieses Zentrum kann der Ort des mitgeteilten Sachverhalts oder einer der Sprechakt-Teilnehmer, der Sprecher oder der Adressat, sein. Vor dem Dativ- und Direktivpräfix fungiert das Ventivpräfix als pronominales Präfix der 1. Person Singular.

Das Ventivpräfix besitzt zwei grundlegende Allomorphe: 1) /*m*/ vor Vokal und /*b*/ oder unmittelbar vor der verbalen Basis; /*b*/ assimiliert sich an /*m*/, die sich ergebende Folge /*mm*/ wird vor Konsonant zu /*m*/ verkürzt. 2) Das Allomorph /*mu*/ wird in allen anderen Umgebungen gebraucht; sein Vokal kann sich an den Vokal der folgenden Silbe assimilieren.[54]

6.12. Slot 2: Präfix /*nga*/

/*nga*/ ist ein Satzkoordinator und wird der letzten Verbalform in einer Kette koordinierter Sätze präfigiert. Normalerweise hat es die Bedeutung einer Konjunktion: A und auch B. Wenn die koordinierten Prädikate negiert sind, fungiert es als Disjunktion: Weder A noch B. Ein prothetisches /*i*/ erscheint vor /*nga*/ wenn kein Präfix aus Slot 1 vorangeht.

[53] Krecher 1985.

[54] Zu den Allomorphen des Ventivpräfixes s. Attinger 1993: 271.

6.13. Slot 1: Das Negationspräfix, das Vorzeitigkeitspräfix, die modalen Präfixe

Indikative Verbalformen werden durch das Präfix */nu-/* negiert, das auch bei infiniten Verbalformen vorkommt. Der Vokal dieses Präfixes kann sich an den Vokal der folgenden Silbe assimilieren. Vor den Silben */ba/* und */bi/* wird dieses Präfix zu */la-/* bzw. zu */li-/*.

Das Präfix */u-/* bezeichnet relative Vorzeitigkeit zum Sachverhalt des folgenden Satzes. Steht das Verb des folgenden Satzes im Präsens-Futur, bezeichnet */u-/* die Vorzeitigkeit in der Zukunft, anderenfalls die Vorzeitigkeit in der Vergangenheit. Das Präfix kann sich an den Vokal der nächsten Silbe assimilieren.

Sieben der Präfixe dieses Slots markieren Modalität: */ga-/*, */ḫa-/*, */bara-/*, */na(n)-/*[55], */na-/*, */ša-/*, */nuš-/*.[56]

Von */bara-/* abgesehen kann sich der Vokal all dieser Präfixe an den Vokal der nächsten Silbe assimilieren. Es scheint, daß sowohl der Marker für finite Verbalformen (§ 6.16 S. 36) als auch das prothetische */i/* im Verbanlaut nach */ḫa-/* und */nu-/* stehen können.[57] Dies weist ebenso wie die Tatsache, daß diese Präfixe gelegentlich als selbständige Wörter vorkommen,[58] darauf hin, daß sie wohl eher Proklitika als Präfixe sind. Der Einfachheit halber nenne ich sie im folgenden dennoch Präfixe.

Die Funktionen der modalen Präfixe sind in der folgenden Tabelle nach den Kategorien „epistemisch" und „deontisch" aufgeschlüsselt.[59] + und – stehen für positive und negative Modalität:

[55] Die Evidenz für einen */n/*-Auslaut dieses Präfixes nennt Attinger 1993: 289 § 189.

[56] Eine Analyse dieser Präfixe bietet Edzard 1971 und 2003: 113–121. Diese Analyse geht im Allgemeinen von einer Entsprechung von Verbaltempus und Funktion des Präfixes aus; Attinger 1993: 288–297 nennt jedoch einige Belege, die dem widersprechen. Civil 2005 untersucht als erster Modalität im Sumerischen nach den Kategorien „deontisch" und „epistemisch", wodurch sich ein von der traditionellen Analyse teilweise abweichendes Bild ergibt. Vgl. auch Kaneva 2000, Michalowski 2004.

[57] Ich verdanke diese Beobachtung Bram Jagersma. Vgl. jedoch auch schon Attinger 1993: 194 § 125R.

[58] Für */nu/* s. Thomsen 1984: 191f., Yoshikawa 1989, 296–298 und Edzard 2003: 114f. Für */ḫa/* Thomsen 1984: 206, Yoshikawa 1989, 293–295, Edzard 2003: 117 und Civil 2005 § 3.2.1.3.

[59] Epistemische Modalität gibt an, für wie sicher der Sprecher seine Aussage hält. Deontische Modalität bezeichnet die Verpflichtung oder den Wunsch des Sprechers, den Sachverhalt der Aussage zu realisieren.

<table>
<tr><td colspan="3">epistemisch</td><td colspan="3">deontisch</td></tr>
<tr><td>+</td><td colspan="2">–</td><td>+</td><td colspan="2">–</td></tr>
<tr><td></td><td>schwach</td><td>stark</td><td></td><td>schwach</td><td>stark</td></tr>
<tr><td>/ḫa-/</td><td>/na(n)-/</td><td>/bara-/</td><td>/ga-/, /ḫa-/,
Imperativ</td><td>/na(n)-/</td><td>/bara-/</td></tr>
<tr><td colspan="3"></td><td>/nuš-/</td><td colspan="2"></td></tr>
<tr><td>/na-/</td><td colspan="2" rowspan="2"></td><td colspan="3" rowspan="2"></td></tr>
<tr><td>/ša-/</td></tr>
</table>

Das Präfix /*ḫa-*/ markiert epistemische und deontische Modalität. Intransitive und stativische Verben mit /*ḫa-*/-Präfix stehen dabei unabhängig von der Funktion des Präfixes immer im Präteritum. Als Markierung von epistemischer Modalität besitzt /*ḫa-*/ schwache („es ist möglich, daß") oder starke („es ist sicher, daß") Bedeutung. Transitive Verben stehen bei schwacher Bedeutung im Präsens-Futur, bei starker im Präteritum. Als Markierung von deontischer Modalität bezeichnet /*ḫa-*/ einen erfüllbaren Wunsch, eine Bitte oder eine Anweisung; transitive Verben stehen dann im Präsens-Futur.[60]

/*ḫa-*/ zum Ausdruck eines erfüllbaren Wunsches kontrastiert mit /*nuš-*/, welches einen unerfüllbaren Wunsch bezeichnet.

Das Präfix /*ga-*/ kommt nur in der 1. Person vor. Seine Bedeutung läßt sich als „Es ist meine/unsere Absicht zu VERB" paraphrasieren. /*ga-*/ wird mit der präteritalen Basis kombiniert, das Objekt wird jedoch durch die pronominalen Präfixe aus Slot 10 bezeichnet. Das Subjekt eines intransitiven Verbs oder der Agens der 1. Person Singular ist durch kein pronominales Affix markiert, für die 1. Person Plural dagegen findet sich das Suffix /*-enden*/ aus Slot 13. Die Konstruktion mit /*ga-*/ verwendet ein Nominativ-Akkusativ-Muster, d. h. Subjekt eines intransitiven Verbums und Agens werden gleich behandelt.

Das Sumerische differenziert zwischen starker und schwacher negativer Modalität, ausgedrückt durch die Präfixe /*bara-*/ und /*na(n)-*/. Beide Präfixe haben epistemische und deontische Bedeutung. Deontisches /*bara-*/ drückt eine Verpflichtung, etwas nicht zu tun, aus. Die Bedeutung von epistemischem /*bara-*/ ist „sicher nicht". Deontisches /*na(n)-*/ bezeichnet einen negativen Wunsch oder Befehl, epistemisches /*na(n)-*/ bedeutet „es ist unmöglich, daß".

Die genaue Bedeutung von /*na-*/ und /*ša-*/ läßt sich nicht feststellen. Beide Präfixe drücken anscheinend positive epistemische Modalität aus, vielleicht in Abhängigkeit von der Art der Evidenz, auf der die Aussage beruht.

[60] Ab der altbabylonischen Zeit findet sich stattdessen sporadisch auch das Präteritum (Attinger 1993: 293), wahrscheinlich eine Interferenz des Akkadischen, dessen Prekativ auf der Basis des Präteritums gebildet wird.

6.14. Imperativ

Der Imperativ bezeichnet einen Befehl. Obwohl er modale Funktion besitzt, ist er nicht durch ein Präfix aus Slot 1 markiert. Vielmehr gebraucht das Verb eine spezielle Konstruktion mit Nachstellung aller Präfixe hinter der Basis des Präteritums:

$$\text{Slot2—Slot10-}{}_{\text{S11}}\text{Basis}_{\text{PT}}\text{-Slot13} \Rightarrow {}_{\text{S11}}\text{Basis}_{\text{PT}}\text{-Slot2—Slot10-Slot13.}$$

Das Subjekt eines intransitiven Verbums oder der Agens im Singular sind durch kein pronominales Affix bezeichnet, für den Plural findet sich dagegen das Suffix /*-nzen*/ aus Slot 13. Der Imperativ verwendet ein Nominativ-Akkusativ-Muster, d. h. Subjekt eines intransitiven Verbums und Agens werden gleich behandelt. Zwischen einer auf Konsonant auslautenden Verbalbasis und einem konsonantisch anlautenden Affix kann ein prothetischer Vokal treten; dieser lautet /*u*/ vor dem Ventivaffix[61] und /*a*/ vor anderen Affixen. Imperative ohne Affixe aus Slot 2–Slot 10 haben das Affix zur Markierung eines finiten Verbums (§ 6.16 S. 36): *ĝen-na* "gehe!"(${}_{\text{S11}}$*ĝen*-${}_{\text{S2}}$*a*-${}_{\text{S13}}$*Ø* = gehen-FIN-2SG.S).

6.15. Das Präfix /*a(l)-*/[62]

Dieses Präfix besitzt zwei Allomorphe: /*al*/, sofern kein anderes Präfix zwischen ihm und der verbalen Basis steht, und /*a*/ in allen anderen Fällen. Die genaue Position von /*a(l)*/ in der Präfixkette ist aufgrund seiner Seltenheit unklar. Einige Male ist nach dem Präfix /*u*/ aus Slot 1 belegt, einmal vor dem Präfix /*nga*/ aus Slot 2.[63] Dies weist vielleicht auf ein unabhängiges Slot zwischen Slot 1 und Slot 2 hin.

Intransitive Verbalformen im Präteritum mit Präfix /*a(l)*/ drücken einen Zustand aus. Bei Handlungsverben kann das Präfix einen aus der vorangegangenen Handlung resultierenden Zustand bezeichnen. In Texten aus Nordbabylonien vom 24. bis 23. Jahrhundert besitzt /*a(l)*/ eine Funktion ähnlich der des Medium-Präfixes aus Slot 4 in seiner passiv-ähnlichen Bedeutung.[64] Die Bedeutung von /*a(l)*/ bei transitiven Verbalformen im Präsens-Futur ist ungeklärt.

[61] Foxvog 1979: 426.
[62] Attinger 1993: 267–270, Edzard 2003a.
[63] Für ersteres s. Thomsen 1984: 186, für letzteres Edzard 2003: 95.
[64] Westenholz 1975: 8.

6.16. Das Präfix zur Markierung finiter Verbalformen

Dieses Präfix kommt in finiten Verbalformen, die kein anderes Präfix besitzen, vor. Im Indikativ lautet es /*i*/, im Imperativ dagegen /*a*/ (§ 6.14 S. 35).[65]

7. Infinite Verbalformen

Infinite Verbalformen dienen als Verbaladjektive oder Verbalnomina. Als Verbaladjektiv erweitern sie ein Nomen in Position 2 der Nominalphrase oder bilden zusammen mit der Kopula das Prädikat. Als Verbalnomen fungieren sie als Kopf der Nominalphrase. Beide Funktionen sind im Sumerischen – anders als in vielen Sprachen – formal nicht geschieden. Infinite Verbalformen behalten ihre verbale Valenz; verbale Ergänzungen stehen normalerweise vor der verbalen Basis im syntaktisch erforderlichen Kasus. Wenn infinite Verbalformen ein Nomen erweitern, können die verbalen Ergänzungen des Agens, des intransitiven Subjekts oder des indirekten Objekts als Possessor der Nominalphrase erscheinen.

Ein durch eine infinite Verbalform erweitertes Nomen ist zugleich eine verbale Ergänzung dieses Verbums. In den beiden folgenden Belegen ist das Bezugswort *dumu* „Kind“ zugleich Objekt des Verbums *tud* „gebären“. Während im ersten Beleg der Agens des Verbums, die Göttin Ĝatumdug, als Possessor der Nominalphrase erscheint, steht er im zweiten Beleg im Ergativ vor der Verbalbasis:

dumu tud-da ^{d}*ĝá-tùm-dug*$_{10}$*-ke*$_{4}$ (Gudea St B 2: 16–17)
$_{\mathrm{P1}}$*dumu* $_{\mathrm{P2}}$*tud-ʾa* $_{\mathrm{P3}}$[*ĝatumdug-ak*]-$_{\mathrm{P5}}$*e*
Kind gebären-PT Ĝatumdug-GEN-ERG
„das Kind, von der Göttin Ĝatumdug geboren“

dumu an kug-ge tud-da (Gudea Cyl. A 2: 28 [2.1.7])
$_{\mathrm{P1}}$*dumu* $_{\mathrm{P2}}$[*an kug-e tud-ʾa*]-$_{\mathrm{P5}}$*Ø*
Kind An heilig-ERG gebären-PT-ABS
„das Kind, vom heiligen Gott An gezeugt“.

In vielen Sprachen gibt die Form des Verbaladjektivs an, welche syntaktische Funktion das Bezugswort besitzt. Solche Verbaladjektive heißen „inhärent orientiert“. Andere Sprachen besitzen Verbaladjektive, deren Form die syntaktische Funktion des Bezugswortes nicht angibt, so daß diese aus dem Kontext

[65] Verbalformen mit pronominalen Suffixen, aber ohne Präfixe begegnen gelegentlich in literarischen Texten ab der altbabylonischen Zeit, vermutlich eine Interferenz des akkadischen Stativs. Alle Beispiele sind von Römer 2000 gesammelt. Für ihre Interpretation s. Attinger 1993: 194.

bestimmt werden muß; diese Adjektive heißen „inhärent unorientiert“.[66] Sumerische infinite Verbalformen sind inhärent unorientierte Verbaladjektive ohne Restriktion bezüglich der syntaktischen Funktion des Bezugswortes. Das Bezugswort kann sogar die Funktion des Possessors besitzen wie in folgendem Beispiel:

é me-lem$_4$-bi an-né ús-sa (Gudea Cyl. A 17:18 [2.1.7])

$_{\text{P1}}$*e* $_{\text{P2}}$[*melem-bi an-e us-ʾa*]-($_{\text{P5}}$*še*)

Haus Schreckensglanz-POSS.3SA Himmel-OBL.DIR angrenzend an-PT-(TERM)

„Tempel dessen Schreckensglanz den Himmel erreicht“.

Formal lassen sich drei Typen infiniter Verbalformen unterscheiden: Präteritum-Basis (= zeitlose infinite Verbalform), Präteritum-Basis–*ʾa* mit /-*ʾa*/ als Markierung des Präteritums (= präteritale infinite Verbalform) und Präsens-Futur-Basis–*ed* mit /-*ed*-/ als Markierung des Präsens-Futurs (= präsentisch-futurische infinite Verbalform). Allerdings besteht die Opposition zwischen präteritalen und präsentisch-futurischen Verbalformen nur bei Handlungsverben. Zustandsverben verwenden stets die Form Präteritum-Basis–*ʾa*; ob sie sich auf einen vergangenen oder nicht-vergangenen Sachverhalt beziehen, ergibt sich nur aus dem Kontext. Bei allen drei Verbalformen kann die Basis der Plural-Reduplikation unterliegen. Infiniten Verbalformen kann nur das Negationspräfix /*nu*/ präfigiert werden.

Futurische Formen drücken oft modale Nuancen aus. Das gilt auch für präsentisch-futurische infinite Verbalformen, welche die Notwendigkeit, Verpflichtung oder (Un)fähigkeit wie in den beiden folgenden Beispielen bezeichnen:

nam-érim-bi ku$_5$-ru-dam (NG 209: 38f.)

nam.erim-bi-Ø kur-ed-am-Ø

Eid-POSS.3SA-ABS schneiden-PF-KOP-3SG.S

„Darüber soll ein Eid geleistet werden“.

kur ^{giš}erin-na lú nu-ku$_4$-ku$_4$-da (Gudea Cyl A 15:19 [2.1.7])

$_{\text{P1}}$[*kur erin-ak*] $_{\text{P2}}$[*lu-Ø nu-ku.ku-ed*]-$_{\text{P5}}$*'a*

Berg Zeder-GEN Mann-ABS NEG-eintreten.PF.RDP-PF-LOK

„in den Zedernberg, in den niemand eindringen kann“

Die zeitlosen infiniten Verbalformen drücken Sachverhalte aus, die auf keinen bestimmten Zeitwert bezogen sind, wie in *lugal gaba-ri nu-tuku* (*lugal gabari nu-tuku* = König Gegner NEG-haben) „ein König, der keinen Gegner hat“; hier ist eine permanente und wesenhafte Eigenschaft des Königs gemeint. Zeitlose infinite Verbalformen sind eine der Hauptquellen für nominale Komposita: *dub-sar* (Tafel-schreiben) „Schreiber“, *kù-dím* (Edelmetall-herstellen) „Edel-

[66] Vgl. für diese Terminologie Haspelmath 1994, besonders S. 152f.

metallarbeiter“, *usu-tuku* (Macht-besitzen) „mächtig“, *igi-ĝál* (Auge-vorhanden sein) „weise“.

Die folgende Tabelle faßt die Gebrauchsweisen der infiniten Verbalformen zusammen:

	vorzeitig	gleich- oder nachzeitig	zeitlos
Handlung	Basis$_{PT}$-*ʾa*	Basis$_{PF}$-*ed*	Basis$_{PT}$
Zustand	Basis$_{PT}$-*ʾa*	Basis$_{PT}$-*ʾa*	Basis$_{PT}$

ABKÜRZUNGEN IN DEN INTERLINEAREN ÜBERSETZUNGEN

A = Agens
ABS = Absolutivkasus
ADV = Adverbiativsuffix
DAT = Dativkasus beim Nomen und Verbum
DIR = Direktivpräfix
ERG = Ergativkasus
FIN = Präfix zur Markierung finiter Verbalformen
GEN = Genitivkasus
KOP = Kopula
LOK = Lokativkasus beim Nomen und Verbum
MEDIUM = Mediumpräfix
MOD = modales Präfix
NEG = Negationspräfix
O = Objekt
OBL.DIR = Obliquus-Direktivkasus beim Nomen und Verbum
PF = Präsens-Futur
PL = Plural
POSS = Possessivsuffix
PR = pronominales Präfix oder Enklitikon
PT = Präteritum
RDP = Reduplikation
S = Subjekt
SA = Pronominales Präfix oder Enklitikon der Sachklasse
SG = Singular
TERM = Terminativkasus beim Nomen und Verbum
VEN = Ventivpräfix

Bibliographie

Attinger, P.
1986 Les préfixes absolutifs de la première et de la deuxième personne singulier dans les formes marû ergatives, ZA 75, 161–178.
1993 Eléments de linguistique sumérienne. La construction de du_{11}/e/di 'dire' = Orbis Biblicus et Orientalis Sonderband. Freiburg (Schweiz)/ Göttingen.
1996 /b/ facultatif ou agrammatical, N.A.B.U. no. 110.
1999 L'infixe directif /i/, /y/, N.A.B.U. no. 94.
2000 L'infixe directif /i/, /y/, II, N.A.B.U. no. 44.

Attinger, P. und M. Wäfler (ed.)
1998 Annäherungen 1 = Orbis Biblicus et Orientalis 160/1. Freiburg (Schweiz)/Göttingen.

Bauer, J.
1975 Zum /dr/-Phonem des Sumerischen, WO 8, 1–9.
1982 Altorientalische Notizen (18–20). Höchberg.
1998 Der vorsargonische Abschnitt der mesopotamischen Geschichte, in: Attinger/Wäfler 1998, 431–585.

Black, J.
1990 The Alleged "Extra" Phonemes of Sumerian, RA 84, 107–118.
1991 Sumerian Grammar in Babylonian Theory = Studia Pohl Series Maior 12. Rom.
1992 Rezension zu Schretter (1990), OLZ 87, 382–385.
2002 Sumerian lexical categories, ZA 92, 60–77.
2005 Some Sumerian adjectives, in Black/Zólyomi (ed.), 3–27.

Black, J. et alii
1998– The Electronic Text Corpus of Sumerian Literature (http://www-etcsl.orient.ox.ac.uk) Oxford.

Black J. und G. Zólyomi (ed.)
2005 The Study of Diachronic Variation in Sumerian = ASJ 22 (2002).

Bord, L.-J.
2001 Petite grammaire du sumérien à l'usage des débutants. Paris.

Civil, M.
2005 Modal Prefixes, in: Black/Zólyomi (ed.), 29–42.

Coghill, E. und G. Deutscher
2002 The origin of ergativity in Sumerian, and the "inversion" in pronominal agreement: a historical explanation based on Neo-Aramaic parallels, Or. 71, 267–290.

Cooper, J. S.
1973 Sumerian and Akkadian in Sumer and Akkad, Or. 42, 239–246.

van Dijk, J. J. A.
1983 Die periphrastische Deklination und Konjugation der 2. Person Plural im Sumerischen, Or. 52, 31–42.

Dressler, W.
1968 Studien zur verbalen Pluralität. Iterativum, Distributivum, Intensivum in der allgemeinen Grammatik, im Lateinischen und Hethitischen = Sitzungsberichte der Österreichischen Akademie der Wissenschaften 259, 1. Abhandlung. Wien.

Edzard, D. O.
1971 ḫamṭu, marû und freie Reduplikation beim sumerischen Verbum, ZA 61, 208–232.
2003 Sumerian Grammar = HdO I/71. Leiden/Boston.
2003a Zum sumerischen Verbalpräfix a(l), in: W. Sallaberger et alii (ed.), Literatur, Politik und Recht in Mesopotamien. Festschrift für Claus Wilcke (Wiesbaden) 87–98.

Englund, R. K.
1998 Texts from the Late Uruk Period, in: Attinger/Wäfler 1998,15–233.

Falkenstein, A.
1949 Grammatik der Sprache Gudeas von Lagaš, I: Schrift- und Formenlehre = Analecta Orientalia 28. Rom.
1950 Grammatik der Sprache Gudeas von Lagaš, II: Syntax = Analecta Orientalia 29. Rom.
1960 Kontakte zwischen Sumerern und Akkadern auf sprachlichem Gebiet, Genava 8, 301–314.
1964 Das Sumerische = HdO I/2,1-2/1. Leiden.

Foxvog, D. A.
1979 Rezension zu R. Kutscher, Oh Angry Sea (a–ab–ba hu–luh–ha) (1975), Or. 48, 422–427

Gelb, I. J.
1961[2] Old Akkadian Writing and Grammar = Materials for the Akkadian Dictionary 2. Chicago.

Geller, M.
1997 The Last Wedge, ZA 87, 43–95.

Haspelmath, M.
1994 Passive Participles across Languages, in: B. Fox/P. J. Hopper (ed.), Voice: Form and Function = Typological Studies in Language 27 (Amsterdam/Philadelphia) 151–177.

Hayes, J. L.
1997 Sumerian = Languages of the World/Materials 68. München etc.
2000[2] A Manual of Sumerian Grammar and Texts. Malibu.

Jagersma, B.
1999 A Descriptive Grammar of Sumerian. Version 4. Unpublished manuscript.
2005 Sound change in Sumerian: the so-called /dr/-phoneme, in: Black/Zólyomi (ed.), 81–87.

Jestin, R.
1951 Abrégé de grammaire sumérienne. Paris.

Kärki, I.
1967 Die Sprache der sumerischen Königsinschriften der frühaltbabylonischen Zeit = Studia Orientalia 35. Helsinki.

Kaneva, I. T.
1996 Šumerskij Jasyk. Sankt Petersburg.
2000 Parataxe und Hypotaxe im Sumerischen: Die Rolle der Modalpräfixe, in: S. Graziani (ed.), Studi sul Vicino Oriente antico dedicati alla memoria di Luigi Cagni = Istituto Universitario Orientale. Dipartimento di Studi Asiatici. Series Minor 61 (Napoli) 521–537.

Klein, J
2005 The Independent Pronouns in the Šulgi Hymns, in: Black/Zólyomi (ed.), 135–152.
Kramer, S. N.
1936 The Sumerian Prefix Forms be- and bi- in the Time of the Earlier Princes of Lagaš = AS 8.
Krebernik, M.
1984 Die Beschwörungen aus Fara und Ebla. Untersuchungen zur ältesten keilschriftlichen Beschwörungsliteratur = TSO 2.
1998 Die Texte aus Fāra und Tell Abū Ṣalābīḫ, in: Attinger/Wäfler 1998, 237–427.
Krebernik, M. und H. J. Nissen
1994 Die sumerisch-akkadische Keilschrift, in: H. Günther/O. Ludwig (ed.), Schrift und Schriftlichkeit / Writing and Its Use 1, 1. (Berlin/New York) 274–288.
Krecher, J.
1968 Die pluralischen Verba für „gehen" und „stehen" im Sumerischen = WO 4, 1–11.
1969 Verschlusslaute und Betonung im Sumerischen, in: W. Röllig and M. Dietrich (ed.), Lišān mitḫurti. Festschrift Wolfram Freiherr von Soden zum 19. VI. 1968 gewidmet von Schülern und Mitarbeitern = AOAT 1, 157–197.
1978 Das sumerische Phonem /ĝ/, in: B. Hruška/G. Komoróczy (ed.), Festschrift Lubor Matouš, II = Assyriologia 5 (Budapest) 7–73.
1985 Die /m/-Präfixe des sumerischen Verbums, Or. 54, 133–181.
1987 Morphemeless Syntax in Sumerian as Seen on the Background of Word-Composition in Chukchee, ASJ 9, 67–88.
1993 Alltagsformen der sumerischen Sprache?, in: J. Zabłocka/St. Zawadzki (ed.), Šulmu IV. Everyday Life in Ancient Near East = Uniwersytet im. Adama Mickiewicza w Poznaniu. Seria historia 182 (Poznan) 189–195.
1995 Die marû-Formen des sumerischen Verbums, in: M. Dietrich/O. Loretz (ed.), Vom Alten Orient zum Alten Testament. Festschrift für Wolfram Freiherrn von Soden zum 85. Geburtstag am 19. Juni 1993 = AOAT 240, 141–200.
Krispijn, Th. J. H.
2005 The Change of Official Sumerian in the City-State of Lagaš, in: Black/Zólyomi (ed.), 153–175.
Lieberman, St. J.
1977 The Sumerian Loanwords in Old-Babylonian Akkadian. Volume One: Prolegomena and Evidence = HSS 22.
Maul, St. M.
1991 Neues zu den „Graeco-Babyloniaca", ZA 81, 87–107.
Michalowski, P.
1980 Sumerian as an Ergative Language, JCS 32, 86–103.
2004 Sumerian, in: R. D. Woodward (ed.), The Cambrigde Encyclopedia of the World's Ancient Languages (Cambrigde) 19–59
2005 The Life and Death of the Sumerian Language in Comparative Perspective, in: Black/Zólyomi (ed.), 177–202.

Newman, P.
1990 Nominal and Verbal Plurality in Chadic = Publications in African Languages and Linguistics 12. Dordrecht/Providence, RI.

Oberhuber, K.
1990 Sumerisches Lexikon zu „Georg Reisner, Sumerisch-babylonische Hymnen nach Thontafeln griechischer Zeit (Berlin 1896)“ (SBH) und verwandten Texten = Innsbrucker Sumerisches Lexikon I/1. Innsbruck.

Pedersén, O.
1989 Some Morphological Aspects of Sumerian and Akkadian Linguistic Areas, in: H. Behrens et alii (ed.), DUMU-E$_2$-DUB-BA-A. Studies in Honor of Åke W. Sjöberg = OPSK 11, 429–438.

Poebel, A
1923 Grundzüge der sumerischen Grammatik = Rostocker orientalistische Studien 1. Rostock.
1931 The Sumerian Prefix Forms e- and i- in the Time of the Earlier Princes of Lagaš = AS 2.

Powell, M. A., Jr.
1978 Ukubi to Mother ... The Situation is Desperate. A Plaidoyer for Methodological Rigour in Editing and Interpreting Sumerian Texts with an Excursus on the Verb taka$_4$: da$_x$-da$_x$ (TAG$_4$), ZA 68, 163–195.

Römer, W. H. Ph.
1999^2 Die Sumerologie. Einführung in die Forschung und Bibliographie in Auswahl = AOAT 262.
2000 Beiträge zur Grammatik des Sumerischen. IV. Zu den sumerischen finiten Verbalformen ohne präfigierte Elemente, BiOr. 57, 258–270.

Sallaberger, W.
1999 Ur III-Zeit, in: Attinger/Wäfler 1998, 121–390
2004 Das Ende des Sumerischen, in: P. Schrijver/P.-A. Mumm (ed.), Sprachtod und Sprachgeburt (Bremen) 108–140.
2005 „Bringen“ im Sumerischen. Lesung und Bedeutung von de$_6$ (DU) und tum$_2$ (DU), AOAT 325, 557–576.

Schretter, M. K.
1990 Emesal-Studien. Sprach- und literarurgeschichtliche Untersuchungen zur sogenannten Frauensprache des Sumerischen = IBS Sonderheft 69.
1996 Überlegungen zu den Wortarten des Sumerischen, WZKM 86, 399–411.

Sjöberg, Å. W. et alii
1984–8 The Sumerian Dictionary of the University Museum of the University of Pennsylvania, vol. I: A, 1–3; II: B. Philadelphia.

Steinkeller, P.
1979 Notes on Sumerian Plural Verbs, Or. 48, 54–67.
1984 The Sumerian verb lug$_x$ (LUL), SEL 1, 5–22.
1993 Early Political Development in Mesopotamia and the Origins of the Sargonic Empire, in: M. Liverani (ed.), Akkad. The First World Empire. Structure, Ideology, Traditions = History of Ancient Near East. Studies 5 (Padova) 107–129.

Streck, M. P.
1998 The Tense Systems in the Sumerian-Akkadian Linguistic Area, ASJ 20, 181–199.

Thomason, S. G. und T. Kaufman
1988 Language Contact, Creolization and Genetic Linguistics. Berkeley etc.
Thomsen, M.-L.
1984[3] The Sumerian Language. An Introduction to Its History and Grammatical Structure = Mesopotamia 10. Copenhagen.
Veldhuis, N.
2002 Studies in Sumerian Vocabulary: nin-ka$_6$; immal/šilam; and še$_{21}$.d, JCS 54, 67–77.
Volk, K.
2003 A Sumerian Reader = Studia Pohl: Series Maior 18.
Westenholz, A.
1975 Early Cuneiform Texts in Jena. København.
Wilcke, C.
1988 Anmerkungen zum „Konjugationspräfix" /i/- und zur These vom „silbischen Charakter der sumerischen Morpheme" anhand neusumerischer Verbalformen beginnend mit ì-íb-, ì-im- und ì-in, ZA 78, 1–49.
1990 Orthographie, Grammatik und literarische Form. Beobachtungen zu der Vaseninschrift Lugalzaggesis (SAKI 152–156), in: T. Abusch et alii (ed.), Lingering over Words. Studies in Ancient Near Eastern Literature in Honour of William L. Moran = HSS 37, 488–498.
1994 Die Keilschriftkulturen des Vorderen Orients, in H. Günther/O. Ludwig (ed.), Schrift und Schriftlichkeit / Writing and Its Use 1, 1. (Berlin/New York) 491–503.
1996 „Neue Rechtsurkunden der Altsumerischen Zeit", ZA 86, 1–67.
1998 Zu „Gilgameš und Akka". Überlegungen zur Zeit von Entstehung und Niederschrift, wie auch zum Text des Epos mit einem Exkurs zur Überlieferung von „Šulgi A" und von „Lugalbanda", in: M. Dietrich/O. Loretz (ed.), Dubsar anta-men. Studien zur Altorientalistik. Festschrift für Willem H. Ph. Römer zur Vollendung seines 70. Lebensjahres, mit Beiträgen von Freunden, Schülern und Kollegen = AOAT 253, 457–486.
i. Dr. „Anfänge der Dokumentation altmesopotamischen Rechts", RA.
Woods, C.
2001 The Deitic Foundation of the Sumerian Language, Ph. D. Harvard University.
Yoshikawa, M.
1979 Verbal Reduplication in Sumerian, ASJ 1, 99–119.
1989 The Origin of Sumerian Verbal Preformativs, ASJ 11, 293–304.
Zólyomi, G.
1993 Voice and Topicalisation in Sumerian. Diss. Budapest.
1996 Rezension zu Attinger (1993), BiOr. 53, 95–107.
1999 Directive Infix and Oblique Object in Sumerian: An Account of the History of their Relationship, Or. 68, 215–253.
2000 About a Found Donkey and the 'Local' Prefix, N.A.B.U. no. 34.
2005 Structural Interference from Akkadian in Old Babylonian Sumerian, in: Black/Zólyomi (ed.), 335–360.
2005a Left-dislocated possessors in Sumerian, in: K. É. Kiss (ed.), Universal Grammar in the Reconstruction of Ancient Languages. Berlin/New York, 161–188.

AKKADISCH

Michael P. Streck

1. SPRACHGESCHICHTE

Die einheimische (akkadisch *akkadû* bzw. *akkadītu*) und zugleich moderne Bezeichnung Akkadisch für Babylonisch, Assyrisch und andere Varietäten derselben Sprache geht auf die in Nordbabylonien liegende, noch nicht genau lokalisierte Stadt Akkad, die Hauptstadt der Dynastie von Akkade (ca. 2400–2200), zurück.[1]

Die akkadische Sprachgeschichte[2] differenziert die im historischen Sprachwandel entstehenden Sprachperioden, regionale Dialekte und durch verschiedene Textgattungen bedingte Sprachebenen. Sie berücksichtigt darüber hinaus die nach Zeit, Ort und Textkategorie unterschiedliche Keilschriftorthographie.

Der traditionelle Begriff Altakkadisch[3] für die akkadischen Sprachzeugnisse des 3. Jahrtausends vereinfacht eine kompliziertere sprachliche Situation. Die frühesten akkadischen Belege sind Personennamen und einzelne Wörter in sumerischen Verwaltungstexten der frühdynastischen Zeit (ca. 27. Jahrhundert).[4] Sie setzen eine erste Adaption der sumerischen Keilschrift an das frühe Akkadische voraus. Über die noch ältere Geschichte des Akkadischen ist

[1] In der Frühzeit der Altorientalistik sprach man dagegen von Assyrisch, ein Terminus, der sich noch im Titel "The Assyrian Dictionary of the Oriental Institute of the University of Chicago" gehalten hat.

[2] Das grammatische Standardwerk ist von Soden 1952, 1995[3]. Es gibt einen Überblick über die gesamte akkadische Sprachgeschichte, konzentriert sich jedoch besonders auf das Altbabylonische. S. zur ersten Auflage vor allem die Rezension von Gelb 1955, zur zweiten von Hirsch 1975 und zur dritten die Rezensionen von Huehnergard 1997a, Kouwenberg 1997 und Streck 1998. Buccellati 1996 erhebt keinen Anspruch, eine neue Referenzgrammatik zu sein, sondern stellt im wesentlichen die bei von Soden 1952 gebuchten Fakten unter bestimmten strukturalistischen Gesichtspunkten dar; s. die Rezensionen von Streck 1998a, Kouwenberg 1998 und Farber 2001. Einen Vorgänger hat Buccellati in Reiner 1966, ein Werk, das allerdings keine Syntax enthält; zu Reiner s. die Rezension von von Soden 1966.

Lexika sind: von Soden 1958–1981, drei Bände. Oppenheim et alii 1956ff. (im Laufe der langen Editionsgeschichte wechselnde Herausgeber; am wichtigsten ist neben Oppenheim E. Reiner), zur Zeit 17 Bände, noch unvollständig. Zur Geschichte der akkadischen Lexikographie: Borger 1984.

Lehrbücher: Riemschneider 1969, Borger 1979, Caplice 1988 und Huehnergard 1997. Sie gehen grammatisch kaum über von Soden 1952 und 1995 hinaus; s. zu Huehnergard die Rezensionen von Streck 1999 und Farber 2001.

[3] S. für die Grammatik Gelb 1961, für das Lexikon Gelb 1957.

[4] Biggs 1967.

nichts Sicheres bekannt.[5] Nach der Mitte des 3. Jahrtausend werden vor allem die Dialekte des Eblaitischen, des Mariotischen[6], von Tall Beydar[7] und des Sargonisch-Akkadischen greifbar. Die Beziehungen dieser Dialekte zueinander und ihr Verhältnis zu den spätestens seit Beginn des 2. Jahrtausends erkennbaren akkadischen Hauptdialekten Babylonisch und Assyrisch sind noch nicht ganz geklärt. Das Eblaitische besitzt jedenfalls deutliche morphologische Übereinstimmungen mit dem Akkadischen, die es rechtfertigen, es als akkadischen Dialekt zu klassifizieren.[8] Das Sargonisch-Akkadische ist nach Sommerfeld 2003 der Heimatdialekt der Herrscher von Akkade und kein direkter Vorläufer des späteren Babylonischen oder Assyrischen. Allerdings steht dieser Dialekt dem Babylonischen anscheinend näher als dem Assyrischen.

Das vergleichsweise nur schwach belegte Ur III-Akkadische vom Ende des 3. Jahrtausends ist nach Hilgert 2002 keine Fortsetzung des Sargonisch-Akkadischen und der Vorläufer des Altbabylonischen. Dieses kündigt sich auch in verschiedenen archaischen Dialekten (ca. 2000–1900) Babyloniens, des Diyālagebietes und Maris an.[9] Die sehr zahlreichen und sich auf alle Textgattungen verteilenden Quellen für das Altbabylonische der 1. Dynastie von Babylon (ca. 1900–1500) sowie der Lim-Dynastie in Mari (ca. 1800–1750)[10] greifen über den Süden des Zweistromlandes im Osten bis in den Westiran,[11] im Nordwesten dem Euphrat folgend bis nach Nordsyrien, im Norden bis nach Assyrien aus. Literarische Texte zeigen erstmals die Entwicklung einer teilweise archaisierenden, sich stilistisch abhebenden Kunstsprache.[12] Die Schrift paßt sich dem vielleicht unter sumerischem Einfluß veränderten Lautstand der Sprache weiter an. Sumerer und die von der Region des Mittleren Euphrats nach Zentralbabylonien eindringenden nomadischen Amurriter werden sprachlich und kulturell assimiliert.

[5] Für einen Versuch, das Proto-Akkadische zu rekonstruieren, s. Gelb 1969 mit Rezension von von Soden 1970.

[6] Für Mari in präsargonischer Zeit s. Gelb 1992: 147–150, in der Ur III-Zeit ebd.: 163f.

[7] Talon 1996.

[8] Krebernik 1996. Dagegen klassifiziert Tropper 2003 – m. E. ohne definitives Argument – das Eblaitische als eigenständigen ostsemitischen Dialekt neben dem Akkadischen.

[9] S. allgemein A. Westenholz 1978: 163, speziell für Mari Limet 1975, A. Westenholz 1978: 163–166 und vor allem Gelb 1992: 171–195, für Ešnunna im Diyālagebiet Whiting 1987: 5–22.

[10] Eine durch zahlreiche neue Quellen z. T. überholte Beschreibung der in Mari bezeugten Dialekte bietet Finet 1956.

[11] Den Dialekt von Susa beschreiben de Meyer 1962 und Salonen 1962.

[12] Von Soden 1932 und 1933. Zum Terminus hymnisch-epischer Dialekt s. zuletzt J. G. Westenholz 1997: 181–183.

Einen noch weiteren geographischen Horizont als das Altbabylonische weist das Mittelbabylonische (ca. 1500–1000) auf.[13] Es dient nach der Absorbtion der aus dem Osten einwandernden Kassiten in ganz Vorderasien als Lingua franca dem diplomatischen Schriftverkehr zwischen den Machtzentren Babyloniens, Assyriens, Mittanis, Syrien-Palästinas, Ägyptens und der kleinasiatischen Hethiter. Kassitischer Einfluß ist – abgesehen vom Vokabular – nicht erkennbar. In zahlreichen lokalen Ausprägungen wird das Mittelbabylonische auch als Verwaltungssprache verwendet. Charakteristisch sind für sie die teilweise starken fremdsprachigen Einflüsse: in Nuzi hurritische,[14] in Emar, Alalaḫ, Ugarit und Amarna überreichlich beschriebene nordwestsemitische,[15] in Hattuša hethitische[16].

Das Altassyrische (ca. 1900–1750)[17] kennen wir vor allem durch Briefe und Verwaltungstexte aus der assyrischen Handelskolonie Kaniš in Ostkleinasien und wenige Königsinschriften aus Assyrien selbst.

Vergleichsweise schwach bezeugt ist das Mittelassyrische (ca. 1500–1000)[18] in Briefen und Verwaltungstexten. Die Königsinschriften dagegen bedienen sich des als feiner empfundenen Babylonischen.

Überaus zahlreich fließen trotz des etwa seit 1000 in ganz Vorderasien stetig vordringenden Aramäischen die sich auf alle Textgattungen verteilenden Quellen dann wieder für das Neuassyrische (ca. 1000–600)[19] und das Neu- bzw. Spätbabylonische (ca. 1000–626 bzw. 626–3. Jahrhundert n. Chr.),[20] die im Zuge der Großreichsbildung unter Assyrern, Chaldäern und – aus Prestige – Achämeniden auch außerhalb des Zweistromlandes anzutreffen sind. Die

[13] Aro 1955, Jucquois 1966.
[14] Wilhelm 1970.
[15] Emar: Seminara 1998. Ugarit: Huehnergard 1989, van Soldt 1991. Amarna: Izre'el 1991 (Briefe aus Amurru); Rainey 1996 (Briefe aus Kanaan, mit ausführlicher Bibliographie). Alalaḫ: Giacumakis 1970.
[16] Labat 1932, heute stark revisionsbedürftig.
[17] Hecker 1968.
[18] Wa. Mayer 1971.
[19] Vgl. die Skizze von Hämeen-Anttila 2000 mit Rezension von Streck 2003a. Eine Gesamtdarstellung des Neuassyrischen ist ein Desiderat.
[20] Für das Neubabylonische s. Ylvisaker 1912 und Woodington 1982, doch bleibt eine Gesamtdarstellung, die auch die späteren Quellen einbezieht, ein Desiderat. Für das Spätbabylonische s. Streck 1995. Zur Terminologie: von Soden 1995 versteht unter Neubabylonisch das Babylonische der Assyrerzeit (bis ca. 626) und bezeichnet das Babylonische der Chaldäer, Achämeniden und hellenistischen Zeit als Spätbabylonisch. Für eine leicht variierende Abgrenzung s. Streck 1995: xxvi. In der englischsprachigen Literatur bezeichnet "New Babylonian" oft den gesamten Zeitraum, teilweise aber auch neben "Late Babylonian" nur die Zeit der Assyrer und Chaldäer oder nur der ersteren. Am vorteilhaftesten wäre vielleicht ein Oberbegriff Neubabylonisch, innerhalb dessen bei Bedarf zwischen einzelnen Archiven bzw. Textgruppen (z. B. Governor's Archive von Nippur, Ninive, Eanna, Ebabbar, Murāšû, hellenistisch Uruk) unterschieden wird.

Orthographie zeigt eine zunehmende Tendenz zur Anlehnung an die aramäische Konsonantenschrift,[21] während der Einfluß der aramäischen Sprache relativ gering bleibt. Die neuassyrische Dokumentation aus dem assyrischen Kernland endet mit der Zerstörung Ninives 612;[22] die letzten neuassyrischen Texte überhaupt stammen aus Dūrkatlimmu in Ostsyrien (603–600).[23] Spätbabylonisch gebrauchte man vielleicht noch im 3. Jahrhundert n. Chr. als Schriftsprache;[24] in gesprochener Form erlosch es, zuletzt auf immer kleinere Bereiche Babyloniens beschränkt, wohl schon einige Jahrhunderte früher.

Das umfangreiche Korpus der literarischen Texte und der Königsinschriften ab 1500 verwendet in der Regel ein in verschiedenem Maße archaisierendes, in Assyrien auch assyrisiertes, sich von der Sprache der Briefe und Verwaltungstexte stilistisch abhebendes Babylonisch. Gewöhnlich wird diese Sprache behelfsmäßig unter dem Terminus Jungbabylonisch bzw. Standard Babylonian zusammengefaßt.[25] Doch ist die dadurch angenommene sprachliche Einheit eher fiktiv; sinnvoller scheint es, die Sprache jeder kohärenten Textgruppe, ja unter Umständen eines jeden Einzeltextes separat zu beschreiben.[26]

2. Struktur des Altbabylonischen

2.1. Phonologie

2.1.1. Vokale

Die Vokalphoneme sind: /*a*/, /*e*,/ /*i*/, /*u*/, /*ā* bzw. *â*/, /*ē* bzw. *ê*/, /*ī* bzw. *î*/, /*ū* bzw. *û*/. /*e*/ und /*ē* bzw. *ê*/ haben nur geringe distinktive Kraft. Die Existenz von /*o*/ und /*ō*/ ist wahrscheinlich, hat aber kaum Reflexe in der Keilschrift.[27] Makron bezeichnet strukturelle oder durch Monophthongierung aus den Diphthongen */*aw*/ und */*ay*/, Zirkumflex durch Kontraktion zweier benachbarter Vokale entstandene Länge. Die Keilschrift drückt erstere nur vergleichsweise selten, letztere dagegen meist durch Vokalpleneschreibung (z. B. K*u*-*ú*

[21] Streck 2001.
[22] Dalley 1993: 140f.
[23] Veröffentlicht und kommentiert in State Archives of Assyria Bulletin 7 (1993), mehrere Autoren.
[24] Geller 1997.
[25] S. zur Problematik der Terminologie zuletzt J. G. Westenholz 1997: 181–183.
[26] Für Hymnen s. Groneberg 1987, für assyrische Königsinschriften Madvig 1967, beide allerdings lediglich Teilbeschreibungen. Für die babylonische Version der Behistuninschrift von Darius I. s. Malbran-Labat 1994 mit Rezension von Streck 1996.
[27] A. Westenholz 1991.

für */û/*) aus. Es ist unklar, ob damit eine unterschiedliche Aussprache verbunden ist.[28]

2.1.2. Konsonanten

Die Konsonantenphoneme sind in traditioneller Umschrift: */b/*, */p/*, */m/*, */w/*, */d/*, */t/*, */ṭ/*, */n/*, */z/*, */s/*, */ṣ/*, */r/*, */l/*, */š/*, */j/* (oder */y/*), */g/*, */k/*, */q/*, */ḫ/*, */ʾ/*.

Die Rekonstruktion der Artikulation weicht allerdings von den traditionellen Annahmen mehrfach ab: */z/*, */s/* und */ṣ/* sind Affrikaten ([dz], [ts], [tsʾ]), */ṭ/*, */ṣ/* und */q/* glottalisiert ([tʾ], [tsʾ], [kʾ]), */š/* am ehesten ein alveolarer stimmloser affrizierter Lateral [ᵗɬ], vielleicht mit deaffriziertem Allophon [ɬ].[28a]

Alle Konsonanten kommen in phonologisch relevanter Längung vor.

2.2. Morphologie

2.2.1. Wortklassen

Wortklassen sind Pronomina, Nomina (Substantive, Adjektive), Numeralia, Verba, Adverba, Präpositionen, Konjunktionen, Subjunktionen, Negationen und andere modale Partikeln sowie Interjektionen.

2.2.2. Morphemtypen

Nomina und Verba, z. T. auch Pronomina und Numeralia, in der Regel jedoch nicht die anderen Wortklassen, lassen sich in drei Morphemtypen zerlegen:

– Wurzelmorpheme, meist bestehend aus 3, seltener aus 2 oder 4 Konsonanten (Radikalen), z. B. *PRS, *ŠM, *BLKT. Vor allem in der Verbalmorphologie ist die Unterscheidung zwischen starken und schwachen Wurzeln bedeutsam. Als „stark“ gelten hier nur die dreikonsonantigen Wurzeln des Typs *PRS; „schwach“ sind neben den vierkonsonantigen Wurzeln auch die mit N (*NDN) als ersten und W, J oder ʾ als ersten, zweiten oder dritten Radikal.[29]

[28] S. die Diskussion von Buccellati 1996: 20f.

[28a] Vgl. für die Artikulation der Affrikaten und von */š/* zuletzt Streck 2006.

[29] Die Terminologie schwankt allerdings; von Soden (1995) bezeichnet nur die Wurzeln mit W oder J als Radikal als schwach.

– Derivationsmorpheme, nämlich Prä-, In-[30] und Suffixe, Vokalfolge und Konsonantenlängung: *PāRiS-* (Wurzel *PRS[31] + Vokalfolge *ā-i-*), *maPRaS-* (Präfix *ma*, Vokal *a* nach dem 2. Radikal), *muPtaRRiS-* (Präfix *mu*, Infix *ta* nach dem 1. Radikal, Längung des 2. Radikals, Vokal *i* nach dem 2. Radikal). Beim Nomen ergibt die Derivation die Nominalformen, beim Verbum die Stammbildung.
– Flexionsmorpheme, die in der Art mit den Derivationsmorphemen identisch sind: *PaRSum* (Wurzel *PRS, Derivationsmorphem *a*, Flexionsmorphem *um*), *uštaPRiSū* (Derivationsmorpheme *š* und *ta*, Flexionsmorpheme Präfix *u* + Suffix *ū* und Vokal *i* nach dem 2. Radikal).

2.2.3. Pronomina

Es gibt Personal-, Possessiv-, Demonstrativ-, Determinativ-, Relativ-, Interrogativ- und Indefinitpronomina. Reflexivpronomina existieren nicht; stattdessen verwendet man Umschreibungen wie *ramān-šu* „sein Selbst“ = „sich“.

Die folgende Tabelle zeigt die Personalpronomina.

	Nom.	Gen.	Dat.		Akk.	
	selb.	suff.	selb.	suff.	selb.	suff.
1.Sg.c.	*anāku*	*-ī, -ja, ʾa*	*jâšim*	*-am, -m, -nim*	*jâti*	*-ni*
2.Sg.m.	*atta*	*-ka*	*kâšim*	*-kum*	*kâta*	*-ka*
2.Sg.f.	*atti*	*-ki*	*kâšim*	*-kim*	*kâti*	*-ki*
3.Sg.m.	*šū*	*-šu/-su*	*šuʾāšim*	*-šum*	*šuʾāti*	*-šu*
3.Sg.f.	*šī*	*-ša/-sa*	*šiʾāšim*	*-šim*	*šiʾāti*	*-ši*
1.Pl.c.	*nīnu*	*-ni*	*niʾāšim*	*-niʾāšim*	*niʾāti*	*-niʾāti*
2.Pl.m.	*attunu*	*-kunu*	*kunūšim*	*-kunūšim*	*kunūti*	*-kunūti*
2.Pl.f.	*attina*	*-kina*	*kināšim*	*-kināšim*	*kināti*	*-kināti*
3.Pl.m.	*šunu*	*-š/sunu*	*šunūšim*	*-šunūšim*	*šunūti*	*-šunūti*
3.Pl.f.	*šina*	*-š/sina*	*šināšim*	*-šināšim*	*šināti*	*-šināti*

[30] Infix heißen in vorliegendem Buch – abweichend von einem manchmal anzutreffenden Sprachgebrauch – nur zwischen dem ersten und letzten Radikal eingefügte Morpheme, nicht aber Suffixe, denen weitere Suffixe folgen.
[31] *PRS dient im folgenden als Paradigmawurzel.

Selbständige Formen stehen neben suffigierten. Die Genitivsuffixe finden sich beim Nomen (= Possessivpronomina), die Dativ- und Akkusativsuffixe beim Verb.

2.2.4. Nomina

2.2.4.1. Derivation (Nominalformen)[32]

Das Nomen differenziert bestimmte formale Bildungstypen. Nur soweit es deverbal ist, sind diese Bildungstypen semantischen Klassen zugeordnet. Die nicht deverbalen Primärnomina (z. B. *urīṣum* „Ziegenbock") korrelieren dagegen nicht mit semantischen Klassen.

Die semantischen Klassen, denen die Nominalformen deverbaler Substantive zugeordnet sind, lauten:

– abstrakt: Verbalinhalt, z. B. *šiprum* „Sendung" zu *šapārum* „senden".
– konkret: Objekt oder Resultat des Verbalinhalts, z. B. *wildum* „Kind" zu *walādum* „gebären".
– konkret: Mittel zur Ausführung des Verbalinhalts, z. B. *madlûm* „Schöpfeimer" zu *dalûm* „schöpfen".
– konkret: Ort des Verbalinhalts, z. B. *maṣallum* „Ruheplatz" zu *ṣalālum* „liegen".
– konkret: Zeit des Verbalinhalts, z. B. *muṣlālum* „Mittag" zu *ṣalālum* „liegen".
– konkret: Ausführender des Verbalinhalts, z. B. *dajjānum* „Richter" zu *dīʾānum* „richten".

2.2.4.2. Flexion: Übersicht

Die Flexion des Nomens differenziert:

– Drei Status: Status rectus, Status constructus und Status absolutus. Der Status rectus ist die voll flektierte Form des Nomens ohne folgenden Genitiv. Der Status constructus ist die Form eines Nomens vor einem weiteren Nomen im Genitiv, vor einem genitivischen Pronominalsuffix (= Possessivsuffix) oder vor einem asyndetischen Relativsatz; er besitzt im allgemeinen bei den Kasus keine oder reduzierte Flexion. Der Status absolutus besitzt keine Kasusflexion und weist nur beschränkte Verwendungsweisen auf.

[32] S. von Soden 1995: §§ 54–57, Streck 2002 (Präfix *ma-*) und Streck 2005 (Suffix *-ān*).

- Drei Numeri: Singular, Plural und – nicht mehr voll produktiv – Dual.
- Zwei Genera: Maskulinum und Femininum.
- Fünf Kasus: Nominativ, Genitiv, Akkusativ sowie – nicht voll produktiv – Lokativ und Terminativ. Im Dual und Plural fallen Genitiv und Akkusativ im Obliquus zusammen.

Keine formale Markierung besitzt das Nomen für den Ausdruck von Determination und Indetermination sowie die generische Lesart.[33]

2.2.4.3. Flexion des Status rectus und Status constructus

Die folgende Tabelle bietet eine Übersicht über die Flexion des Nomens im Status rectus und Status constructus. Beispielwörter: *šarr-* „König“, *šarrat-* „Königin“, *šēp-* „Fuß“, *dann-* „stark“, *libb-* “Herz“, *il-* „Gott“, *qāt-* „Hand“, *šitt-* < **šint-* „zwei Drittel“.

	Status rectus			Status constructus vor Pronominalsuffix	
	Subs. m.	Subs. f.	Adj. m.	Subs. m.	Subs. f.
Sg. Nom.	*šarr-um*	*šarr-at-um*	*dann-um*	*šarra-*	*šarr-at-*
Sg. Gen.	*šarr-im*	*šarr-at-im*	*dann-im*	*šarr-i-*	*šarr-at-i-*
Sg. Akk.	*šarr-am*	*šarr-at-am*	*dann-am*	*šarra-*	*šarr-at-*
Sg. Lok.	*libb-ūm*	–	–	*libb-ūK-*[34]	–
Sg. Ter.	*il-iš*	–	–	*qāt-iš-*	–
Du. Nom.	*šēp-ān*	*šit-t-ān*	–	*šēp-ā-*	*šit-t-ā-*
Du. Obl.	*šēp-īn*	*šit-t-īn*	–	*šēp-ī-*	*šit-t-ī-*
Pl. Nom.	*šarr-ū*	*šarr-ātum*	*dann-ūtum*	*šarr-ū-*	*šarr-ātū-*
Pl. Obl.	*šarr-ī*	*šarr-ātim*	*dann-ūtim*	*šarr-ī-*	*šarr-ātī-*

2.2.5. Der Stativ

Die Analyse des Stativs als nominal oder verbal ist umstritten.[35] Einigkeit besteht darüber, daß er historisch aus einem Nominalsatz entstanden ist (*damqāku* „ich bin gut“ < **damqum* (*an*)*āku*), semantisch den Nominalsätzen

[33] „Generische Lesart“ bedeutet Referenz auf Gattungen.
[34] Entstanden aus **libb-ūm-*, da sich /*m*/ an den folgenden Konsonanten assimiliert.
[35] Dazu zuletzt Kouwenberg 2000 mit einem Plädoyer für die verbale Analyse.

gleicht (Ausdruck von statischen Sachverhalten, keine Tempusdifferenzierung) und verbal konstruiert werden kann (*eqlam ṣabtāku* „das Feld habe ich in Besitz"). Diskutiert wird, ob die Endungen des Stativs als nominativische Pronominalsuffixe oder als Personenaffixe zu analysieren und ob /*ā*/ bzw. /*ē*/ (*lemnēku* „ich bin böse") Teil der Endungen sind oder ein eigenes Morphem darstellen. Die folgende Tabelle bietet die Formen des Stativs, ohne diese Fragen zu entscheiden.

	Singular	Plural
3.m.	*DaMiQ* „er ist gut"	*DaMQū* „sie sind gut"
3.f.	*DaMQat* „sie ist gut"	*DaMQā* „sie sind gut"
2.m.	*DaMQāta* „du bist gut"	*DaMQātunu* „ihr seid gut"
2.f.	*DaMQāti* „du bist gut"	*DaMQātina* „ihr seid gut"
1.c.	*DaMQāku* „ich bin gut"	*DaMQānu* „wir sind gut"

2.2.6. *Verba*

2.2.6.1. Derivation (Stammbildung)[36]

Als „Stammbildung" bezeichnet man in den semitischen Sprachen die Modifikation einer Verbalwurzel durch verschiedene Bildungselemente, im Akkadischen durch Längung des zweiten Radikals, Prä- oder Infigierung eines Morphems und Art der Besetzung der vokalischen Positionen innerhalb der Wurzel, wobei die verschiedenen Bildungselemente miteinander kombiniert werden können. Die so entstehenden „Verbalstämme" können Bedeutungsklassen zugeordnet werden. Die Bildungsmittel und Bedeutungsklassen der wichtigsten Verbalstämme sind in der Tabelle auf S. 53 erfaßt.

Außerdem unterscheiden sich die Stämme auch durch die Art der Vokalisierung. Nach dem Vokal vor dem letzten Radikal in den Tempora differenziert man im Grundstamm 5 Vokalklassen (*a*/*u*, *a*, *i*, *u*, *a*/*i*, z. B. *a*/*u* = Präsens *iPaRRaS*, Präteritum *iPRuS*, *a* = Präsens *iṢaBBaT*, Präteritum *iṢBaT*), in Gt und Gtn 3 (*a*, *i*, *u*), in N und Ntn 3 (*a*/*i*, *i*, *u*), in D, Dt, Dtn, Š, Št und Štn 1 (*a*/*i*). Für die nach Stämmen unterschiedlichen Personalaffixe s. § 2.2.6.4 S. 54f.

[36] Edzard 1965 untersucht die morphologischen Oppositionen der Verbalstämme und stellt das Stammsystem in einem Schaubild dar. Für die D-, Dt- und ŠD-Stämme s. Kouwenberg 1997a, für die Gt-, Dt-, Št- und Nt-Stämme Streck 1994 und 2003, für die ganz seltenen R-Stämme Whiting 1981.

Bezeichnung	Markierung	Bedeutungsklasse
G(rundstamm)	unmarkiert	–
D(opplungsstamm)	Länge des 2. Radikals	kausativ, pluralisch
Š(-Stamm)	Präfix *š*(*a*)/*šu*	kausativ
N(-Stamm)	Präfix *n*(*a*)	passiv
Gt/Dt/Št(-Stamm)	Infix *t*(*a*) zusätzlich zur Markierung des Hauptstammes	reziprok, reflexiv, passiv und intensiv zum jeweiligen Hauptstamm
Gtn-Stamm	Infix *tan* im Präsens, in den anderen Formen Infix *ta* und Länge des 2. Radikals[37]	pluralisch
Dtn/Štn/Ntn-Stamm	Infix *tan* im Präsens, Infix *ta* in den anderen Formen	pluralisch

2.2.6.2. Flexion: Allgemeines

Die Flexion des Verbums differenziert:

- 3 Tempora: Präsens, Präteritum, Perfekt.
- 7 Modi: Imperativ, Prohibitiv, Prekativ, Kohortativ, Vetitiv, Affirmativ, Irrealis.
- 3 Verbalnomina: Partizip, Infinitiv, Verbaladjektiv.
- 2 Formen der syntaktischen Über-/Unterordnung: Nicht-Subordinativ, Subordinativ.
- 2 Formen des Richtungsbezuges: Nicht-Ventiv, Ventiv.

[37] Die traditionelle Analyse der *tan*-Stämme (von Soden 1995, Voigt 1987) nimmt dagegen Infix /*tan*/ in allen Formen von Gtn, Dtn, Štn und Ntn an. Eine umfassende Materialsammlung zur Morphologie aller *tan*-Stämme mit früherer Literatur ist Edzard 1996. Die oben vorgeschlagene morphologische Analyse von Gtn folgt Renger 1972: 230, Steiner 1981: 17, Kouwenberg 1997: 69–79 und Streck 1998d: 2.2., die von Dtn, Štn und Ntn Renger 1972: 230, Edzard 1996: 17 und Kouwenberg 1997: 78.

2.2.6.3. Flexion des starken Verbums

Folgende Tabelle zeigt für einen Teil des Paradigmas die Flexionsformen in den verschiedenen Verbalstämmen (VS). Die Radikale sind groß, die Derivationsmorpheme (s. § 2.2.6.1 S. 52f.) fett markiert.

VS	Infinitiv	Präsens	Präteritum	Imperativ
G	*PaRāSum*	*iPaRRaS*	*iPRuS*	*PuRuS*
D	*Pu**RR**uSum*	*uPa**RR**aS*	*uPa**RR**iS*	*Pu**RR**iS*
Š	***šu**PRuSum*	*u**ša**PRaS*	*u**ša**PRiS*	***šu**PRiS*
N[38]	***na**PRuSum*	*i**p**PaRRaS*	*i**p**PaRiS*	***na**PRiS*
Gt	*Pi**t**RuSum*	*iP**ta**RRaS*	*iP**ta**RaS*	*Pi**t**RaS*
Dt	*Pu**ta**RRuSum*	*uP**ta**RRaS*	*uP**ta**RRiS*	*Pu**ta**RRiS*
Št[39]	***šuta**PRuSum*	*u**šta**P(aR)RaS*	*u**šta**PRiS*	***šuta**PRiS*
Gtn	*Pi**ta**RRuSum*	*iP**tan**aRRaS*	*iP**ta**RRaS*	*Pi**ta**RRaS*
Dtn	*pu**ta**RRuSum*	*uP**tan**a**RR**aS*	*uP**ta**RRiS*	*Pu**ta**RRiS*
Štn	***šuta**PRuSum*	*u**štan**aPRaS*	*u**šta**PRiS*	***šuta**PRiS*
Ntn	***ita**PRuSum*	*i**ttan**aPRaS*	*i**tta**PRiS*	***ita**PRaS*

Das Partizip lautet im G-Stamm *PāRiSum*. In allen anderen Verbalstämmen ist es durch ein Präfix *mu-* markiert, z. B. D-Stamm *muPa**RR**iSum*, Š-Stamm *mu**ša**PRiSum*, N-Stamm *mu**p**PaRSum*.

2.2.6.4. Personalaffixe

Die Tempora und der Imperativ differenzieren Person, Genus und Numerus durch Personalprä- und -suffixe. Bei den Präfixen gibt es zwei Reihen, die sich auf die verschiedenen Verbalstämme (s. § 2.2.6.1 S. 52f.) verteilen. Vgl. folgende Tabelle.

[38] In N, Nt und Ntn assimiliert sich /n/ an einen unmittelbar folgenden Konsonanten.

[39] Bei Št-Stämmen mit Präsens ***ušta**PaRRaS* spricht man von $Št_2$. Daneben gibt es ein Präsens ***ušta**PRaS* = $Št_1$. $Št_1$ ist meist Passiv zu Š, $Št_2$ dagegen Kausativ zu reziprokem Gt, Reflexiv zu Š u. a. m.

	Tempora		Imperativ
	G, Gt, Gtn, N, Nt, Ntn	D, Dt, Dtn, Š, Št, Štn	(alle Verbalstämme)
3.Sg.c.	*i-*	*u-*	
2.Sg.m.	*ta-*	*tu-*	*-Ø*
2.Sg.f.	*ta- ... -ī*	*tu- ... -ī*	*-ī*
1.Sg.c.	*a-*	*u-*	
3.Pl.m.	*i- ... -ū*	*u- ... -ū*	
3.Pl.f.	*i-... -ā*	*tu- ... -ā*	
2.Pl.c.	*ta-... -ā*	*tu- ... -ā*	*-ā*
1.Pl.c.	*ni-*	*nu-*	

2.2.6.5. Das Perfekt

Das Perfekt ist formal und etymologisch, nicht aber funktionell mit dem Präteritum der Verbalstämme Gt, Dt, Št und Nt identisch: G *iPtaRaS*, D *uPtaRRiS*, Š *uštaPRiS*, N *ittaPRaS*. Diese Identität hat die Bildung eines Perfekts Gt völlig und die von Dt und Št weitgehend verhindert; anstelle eines Perfekts Gt wird bisweilen ein Perfekt des N-Stamms gebraucht.[40] Ungeachtet der formalen und etymologischen Identität von Perfekt und Präteritum der *-ta-*infigierten Verbalstämme empfiehlt es sich aufgrund der unterschiedlichen Funktionen, der traditionellen Terminologie der Akkadistik zu folgen und vom Perfekt G/D/Š/N zu sprechen, wenn die temporale Funktion des *-ta-*Infixes gemeint ist. Die Lexika führen Perfekta entsprechend unter G, D, Š und N.

2.2.6.6. Modi

Die Modi des akkadischen Verbums[41] sind in der folgenden Tabelle zusammengestellt.

[40] Zum Zusammenhang zwischen Perfekt und *-ta-*Stämmen s. Streck 1995: 222–234 und 2003: 13–16.

[41] Eine umfassende Analyse der Modi gibt Edzard 1973. Für den Irrealis s. Krebernik/ Streck 2001.

Funktion	Bezeichnung	Bildungsmittel
1. Reale Aussagen	Indikativ	unmarkiert
2. Befehle, pos.	Imperativ	(eigene Flexion)
3. Befehle, neg.	Prohibitiv	*lā* + Präs.
4. Wünsche, pos.	Prekativ	Präfixe *li-/lu-* + Prät. bzw. *lū* + nichtverbales Prädikat/ Stativ
	Kohortativ	Partikel *i* + Prät. 1.Pl.
5. Wünsche, neg.	Vetitiv	*aj/ē* + Prät.
6. Beteuerungen	Affirmativ	
6.1. pos., Vergangenheit		*lū* + Prät.
6.2. pos., Zukunft		*lū* + Präs. oder Präs. + Suffix *-u*
6.3. neg., Vergangenheit		*lā* + Prät. + Suffix *-u*
6.4. neg., Zukunft		*lā* + Präs. + Suffix *-u*
7. Unwirklichkeit	Irrealis	Suffix *-man*

Beispiele: 1. *iparras* „er entscheidet". 2. *purus* „entscheide". 3. *lā tapallaḫ* „fürchte dich nicht". 4. *limḫaṣ* „er möge schlagen", *i nimgur* „wir wollen zustimmen". 5. *ē nislim* „wir wollen nicht Frieden schließen". 6.1. *lū akšud* „gewiß habe ich erreicht". 6.2. *lū asallim* „ich werde bestimmt Frieden schließen". 6.3. *lā iddinu* „er hat bestimmt nicht gegeben". 6.4. *lā iparrasu* „er wird bestimmt nicht entscheiden". 7. *šumman šārum išširam še'am kalâšuman uzzakkī* „wenn der Wind günstig gewesen wäre, hätte ich das ganze Getreide geworfelt".

2.2.6.7. Der Subordinativ

Der Subordinativ (auch Subjunktiv)[42] drückt den Abhängigkeitscharakter von Nebensätzen aus. Er ist durch das an den Stativ oder das verbale Prädikat tretende Suffix /*u*/ markiert. Prädikate, die schon ein Personalsuffix (§ 2.2.6.4 S. 54f.) bzw. eine Endung beim Stativ (§ 2.2.5 S. 52) oder eine Ventivendung (§ 2.2.6.8 S. 57) besitzen, bleiben unmarkiert. Beispiele: Relativsatz nach *ša*: *šībī ša ina maḫrišunu išāmu* „die Zeugen, vor denen er gekauft hat". Asyndetischer Relativsatz: *dīn idīnu* „das Urteil, welches er gefällt hat". Kausal-

[42] Für den Terminus „Subordinativ" statt „Subjunktiv" s. von Soden 1973.

satz: *aššum ... lā ilqû* „weil er nicht genommen hat". Stativ: *awīlum ša mimmûšu ḫalqu* „ein Mann, dessen Besitz verloren ist". Ohne Markierung: *ša nāram išlīʾam* „der in den Fluß getaucht ist".

2.2.6.8. Ventiv

Der Ventiv[43] drückt eine Bewegung auf ein Ziel hin aus. Er ist durch mit den Dativsuffixen der 1. Singular. (§ 2.2.3 S. 49) formal und etymologisch identische Suffixe markiert: *illik**am*** „er kam her" im Gegensatz zu *illik* „er ging (weg)", *tallik**īm*** „du (feminin) kamst her", *eleppātum arḫiš lillikā**nim*** „Die Schiffe sollen schnell herkommen".

2.2.6.9. Schwache Verben

Während in Darstellungen für den praktischen Spracherwerb die schwachen Verba notwendigerweise einen breiten Raum einnehmen, kann eine strukturelle Beschreibung knapp sein, weil die Abweichungen vom starken Verbum meist durch phonologische Prozesse und Analogiebildungen bedingt sind. Im folgenden werden daher keine vollständigen Paradigmen, sondern lediglich die wichtigsten Charakteristika genannt.[44]

- secundae geminatae (zweiter und dritter Radikal gleich, Typ *DNN): Stativ G *DaN*.
- primae nūn (erster Radikal N, Typ *NQR): /*N*/ assimiliert sich an einen unmittelbar folgenden Konsonanten: z. B. Präteritum G *iQQuR* < **iNQuR*. Sonst meist wie das starke Verbum: z. B. Präsens G *iNaQQaR*.
- primae ʾalif (erster Radikal ʾ, Typen *ʾKL, *ʾPŠ): je nach Etymologie des /ʾ/ fallen sie in eine *a*- und eine *e*-Gruppe: Verba mit ʾ < *ʾ, **h* *a*-Gruppe, Verba mit ʾ < **h*, **ḥ*, *ʿ, **ġ*, **j* *e*-Gruppe. Silbenschließendes /ʾ/ wird unter Ersatzdehnung des vorangehenden Vokals elidiert, z. B. Präteritum G *ʾīKuL* < *ʾ*iʾKuL*. Anstelle der Silbenfolge */ʾvʾvK(onsonant)*/ findet sich /ʾ*vK*/, z. B. Präsens G *ʾiKKaL* statt *ʾ*iʾaKKaL* (*a*-Gruppe), *ʾiPPeŠ* statt *ʾ*iʾePPeŠ* (*e*-Gruppe). Der Imperativ G und die präfixlosen Formen von Gt und Gtn haben *a*/*e*-Anlaut: Imperativ G *ʾaKuL*/*ʾePuŠ*, Imperativ Gt *ʾatKaL*/*ʾetPuŠ* usw. Der N-Stamm ist den primae nūn analog: Präsens *ʾinNaKKaL* (*ʾḪZ) wie *ʾinNaQQaR* (*NQR). Nicht überzeugend erklärt

[43] Für den Ventiv s. ausführlich Kouwenberg 2002.

[44] Die im folgenden verwendete lateinische Terminologie ist die semitistisch übliche. *primae, secundae* und *tertiae* bezieht sich dabei auf den ersten, zweiten und dritten Wurzelradikal.

ist bisher das Präsens Š: *ʾušaKKaL* statt lautgesetzlich zu erwartendem ** ʾušāKaL.*

- secundae ʾalif (zweiter Radikal ʾ, Typen *ŠʾL): sie werden entweder stark flektiert oder in die Gruppe der Verba mediae *ā* oder *ē* überführt: G Präteritum *iŠʾaL* oder *iŠāL.*
- tertiae ʾalif (dritter Radikal ʾ, Typen *PRʾ): sie werden entweder stark flektiert oder in die Gruppe der Verba tertiae *ā* oder *ē* überführt: *iPRuʾ* oder *iŠMē.*
- primae wāw (erster Radikal W, Typ *WBL): starke Flexion findet sich in D/Dt/Dtn und N/Nt/Ntn: z. B. Präsens D *uWaŠŠaR.* Š/Št/Štn sind analog zu den primae ʾalif *a-* oder *e-*Klasse gebildet: Präsens Š *ušaBBaL* wie *ušaKKaL, ušeŠŠeB* wie *ušePPeŠ.* Stark abweichend sind die Formen des G-Stammes: Präsens *uBBaL* analog zum Präsens der primae ʾalif *iKKaL,* jedoch mit /*u*/ als Reflex von */W/; das Präteritum besitzt Kurz- neben Langformen: entweder *uBiL,* Plural *uBLū,* oder in Analogie zu den primae ʾalif *ūBiL,* Plural *ūBiLū* (vgl. *īKuL,* Plural *īKuLū*). Der Imperativ ist analog zum starken Verb direkt von dem Präteritum abgeleitet: *BiL.*[45]
- mediae wāw/jōd (zweiter Radikal ist W/J, Typ *KWN/RJB): Formen sind teilweise lautgesetzlich durch Monophthongierung und Vokalkontraktion erklärbar wie Präsens G **iKaWWan* > **iKūWan* > *iKâN.* Die entstehenden Formen werden sekundär als von einer Wurzel mediae vocalis gebildet aufgefaßt und analog dazu viele weitere Formen des Paradigmas neu geschaffen, z. B. Präsens G im Plural *iKuNNū* mit Längung des dritten Radikals direkt vom Präsens **iKūWaN* und nicht lautgesetzlich aus **iKaWWaNū,* ebenso Präsens Š *ušKāN* (nicht lautgesetzlich aus **ušaKWaN*).
- tertiae wāw/jōd (dritter Radikal ist W/J, Typ *MNW/BNJ): Formen sind teilweise durch Monophthongierung und Vokalkontraktion entstanden wie Präsens G **iBaNNiJ* > *iBaNNī,* Präsens G im Plural **iBaNNī-ū* > *iBaNNû.* Die entstehenden Formen werden sekundär als von einer Wurzel tertiae vocalis gebildet aufgefaßt und analog dazu viele weitere Formen des Paradigmas neu geschaffen, z. B. Präsens D *uBaNNā* direkt vom Präsens G *iBaNNī* und nicht lautgesetzlich aus **uBaNNaJ.*
- vierradikalige (*BLKT): die bedeutendste Gruppe unter ihnen kennt nur einen N- und einen Š-Stamm. Im Präsens N längen sie den dritten Radikal: *ibBalaKKaT* < **inBaLaKKaT.* Auch im Präsens Š wird der dritte Radikal gelängt: *ušBaLaKKaT.*
- *izuzzu* „stehen“ hat anstelle eines G-Stammes einen N-Stamm der Wurzel *ZāZ oder *ZīZ, z. B. Präsens *iZZâZ* < **inZâZ.*[45a] Š lautet *ušZāZ.*

[45] Hinweis M. Krebernik.

[45a] Poebel 1939; Streck 1998, 321f.; Huehnergard 2002.

2.3. Aus der Wortsyntax: Die Tempora

Das altbabylonische Verbalsystem besteht aus den drei Oppositionsgliedern Präsens, Präteritum und Perfekt[46] und lässt sich am besten mit der Terminologie des relativen Zeitbezuges (vor-, gleich- und nachzeitig) beschreiben; allerdings ist die enge Überschneidung mit einem Aspektsystem (perfektiv, imperfektiv) und teilweise auch einem absoluten Tempussystem (vergangen, gegenwärtig, zukünftig) unverkennbar.[47]

2.3.1. Präsens

Das Präsens bezeichnet Sachverhalte, die gleich- oder nachzeitig, d. h. nicht vorzeitig zu einem vom Kontext bereitgestellten Zeitwert (= Relationswert) sind.

Ist der Gegenwartspunkt des Sprechers der Relationswert, meint das Präsens die Gegenwart (Gleichzeitigkeit zum Gegenwartspunkt) oder Zukunft (Nachzeitigkeit zum Gegenwartspunkt). Gegenwart: *inanna PN ... šê inaṣṣar* „jetzt hat PN die Kontrolle über meine Gerste". Zukunft: *eqlam makram ana N. ul tanaddin ... ḫiṭīt biltišu ina muḫḫika iššakkan* „gibst du dem N. kein bewässertes Feld, so wird das Defizit seiner Pachtabgabe dir auferlegt werden".

Da zukünftige Sachverhalte nicht denselben Wahrheitsgehalt beanspruchen können wie gegenwärtige oder vergangene, sind sie oft von der Absicht, der Meinung oder dem Wunsch des Sprechenden abhängig. Daher dient das Präsens analog zum Futur zahlreicher Sprachen auch zum Ausdruck modaler Nuancen. Aus diesem Grund die Verwendung im Prohibitiv:[48] *eqlam šuʾāti ana A. lā tanaddinā* „ihr sollt dieses Feld nicht an A. geben!". Ebenso in Konditionalsätzen: *šumma awīlum ḫīrtašu ša mārī lā uldušum izzib kaspam mala terḫatiša inaddiššim u šeriktam ša ištu bīt abīša ublam ušallamšimma izzibši* „wenn sich ein Mann von seiner bevorzugten Gattin, die ihm keine Söhne geboren hat, scheiden lassen will, soll er ihr Silber entsprechend ihrer Brautgabe geben und die Mitgift, die sie aus ihrem Vaterhaus mitbrachte, voll erstatten; dann soll er sich von ihr scheiden".

Das Präsens kann nicht nur gegenwärtige und zukünftige, sondern auch vergangene Sachverhalte ausdrücken. Besonders in der akkadischen Dichtung drücken asyndetische oder durch *-ma* angeschlossene Präsentia die Gleich-

[46] Der traditionell als viertes „Tempus" bezeichnete Stativ (§ 2.2.5 S. 51f.) besitzt keine temporale Funktion.
[47] Streck 1995a, 1998b, 2000. Zur Terminologie von Tempus und Aspekt s. Comrie 1989 und 1990.
[48] Zum Prohibitiv vgl. § 2.2.6.6 S. 56.

oder Nachzeitigkeit in der Vergangenheit aus. Umstandssätze der Gleichzeitigkeit: *arāmšuma kīma aššatim aḫabbub elšu* „ich liebte sie (die Axt), wobei ich über ihr wie über einer Frau stöhnte". Nachzeitigkeit in der Vergangenheit in Finalsätzen: [*k*]*upru babil ipeḫḫī bābšu* „Bitumen war gebracht, damit er ihr Tor abdichte".

Analog dem imperfektiven Aspekt anderer Sprachen[49] drückt das Präsens pluralische und generelle Sachverhalte der Vergangenheit aus. Auch diese Gebrauchsweise läßt sich jedoch im Rahmen eines relativen Tempussystems beschreiben: Relationswert sind gleichzeitige individuell-singularische Sachverhalte: *kīma B. ... lā ebbu šattišamma ina ebūrim še'um kašittum u inī'āt alpīja šarqātu*[*m*] *ina qātīšu ... ikkaššadū ana maḫrija ubbalūniššuma ... awātim ana maltakim uttēr* „weil B. korrupt ist (und) jährlich zur Erntezeit einbehaltenes Getreide und gestohlener Mietzins für meine Rinder bei ihm erwischt wurden, brachte man ihn wiederholt vor mich und ich habe die Angelegenheit untersucht".

Häufig ist in der Dichtung die Einleitung der direkten Rede in der Vergangenheit im Präsens. Relationswert sind im Hintergrund der Rede ablaufende, gleichzeitige Vorgänge oder Handlungen: *Enlil pâšu īpušamma izzakkar ana labbatim Ištar* „da hub Enlil an und sprach zur Löwin Ištar: ...".

In irrealen Bedingungssätzen kann das Präsens neben gegenwärtigen und zukünftigen auch vergangene Sachverhalte ausdrücken. Dies erklärt sich wohl aus dem Bedürfnis, die Irrealität der Bedingung außer durch *-man* (§ 2.2.6.6 S. 56) auch durch das Tempus zu markieren:[50] *išt*[*u el*]*eppum šī G. ītiqu ṭuppi bēlija aššum ittîm ana eleppim šurkubim ikšudam šumman lāma ṣabāt eleppim ṭuppi bēlija ikaššad*[*a*]*m ittâm kīma ina qātija ibaššû uštarkimman* „nachdem dieses Schiff (schon) G. passiert hatte, erreichte mich die Tafel meines Herrn bezüglich des Aufladens des Bitumens auf das Schiff. Wenn mich die Tafel meines Herrn noch vor dem Aufbruch des Schiffes erreicht hätte, hätte ich das Bitumen, das zu meiner Verfügung steht, aufgeladen".

2.3.2. Präteritum

Das Präteritum bezeichnet Sachverhalte, die vorzeitig zu einem vom Kontext bereitgestellten Relationswert sind. Ist der Gegenwartspunkt des Sprechers der Relationswert, meint das Präsens die Vergangenheit: *šaddaqdim rakbê awīl qašti ... aṭrudakkum* „voriges Jahr habe ich Meldereiter (und) Bogenschützen zu dir gesandt".

[49] Vgl. z. B. das lateinische Imperfekt, das französische imparfait oder den imperfektiven Aspekt slawischer Sprachen.
[50] Krebernik/Streck 2001: 66 mit weiteren Beispielen S. 54–57.

Das Akkadische kennt keine eigene Form zum Ausdruck eines aus einem vergangenen Sachverhalt resultierenden gegenwärtigen Zustand, d. h. eine Form, die dem englischen present perfect oder dem schriftdeutschen Perfekt entspricht. Vielmehr werden Formen, welche die nicht-perfektische Vergangenheit bezeichnen, zum Ausdruck des Perfekts mitverwendet. Ein Beispiel ist das akkadische Verbum für „erfahren/gelernt haben" = „wissen", welches wie in vielen Sprachen[51] ein lexikalisches Perfekt darstellt: *A. kīma kâti mannum īdēšu* „Wer kennt (wörtlich: hat kennengelernt) A. wie du?".

Ist ein vergangener Sachverhalt der Relationswert, meint das Präteritum die Vorvergangenheit, z. B. in Temporalsätzen: *W. ana I. warki Il. abūšu u D. ummašu imūtū ... irgumma* „W. erhob gegen I. Klage, nachdem Il., sein (des Il.) Vater, und D., seine Mutter, gestorben waren".

In Konditionalsätzen drückt das Präteritum die Vorzeitigkeit zur Apodosis aus: *šumma awīlum namkūr ilim ū ekallim išriq awīlum šū iddâk* „Wenn ein Mann Tempel- oder Palasteigentum gestohlen hat, wird dieser Mann getötet werden".

2.3.3. Perfekt

Die Verwendungsweisen des Perfekts lassen sich in drei Kategorien einteilen: Ausdruck der Vorzeitigkeit in der Zukunft, Wiedergabe des zeitlichen Progresses der Vorzeitigkeit, isoliertes Perfekt. Aus den ersten beiden Verwendungsweisen läßt sich die folgende Grundfunktion abstrahieren: das Perfekt ist stets an zwei Relationswerten zugleich orientiert. Der durch das Perfekt ausgedrückte Sachverhalt liegt immer nachzeitig zu dem einen und zugleich vorzeitig zu dem anderen Relationswert. Die dritte Verwendungsweise ist eine Weiterentwicklung der zweiten; sie tritt zuerst im gesprochenen Altbabylonischen auf und wird erst später, in vollem Umfang erst ab dem Mittelbabylonischen, vom geschriebenen Akkadischen übernommen.

Die Vorzeitigkeit in der Zukunft bezeichnet das Perfekt fakultativ in Hauptsätzen, subordinierten Nebensätzen und in durch *šumma* eingeleiteten Konditionalsätzen. In Hauptsätzen ist das Perfekt ein charakteristisches Stilmittel von Briefen. Der Absender schreibt dem Adressaten, er habe ihm (selten einer anderen Person) vorliegendes Schreiben, einen Gegenstand oder eine Person gesandt, und stellt diesen Sachverhalt, der von seinem eigenen Zeitwert, dem Gegenwartspunkt nachzeitig, d. h. zukünftig liegt, vom Zeitwert des Adressaten als bereits geschehen, d. h. vorzeitig dar. Übersetzung durch deutsches

[51] Vgl. lateinisch memini, griechisch oida etc.

Perfekt:[52] *annumma S. šu'āti ana ṣērika aṭṭardam* „nun habe ich dir diesen S. (zurück)gesandt".

In subordinierten Nebensätzen liegt der durch das Perfekt ausgedrückte Sachverhalt vorzeitig zum Zeitwert des Hauptsatzes. Übersetzung durch deutsches Futur II oder, stilistisch eleganter, durch deutsches Perfekt: *ištu nāram šu'āti teḫterû šipram ša aspurakkum* [*e*]*puš* „nachdem du diesen Kanal ausgegraben (haben wirst =) hast, tue die Arbeit, von der ich dir geschrieben habe!".

In Konditionalsätzen hat die Bedingung den Zeitstellenwert Zukunft, liegt aber logischerweise vorzeitig zu dem in der Apodosis wiedergegebenen Bedingten. Nach der Negation *lā* kann anstelle des Perfekts fakultativ das Präteritum stehen. Übersetzung mit einem deutschen Futur II oder, stilistisch eleganter, mit einem deutschen Präsens: *šumma U. ittalkakkum ana U. idin šumma U. lā itta<l>kakkum* ... 10 *šiqil kaspam ṣarpam damqam ina kunukkika kunukma* „falls U. zu dir (gekommen sein wird =) kommt, gib (das Silber) dem U. Falls U. nicht zu dir (gekommen sein wird =) kommt, siegle 10 Sekel geläutertes, gutes Silber mit deinem Siegel".

Der zeitliche Progress der Vorzeitigkeit ist durch die Folge Präteritum + Progressweiser[53] + Perfekt gekennzeichnet, wobei die Zahl der Präterita wie auch die Zahl der Perfekta variabel ist. Die durch Präteritum und Perfekt wiedergegebenen Sachverhalte lösen einander zeitlich ab: das Perfekt folgt zeitlich auf und liegt somit nachzeitig zum Präteritum. Der Progress ist weder an eine bestimmte Zeitstufe noch an einen syntaktischen Satztyp gebunden: bezeugt sind die Zeitstufen Vergangenheit oder Zukunft; an syntaktischen Satztypen finden sich in vorliegendem Korpus Hauptsätze, subordinierte Nebensätze und durch *šumma* eingeleitete Konditionalsätze. Als Progressweiser fungieren *-ma* „und, aber", *u* „und" und *inanna* „jetzt". In allen Fällen ist die Verwendung des Perfekts fakultativ: *šaddaqd*[*i*]*m šarrāqū bītī iplušūma* (Präteritum) *mimmūja ilteqû* (Perfekt) *inanna appūnama ... itūrū* (Präteritum) [*bī*]*tī iplušūma* (Präteritum) *šarrāqī šunūti aṣṣabat* (Perfekt) „letztes Jahr brachen Diebe in mein Haus ein (Präteritum) und nahmen meinen Besitz mit (Perfekt). Jetzt sind sie schon wieder in mein Haus eingebrochen (Präteritum), ich aber habe diese Diebe erwischt (Perfekt)".

Das Perfekt bezeichnet schließlich fakultativ vor allem in direkter Rede von Briefen und Rechtsurkunden isolierte, d. h. nicht in zeitlichem Progress ste-

[52] Der Briefstil europäischer Sprachen kennt eine vergleichbare Verwendung von Vergangenheitstempora: vgl. etwa lateinisch cum mihī dixisset Caecilius puerum sē Romam mittere haec scrīpsī raptim „weil C. mir erzählt hat, er habe einen Sklavenjungen nach Rom gesandt, habe ich Dir das sofort geschrieben." Englisch: We have sent the enclosed documents.

[53] „Progressweiser" sind lexikalische Elemente mit deiktischer Funktion, welche den Progress markieren.

hende Sachverhalte der Vergangenheit, während der Text außerhalb der direkten Rede das Präteritum verwendet: *I. ... kīʾam ulammidanni* (Präteritum) *umma šūma S. u A. ... eqlī ibtaqrūninni* (Perfekt) *kīʾam ulammidanni* (Perfekt) „I. hat mir folgendes mitgeteilt (Präteritum): «S. und A. haben mein Feld von mir vindiziert (Perfekt).» Das hat er mir mitgeteilt (Präteritum)".

Das Perfekt steht fast nie mit Zeitstellenwert Vergangenheit in subordinierten Sätzen, in *šumma*-Sätzen, in negierten Hauptsätzen und in Wortfragen. Hier kann in der Regel nur das Präteritum verwendet werden.

2.4. Aus der Satzsyntax: Satzfolgen

Nach Art der Ordnung lassen sich gleich- und untergeordnete Sätze, nach Art des Anschlußes asyndetische (unverbundene) und syndetische (verbundene) Satzfolgen differenzieren. Unterordnung wird durch den Subordinativ (§ 2.2.6.7 S. 56f.) markiert. In gleichgeordneten Sätzen erfolgt Syndese durch Koordinierungs-, in untergeordneten durch Subordinierungspartikeln (= Subjunktionen).

2.4.1. Gleichgeordnete asyndetische Satzfolgen

Durch *šumma* eingeleitete Konditionalsätze: *šumma mārum abāšu imtaḫaṣ rittašu inakkisū* „wenn ein Sohn seinen Vater geschlagen hat, wird man seine Hand abschneiden".

Umstands-, Modal- und Finalsätze:[54] *E. wašib maḫar ḫarimtim urtaʾʾamū kilallūn* „E. saß vor der Dirne, wobei sie beide einander liebkosten".

Subjektssätze: [*n*]*aṭû eqel ekallim ana kaspim anaddinma* „ist es sinnvoll, daß ich das Feld des Palastes verkaufe?".

Adversative Sätze: *pīqat bāšma ul irriški aplīšu* „vielleicht wird er sich schämen und (es) nicht von dir fordern. Bezahle ihn (dann) dennoch!".

Bei demselben Subjekt in beiden Sätzen: *mātum annītum ... iddanin ittišunu ittakir* „dieses Land erstarkte, wurde ihnen feindlich".

[54] Vgl. Streck 1995a.

2.4.2. Gleichgeordnete syndetische Satzfolgen

Die wichtigsten Konjunktionen sind *u* und enklitisches *-ma*.

u ist semantisch unmarkiert: *A. ... ana B. šūrīʾam u maṣṣārū liṣṣurūniššu* „lasse den A. nach B. führen, und Wachen sollen ihn beaufsichtigen“.

In der Erzählung fungiert *-ma* gerne als Progressweiser, d. h. drückt – oft zusammen mit der Tempusfolge Präteritum–Perfekt (§ 2.3.3 S. 62) – das zeitliche Nacheinander von Sachverhalten aus: *atta alkamma ittija nanmer* „du komme her und triff dich mit mir!“.

Koppelungen[55] sind zwei in der Regel durch *-ma* miteinander verbundene, in Person, Numerus, Genus und Tempus kongruierende Verben, von denen das erste Verbum das zweite bedeutungsmäßig spezifiziert. Das Subjekt kann vor dem ersten oder zwischen den beiden Verben stehen. Da die genannten formalen Merkmale auch auf andere Verbpaare zutreffen, ist eine Abgrenzung zwischen Koppelungen und einfacher Koordinierung von Sätzen teilweise schwierig: *isaddarūma ištēn manā kaspam ana* PN *inaddinū* „sie werden eine Mine Silber dem PN in Raten bezahlen“.

Als Koordinator zwischen Hauptsatz und Komplementsatz:[56] *ešmēma kīsum šalmat* „ich hörte, daß der Beutel unversehrt ist“.

Zum Anschluß eines Subjektssatzes: *inanna naṭûmā* ⌜*mārī*⌝ *awīlim akassûma anaddinakkum* „ist es jetzt sinnvoll, daß ich Angehörige der Bürgerklasse binde und dir überliefere?”.

2.4.3. Untergeordnete asyndetische Satzfolgen

Der untergeordnete Satz schließt sich stets an ein Substantiv im Status constructus an.

Attributsätze (werden auch als asyndetische Relativsätze bezeichnet): *ṭēm ina aḫītija almadu ana ṣēr bēlija ašpuram* „die Nachricht, welche ich aus meiner Umgebung erfahren habe, habe ich an meinen Herrn geschickt“.

Lokalsätze: *imtašī ašar iwwaldu* „er vergaß, wo er geboren worden war“.

Temporalsätze: *ūm šīpātim uštābilam ... šūbilīm* „sobald ich die Wolle geschickt haben werde, schicke mir!“.

Ausnahmesätze: *I. aṣṣēr eqlam* [*i*]*tb*[*a*]*lu u kir*[*ī*]*ʾam ša aḫ nārim itbal* „I. nahm, außer daß er das Feld wegnahm, auch noch den Obstgarten am Flußufer weg“.

[55] Der Terminus “Koppelungen” statt des üblichen, falschen Begriffs “Hendiadioin” stammt von Kraus 1987.
[56] Cohen 2000, 209–211; Deutscher 2000.

2.4.4. Untergeordnete syndetische Satzfolgen

Die folgende Tabelle bietet eine Übersicht über die altbabylonisch bezeugten Subordinierungspartikeln.

Subjunktion	Übersetzung	Satztyp
ša	der/die/das, welcher, welche(s)	relativ, attributiv
ša	wer, was	relativ, frei
mamma(n)	wer auch immer	(kor-)relativ, verallgemeinernd
mimma	was auch immer	(kor-)relativ, verallgemeinernd
mimma ša	alles, was	(kor-)relativ, verallgemeinernd
mimma mala/ mimma šumšu mala	alles, was	(kor-)relativ, verallgemeinernd
mala (*ša*)	soviel (wie)	(kor-)relativ, verallgemeinernd
ēma	wo auch immer	(kor-)relativ, verallgemeinernd
ašar	wo auch immer	(kor-)relativ, verallgemeinernd
kīma	daß	substantivisch
ištu	als, nachdem	temporal, vorzeitig, Vergangenheit
kīma/kī	als, nachdem	temporal, vorzeitig, Vergangenheit
warka/i	als, nachdem	temporal, vorzeitig, Vergangenheit
ištu	sobald, wenn	temporal, vorzeitig, Zukunft
kīma/kī	sobald, wenn	temporal, vorzeitig, Zukunft
warka/i	sobald, wenn	temporal, vorzeitig, Zukunft
inūma/inu	sobald, wenn	temporal, vorzeitig, Zukunft
inūma	während	temporal, gleichzeitig
mati(*ma*)	immer wenn, wann auch immer	temporal, pluralisch
ištu	seit	temporal
adi	bis, solange	temporal
adi lā	(solange noch nicht =) bevor	temporal

Subjunktion	Übersetzung	Satztyp
lāma	(solange noch nicht =) bevor	temporal
aššum	weil	kausal
appiš	weil	kausal
kīma	weil	kausal
ištuma	nachdem (im Sinne von „weil")	kausal
kīma	so daß	konsekutiv
ana kīma/akkīma	damit	final
iššā	obwohl	konzessiv, real
kīma	wie	vergleichend, real
kīma ša	wie	vergleichend, real
kīma ša	gleich als ob	vergleichend, irreal

3. Kleine Geschichte des akkadischen Wortschatzes[57]

3.1. Der Umfang

Exakte Angaben zum Umfang des akkadischen Wortschatzes sind auf absehbare Zeit noch nicht möglich. Neue Textfunde bereichern das akkadische Lexikon stetig; korrigierte Lesungen oder Neuinterpretationen bedingen bisweilen die Streichung bisher angesetzter Wörter. Die folgenden Angaben sind daher nur eine grobe Orientierungshilfe. Borger 1984: 107 schätzt die Gesamtzahl der im AHw gebuchten Lemmata auf 19000.[58] Nach Edzard 1996: 10 sind davon 1450 Verben. Kouwenberg 1997: 89 und 111, zählt die folgenden Verbalstämme:[59] 1316 G-Stämme, 935 D, 395 N, 369 Š, 312 Gtn, 237 Dt, 167 Gt, 98 Ntn, 94 $Št_2$, 88 Dtn, 53 Štn, 25 ŠD, 36 $Št_1$, 17 Dtt, 6 Nt, 6 R, 1 ŠDt. Für

[57] Im folgenden stehen die Abkürzungen AHw für Akkadisches Handwörterbuch (von Soden 1958–1981) und CAD für Chicago Assyrian Dictionary (Oppenheim et alii 1956ff.).

[58] Akkadische Lexika sind im Gegensatz zu den Lexika anderer semitischer Sprachen nach Wörtern, nicht nach Wurzeln geordnet. Vgl. zu den folgenden Zahlen auch Streck 2003: 1f. (z. T. leicht divergierende Zahlen) mit einer Graphik zur Häufigkeit der Verbalstämme. Nach Edzard 1996: 10 „bilden maximal 430 Verben eine Form mit dem Infix *-tan-*."

[59] Abgeleitete Verbalstämme werden in den Lexika unter dem G-Stamm, sofern ein solcher bezeugt ist, gebucht.

einzelne Textgruppen liegen bisher keine Gesamtzahlen vor; Edzard 1996: 10 nennt für das Altbabylonische 560 und für das Altassyrische 145 Verben.

3.2. Der Erbwortschatz

Bergsträßer 1928: 182–192 stellte eine Liste „gemeinsemitischer" Wörter zusammen. Folgende größere semantische Felder sind erkennbar: Verwandtschaftsbezeichnungen, Tiere, Körperteile, Kosmos und Elemente, Verben und Adjektive, Zahlwörter, verschiedene Partikeln. Eine entsprechende Liste von Fronzaroli 1964–1969 umfaßt Körperteile, Naturphänomene, Religion und Mythologie, wilde und domestizierte Natur. Schall 1982: 145f. bietet eine Übersicht über dem Arabischen und Akkadischen gemeinsame Adjektive und Tiernamen und kommt zu dem interessanten Schluß „daß ein großer Teil der Tiernamen dem Erbwortschatz angehört, während dies kaum für einen einzigen Pflanzennamen mit Sicherheit auszumachen ist". Zu Geräten und Rohstoffen s. Diakonoff 1998. Weitere, umfassende Untersuchungen zum Erbwortschatz fehlen.[60]

3.3. Dialektale Varianz und sprachhistorische Entwicklung

Der Wortschatz jeder Sprache verändert sich laufend; Wörter werden obsolet, neue entstehen, alte verändern ihre Bedeutung. Darüber hinaus ist mit dialektaler und durch verschiedene Sprachebenen (Umgangssprache, literarische Sprache) bedingte Varianz zu rechnen. Für das Akkadische liegen dazu bisher nur vereinzelte Beobachtungen vor.

Von Soden 1933: 160–173 stellte den für den „hymnisch-epischen" Dialekt typischen Wortschatz zusammen; z. B. werden statt der auch in nicht-literarischen Texten bezeugten Wörter für „Menschen" (*nišū*, *awīlūtu*) *abrātu, apâtu, baʾūlātu* und *tenēšētu* verwendet.

Für „jener" sagt man babylonisch *ullû*, assyrisch aber *ammīʾu*. *maškanu*, wörtlich „Stelle des Hinlegens", bedeutet alt- und neubabylonisch „Tenne" sowie neu- und spätbabylonisch „Pfand", assyrisch aber „Zelt". In beiden Dialekten zeigt sich eine Tendenz vom synthetischen zum analytischen Ausdruck. So werden die reziproken Verbalstämme zunehmend durch verschiedene Ab-

[60] Als Behelf seien die vergleichenden Wörterbücher von Cohen 1970ff. und Militarev–Kogan 2000 genannt. Lexika semitischer Einzelsprachen verzeichnen oft auch semitische Parallelen. Für das Akkadische besonders wichtig sind das akkadische Wörterbuch von von Soden 1958–1981, das hebräisch-aramäische von Köhler-Baumgartner 1967–1995 und das äthiopische von Leslau 1987.

leitungen von *aḫu* „Bruder" wie *aḫāmiš* „einander", die reflexiven durch *ramānu* „selbst" und andere Umschreibungen ersetzt.[61] Die ältere Opposition *rabû* „groß" : *ṣeḫru* „klein" wird Neuassyrisch weitgehend von *dannu* : *qallu* (CAD Bd. Q 64), Neu-/Spätbabylonisch von *rabû* : *qallu* abgelöst (*qallu* steht Neu-/Spätbabylomisch darüber hinaus auch für älteres *wardu* „Sklave"). Statt *kalû* „Gesamtheit, alle" sagt man ab dem Mittelbabylonischen und Mittelassyrischen meist *gabbu* (CAD Bd. G 5). *siparru*, älter nur „Bronze", bekommt Neuassyrisch und Neu-/Spätbabylonisch die Bedeutung „Fessel".

Eine systematische Durchsicht des AHw ergibt 365 nur mittel- und neuassyrisch bezeugte Wörter, davon 307 nur neuassyrisch. Die meisten dieser Wörter sind jedoch mit nur weniger als fünf Belegen vertreten. Unter ihnen bezeichnen 89 Realien (darunter 21 Tiere, 18 Speisen, 13 Pflanzen und 3 Mineralien). Jeweils 18 sind Ableitungen mittels der Suffixe *-ūt* und *-ān*. 24 sind Verben; mehr als fünf Belege weisen auf *ḫarādu* „bewachen", *karāru* „setzen" (auch mittelassyrisch; ersetzt u. a. älteres *šakānu*, s. Müller 1937: 32f.), *matāḫu* „aufheben" (auch mittelassyrisch), *passuku* „entfernen", *sarruru* „beten" und *zarāpu* „kaufen" (ersetzt älteres *šâmu*, s. auch CAD Bd. Š/I 358). Auch eine ganze Reihe häufiger Partikeln begegnet nur neuassyrisch: *annûrig* „jetzt", *atâ* „warum", *bis* „dann", *dāt* „hinter", *m/nuk* (Partikel der direkten Rede nach der 1. Person), *nēmel* „weil, betreffend".

Deller 1961 verwies auf „die Verdrängung des Grundstammes von *ezēbu* durch *rammû* im Neuassrischen".

Im Neu-/Spätbabylonischen ersetzt *amīltu* „Frau" älteres *sinništu* und *qallatu* „Sklavin" weitgehend älteres *amtu* (Streck 1992: 147). *kī* steht in der Bedeutung „wenn, falls" für älteres *šumma*. Altbabylonisch häufiges *ṭarādu* „senden" ist hier ungebräuchlich, während *šapāru* und *šūbulu* in derselben Bedeutung nach wie vor üblich sind. *dullu*, altbabylonisch „Mühe", bekommt im jüngeren Babylonischen die Bedeutung „Arbeit", während *šipru* „Arbeit" obsolet wird.

3.4. Lehnwörter im Akkadischen[62]

Substrat- und Wanderwörter: Die Versuche, eine größere Zahl von Wörtern im Sumerischen und Akkadischen, etwa Berufsbezeichnungen wie ašgab/*aškāpu* „Lederarbeiter", baḫar/*paḫāru* „Töpfer", als Entlehnungen eines

[61] Vgl. Streck 2003: 96–98.

[62] Vgl. zum folgenden allgemein die Lexika AHw und CAD sowie die Lexikonstatistiken von Edzard (Übersicht Edzard 1995: 302 Anm. 1) und Streck 2007.

„protoeuphratischen“ Substrats zu erweisen,[63] haben bisher wenig Anklang gefunden: einerseits sind die sprachlichen Kriterien für ihre Erkennung zu undeutlich,[64] andererseits werden die historischen Voraussetzungen heute oft nicht mehr geteilt, weil eine Einwanderung der Sumerer aus weit entfernten Gebieten nicht bewiesen, ja eher unwahrscheinlich ist.[65] Auch die These indoeuropäischen Lehneinflußes auf das Sumerische und Akkadische von Frayne 1993 wird sich wohl kaum durchsetzen. Davon unberührt ist die Annahme kultureller Wanderwörter wie z. B. sumerisch an-bar = akkadisch *parzillu* „Eisen“, sumerisch urud = akkadisch *weriu* „Kupfer“ und sumerisch ukuš = akkadisch *qiššû* „Gurke“.

Sumerisch: Lehnwörter sumerischen Ursprungs stellen nach dem Erbwortschatz die größte Gruppe im akkadischen Lexikon. Nach Statistiken von Edzard 1995: 302 (Anm. 1 mit einem Überblick) beträgt ihr Anteil ca. 10 % aller bezeugten akkadischen Wörter. Lieberman 1977: 2 zählt für das Altakkadische und Altbabylonische 529 Lehnwörter, davon 102 nur in lexikalischen Texten und vier ausschließlich im Altakkadischen belegt. Wichtiger als diese nackten Zahlen wäre eine Studie, welche die Integration dieser Lehnwörter im Akkadischen beschreibt;[66] so fehlt z. B. eine Übersicht über die semantischen Felder, aus denen diese Lehnwörter stammen. Die Lehnwörter sind fast ausnahmslos Nomina; Lieberman 1977: 14 mit Anm. 31f. nennt ganz wenige Partikeln und kein einziges Verbum. Falkenstein 1960: 310f. unterscheidet zwei Lehnwortschichten: in der älteren, aus der Zeit, da Sumerisch noch gesprochen wurde, erscheinen sumerisch b, d, g akkadisch als *p*, *t*, *k*, in der jüngeren, als Sumerisch nur noch Kult- und Gelehrtensprache war (ab der 1. Hälfte des 2. Jahrtausends) dagegen als *b*, *d*, *g*. Der lexikalische Lehneinfluß umfaßt auch Lehnbildungen. So steht dem sumerischen g̃eštug ... g̃ar „Ohr setzen“ = „hören auf“ ein akkadisches *uzna šakānu* gegenüber.

Amurritisch: Vgl. die ausführliche Studie von Streck 2000: 82–128. Demnach sind etwa 90 sichere und weitere 48 unsichere Lehnwörter belegt. Die Mehrzahl dieser Entlehnungen schließt Lücken im akkadischen Wortschatz („sprachliche Bedarfsdeckung“) und entstammt etwa den semantischen Feldern Stammeseinheiten, Stammesleitung, Viehzucht, Nomadenlager und Topographie der syrischen Wüstensteppe. Realien spielen dagegen nur eine ge-

[63] Landsberger 1944=1974, A. Salonen 1968, 1969: 97–119 und, wesentlich zurückhaltender, Englund 1998: 80f.

[64] Landsberger 1944=1974: 9 nennt die Mehrsilbigkeit der Basis als einziges, wenn auch nicht eindeutiges Kriterium. Bei Salonen 1968: 3, 1969: 110 kommen Auslaute wie *-ab/ib/ub*, *-ag/ig/ug* usw. hinzu.

[65] Komoróczy 1978, Streck 1998c.

[66] S. zu den dabei auftretenden Fragen z. B. Weinreich 1970: 53f. und Schaller 1975: 174–177.

ringe Rolle. Die meisten Lehnwörter entstammen dem zentralen Verbreitungsgebiet der Amurriter am mittleren Euphrat, sind auf die altbabylonische Zeit beschränkt geblieben und mit nur wenigen Belegen im Akkadischen vertreten. In der Mehrzahl handelt es sich um Substantive, doch kommen auch mehrere Verben und eine einzige Partikel (die verstärkende Partikel *na*) vor. Ganz überwiegend sind die Lehnwörter morphologisch in das akkadische Flexionssystem integriert. Beibehaltung amurritischer Morphologie begegnet nur vereinzelt, z. B. der Plural mit zweisilbiger Basis *ṣamarātu* „wolltragende (Schafe)" zum Singular *ṣamratu*. Die phonologische Beschaffenheit lässt dagegen noch häufiger die nicht-akkadische Herkunft erkennen, vgl. etwa *maškabu* „Lager" mit Präfix *ma-* trotz labialhaltiger Wurzel (akkadisch entspräche **ma-* > *na-*).

Jüngeres Nordwestsemitisch: Für ugaritische Wörter in akkadischen Texten aus Ugarit s. Huehnergard 1987, für sonstige nordwestsemitische Lehnwörter, insbesondere kanaanäische in den Amarna-Texten, Sivan 1987, für nordwestsemitische Lehnwörter in den Texten aus Emar Pentiuc 2001.

Hurritisch: Nach den Statistiken von Edzard zu den bisher erschienenen Bänden des CAD[67] liegt die Gesamtzahl der hurritischen Lehnwörter im Akkadischen zwischen 400 und 500. Sie stammen ganz überwiegend aus Nuzi-Texten der mittelbabylonischen Zeit, kommen aber auch mittelassyrisch vor (z. B. *šiluḫli* „a class of dependant workers" CAD Bd. Š/3, 453). Hervorzuheben sind die Kombinationen von hurritischem Infinitiv und akkadischem *epēšu* „tun"[68] wie *širumma epēšu* „bestätigen" und *šašumma epēšu* „verlieren".

Indoiranisch: Ca. 10 Lehnwörter über hurritische Vermittlung, vor allem Pferdebezeichnungen in Nuzi, z. B. *babrunnu* „braun", sonst *magannu* „Geschenk" und *šušānu* „Pferdeknecht".[69]

Elamisch: Ca. 40 Lehnwörter vor allem in akkadischen Texten aus Susa, vereinzelt aber auch sonst, z. B. *nābu* „Gott" (schon altakkadisch) und *buḫlalû*, Bezeichnung von aus Elam deportierten Priestern in einer Inschrift Assurbanipals.

Kassitisch: Kassitische Lehnwörter finden sich vor allem in mittelbabylonischen Texten. Ihre Zahl beläuft sich auf ca. 50. Das einzige auffällige semantische Feld, welches rund die Hälfte aller Lehnwörter stellt, sind Bezeichnungen für Pferde (z. B. *lagaštakkaš* „scheckig"), Zaumzeug (z. B. *kamusaš*, ein Bronzeteil am Zügel) und Wagen(teile) (z. B. *akkandaš* „Speiche").

Altkleinasiatisch: In altassyrischen Texten aus Kültepe finden sich ca. 5–10 Wörter nicht bestimmbarer Sprachen, z. B. *iknusi*, ein Gefäß oder Gegenstand.

[67] Übersicht bei Edzard 1995: 302 Anm. 1.
[68] Dazu Wilhelm 1970: 8 mit früherer Literatur.
[69] Mayrhofer 1966: 18–24, 1982: 76, Kammenhuber 1968: 181–232.

Hethitisch: Ca. 5–10 Wörter meist in akkadischen Texten aus Boghazköy (zweite Hälfte 2. Jahrtausend), mindestens *išḫiuli* „Vertrag" und *išpatalu* „Nachtherberge" (zu hethitisch *išpant*-„Nacht") jedoch schon in altassyrischen Texten aus Kültepe.[70]

Ägyptisch: Ca. 30–40 Lehnwörter, besonders in Texten aus Amarna; davon allerdings allein die Hälfte aller Lehnwörter im Text EA 14, wo aus Ägypten importierte Gegenstände genannt sind (Lambdin 1953).

Aramäisch: Von Soden 1966, 1968 und 1977 zählte 242 meist seltene aramäische Lehnwörter in akkadischen Texten des 1. Jahrtausends. Das einzige klar abgegrenzte semantische Feld ist die Alphabetschrift[71] (z. B. *sepīru* „Alphabetschreiber", *magallatu* und *kerku* „Schriftrolle", *egirtu* „Brief"). Ungewöhnlich hoch, nämlich 55, ist die Zahl von entlehnten Verben, darunter auch häufigere wie *radāpu* „verfolgen" und *segû* „umhergehen". Pronomina und Präpositionen sind ebenfalls vertreten: *anīni* „wir", *agâ* „dieser", *la* „zu".

Arabisch: Ca. 5 Lehnwörter in Texten des 1. Jahrtausends, vor allem die Kamelbezeichnungen *anaqātu* „Kamelstuten", *gammalu* und *ibilu* „Kamel" sowie *bakru* „Dromedarjunges".

Urartäisch: *kiʾūru*, ein Metallgefäß", vielleicht *manziaše*, eine Waffe(?), beide in Sargons II. Bericht über den achten Feldzug.

Altpersisch: Ca. 40 Lehnwörter in Texten der Achämenidenzeit, vor allem Beamtentitel wie *aspastūʾa* „Pferdefütterer" oder *dātabara*, ein Gerichtsbeamter.

Griechisch: Vereinzelte Lehnwörter in hellenistischer Zeit, z. B. *istatirru* „Stater".

Sonstiges: Ein Brief aus Zypern, gefunden in Amarna, nennt *imaru* unbekannter Bedeutung. Ein aus Tilmun importiertes Metallobjekt lautet *ingānu*.

3.5. Akkadische Lehnwörter in anderen Sprachen

Für eine Behandlung des akkadischen Lehnwortgutes in anderen Sprachen s. Zimmern 1917, heute allerdings zu beträchtlichen Teilen überholt. Generell ist die Scheidung von direkten und indirekten Entlehnungen einerseits, von Entlehnungen und Erbwortschatz bzw. Wanderwörtern andererseits oft nicht möglich. Hier ist keine erschöpfende Übersicht beabsichtigt; vielmehr sollen einige Beispiele für direkte Entlehnungen in die wichtigsten Kontaktsprachen gegeben werden.

[70] Dazu Kammenhuber 1972–1975: § 2.

[71] Tadmor 1982: 454. Dort auch der Versuch, ein semantisches Feld „military and administrative sphere" zu etablieren.

Sumerisch:[72] Die ältesten akkadischen Lehnwörter sind in Fāra und Tell Abū Ṣalābīḫ belegt:[73] sie enden entweder auf /*a*/ wie na-gada „Hirt" (< akkadisch *nāqidu*) oder auf /*0*/ wie pa-šeš (< akkadisch *pašīšu*). Wörter aus sargonischer und neusumerischer Zeit sind dagegen öfter mit der akkadischen Nominativendung /*u*(*m*)/ entlehnt.[74] Gelb 1957 verzeichnet 249 akkadische Lehnwörter in sumerischen Texten des 3. Jahrtausend, vor allem Berufsbezeichnungen wie ḫa-za-núm „Bürgermeister" (< akkadisch *ḫazannu*) und handwerkliche Erzeugnisse wie mi-rí-tum „Musikinstrument aus Mera" (< akkadisch *me*/*irītu*).

Hurritisch: S. Laroche 1976–1978: 315f. und Neu 1997. Nach Neu 1997: 262 seien vor allem „die Bereiche Bauwesen und Verwaltung unter Einschluß der Maß- und Getreidebezeichnungen" bemerkenswert. S. etwa *šarri* „König" (< akkadisch *šarru*) und *izūzi* „Emmer" (< akkadisch *zīzu*).

Hethitisch: [75] Die Zahl der direkten Lehnwörter ist offenbar gering, die über hurritische Vermittlung etwas größer. Zu den ersteren gehört *tuppi*- „Tontafel" (< akkadisch *ṭuppu*). Anscheinend gibt es auch mehrere Lehnbedeutungen wie *šallanu*- „aufziehen (wörtlich „groß machen") entsprechend akkadisch *rubbû* und Lehnbildungen wie *araš aran* „einander" entsprechend akkadisch *tappû tappâ*.[76]

Elamisch: [77] Beispiele sind li-ti-bí „Geiseln" (< akkadisch *līṭu*, altelamisch), za-al-mu „Bildwerk" (< akkadisch *ṣalmu*), zag-ra-tu-me „Zikkurrat" (< akkadisch *ziqqurratu*), tup-pi „Tafel" (< akkadisch *ṭuppu*) sowie das Kompositum a-lu-me-lu „Akropolis" (< akkadisch *ālum elû*).

Aramäisch: Vgl. Kaufmann 1974: besonders 30–115 und 165–170. Demnach gibt es 107 Lehnwörter im Reichsaramäischen und 128 im Syrischen. Prominente semantische Felder sind politisch-rechtliche Terminologie, Berufe, Architektur, im Syrischen auch Topographie, Geräte und sonstige materielle Kultur.

Hebräisch: Eine sehr ausführliche Analyse der ca. 70 akkadischen Lehnwörter im Hebräischen stammt von Mankowski 2000. Den größten Anteil stellen rechtliche und administrative sowie technische Termini (ebd. S. 175). Mehrere Lehnwörter gelangten über das Aramäische in das Hebräische (ebd. S. 168–170).

[72] Falkenstein 1960: 312f.; Oberhuber 1981.
[73] Krebernik 1998: 265 und 269f.
[74] Nach Powell 1986:15f. seien etliche Wörter auf -K*u* akkadische Plurale mit Endung /*ū*/, z. B. mun-du „Emmergrütze" < akkadisch *mundū*.
[75] Sommer 1947: 85 und 89–92; Kammenhuber 1972–1975: § 7.
[76] Zu Lehnbedeutungen und Lehnbildungen s. Kronasser 1966: 123–125.
[77] Provisorisch Stolper 1984: 21f.; eine zusammenfassende Behandlung der akkadischen Lehnwörter im Elamischen fehlt. Die Wörter werden im folgenden nach Hinz/Koch 1987 zitiert.

Bibliographie

AHw S. von Soden 1958–1981.

Aro, J.
1955 Studien zur mittelbabylonischen Grammatik = Studia Orientalia 20. Helsinki.

Attinger, P. und M. Wäfler (ed.)
1998 Annäherungen 1 = Orbis Biblicus et Orientalis 160/1. Freiburg (Schweiz)/Göttingen.

Bergsträßer, G.
1928 Einführung in die semitischen Sprachen. Sprachproben und grammatische Skizzen. München. Nachdruck Darmstadt 1972.

Biggs, R. D.
1967 Semitic Names in the Fara Period, Or. 36, 55–66.

Borger, R.
1979 Babylonisch-Assyrische Lesestücke = Analecta Orientalia 54. Rom.
1984 Altorientalische Lexikographie. Geschichte und Probleme = Nachrichten der Akademie der Wissenschaften in Göttingen. Philologisch-Historische Klasse, Jahrgang 1984, Nr. 2. Göttingen.

Buccellati, G.
1996 A Structural Grammar of Babylonian. Wiesbaden.

CAD S. Oppenheim 1956ff.

Caplice, R.
1988 Introduction to Akkadian = Studia Pohl Series Maior 9. Rom.

Cohen, E.
2000 Akkadian *-ma* in Diachronic Perspective, ZA 90, 207–226.

Comrie, B.
1989 Aspect. An Introduction to the Study of Verbal Aspect and Related Problems. 6. Aufl. Cambridge,
1990 Tense. 4. Aufl. Cambridge.

Conti, G.
1996 Thèmes „assyriens“ et thèmes „babyloniens“ en Ebla, in: P. Zemánek (ed.), Studies in Eastern Languages and Literature (= Gds. Karel Petráček, Prag) 193–202.

Dalley, S.
1993 Nineveh After 612, AoF 20, 134–147.

Deller, K.
1961 Die Verdrängung des Grundstammes von *ezēbu* durch *rammû* im Neuassyrischen, Or. 30, 345–354.

De Meyer, L.
1962 L'Accadien des contrats de Suse. Leiden.

Deutscher, G.
2000 Syntactic Change in Akkadian. The Evolution of Sentential Complementation. Oxford.

Diakonoff, I.
1998 The Earliest Semitic Society: Linguistic Data, JSS 43, 209–219.

Edzard, D. O.
1965 Die Stämme des altbabylonischen Verbums in ihrem Oppositionssys tem, AS 16, 111–120.
1973 Die Modi des älteren akkadischen Verbums, Or. 42, 121–141.
1995 Rezension zu CAD Š, ZA 85, 302–306.
1996 Die Iterativstämme beim akkadischen Verbum. Die Frage ihrer Enstehung; ihre Funktion; ihre Verbreitung. München.

Englund, R. K.
1998 Texts from the Late Uruk Period, in: Attinger/Wäfler (1998) 15–233.

Falkenstein, A.
1960 Kontakte zwischen Sumerern und Akkadern auf sprachlichem Gebiet, Genava 8, 301–314.

Farber, W.
2001 Rezension zu Huehnergard 1997 und Buccellati 1996, JAOS 121, 315–317.

Finet, A.
1956 L'Accadien des lettres de Mari. Bruxelles.

Frayne, D.
1993 Indo-Europeans and Sumerians: Evidence for their Linguistic Contact, BCSMS 25, 19–42.

Fronzaroli, P.
1964-9 Studi sul lessico comune semitico, Academia Nazionale dei Lincei, Rendiconti della Classe di Scienze morali, storiche e filologiche 8, vol. 19, fasc. 5-6 S. 1–54; vol. 20, fasc. 3-4 S. 135–150; fasc. 5-6 S. 250–269; vol. 23, fasc. 7-12, S. 267–303; vol. 24, fasc. 7-12, S. 1–36.

Gelb, I. J.
1955 Notes on von Soden's Grammar of Akkadian, BiOr. 12, 93–111.
1957 Glossary of Old Akkadian = Materials for the Assyrian Dictionary 3. Chicago.
1961 Old Akkadian Writing and Grammar = Materials for the Assyrian Dictionary 2. Chicago.
1969 Sequential Reconstruction of Proto-Akkadian = AS 18.
1992 Mari and the Kish Civilization, in: G. D. Young (ed.), Mari in Retrospect (Winona Lake) 121–202.

Geller, M. J.
1997 The Last Wedge, ZA 87, 43–95.

Giacumacis, G.
1970 The Akkadian of Alalaḫ. The Hague/Paris.

Groneberg, B.
1987 Syntax, Morphologie und Stil der jungbabylonischen „hymnischen" Literatur = FAOS 14. Stuttgart.

Hämeen-Anttila, J.
2000 A Sketch of Neo-Assyrian Grammar = SAAS 13.

Hasselbach, R.
2005 Sargonic Akkadian. A Historical and Comparative Study of the Syllabic Texts. Wiesbaden.

Hecker, K.
1968 Grammatik der Kültepe-Texte = Analecta Orientalia 44. Rom.

Hilgert, M.
2002 Akkadisch in der Ur III-Zeit = Imgula 5. Münster.

Hinz, W. und H. Koch
1987 Elamisches Wörterbuch = AMI Ergänzungsband 17.

Hirsch, H.
1975 Akkadische Grammatik – Erörterungen und Fragen, Or. 44, 245–322.

Huehnergard, J.
1987 „Stative", Predicative Form, Pseudo-Verb, JNES 46, 215–232.
1997 A Grammar of Akkadian. Atlanta.
1997a Akkadian Grammar, Or. 66, 434–444.
2002 *izuzzum* and *itūlum*, in: T. Abusch (ed.), Riches Hidden in Secret Places. Ancient Near Eastern Studies in Memory of Thorkild Jacobsen 161–185.

Izre'el, S.
1991 Amurru Akkadian: A Linguistic Study = HSS 40/41. .

Jucquois, G.
1966 Phonétique comparée des dialectes moyen-babyloniens du nord et de l'ouest = Bibliothèque du Muséon 53. Louvain.

Kammenhuber, A.
1968 Die Arier im Vorderen Orient. Heidelberg.
1972–5 Artikel „Hethiter, Sprache", RlA 4, 384–389.

Kaufman, S.
1974 The Akkadian Influences on Aramaic = AS 19.

Koehler, L. und W. Baumgartner
1967–95 Hebräisches und aramäisches Lexikon zum Alten Testament. 3. Auflage neu bearbeitet von W. Baumgartner und J. J. Stamm. Leiden.

Komoróczy, G.
1978 Das Rätsel der sumerischen Sprache als Problem der Frühgeschichte Vorderasiens, in: B. Hruška/G. Komoróczy (ed.), Festschrift Lubor Matouš (Budapest) I 225–252.

Kouwenberg, N. J. C.
1997 Rezension zu von Soden (1995), BiOr. 54, 399–402.
1997a Gemination in the Akkadian Verb. Van Gorcum.
1998 Rezension zu Buccellati (1996), BiOr. 55, 172–185.
2000 Nouns as Verbs: the Verbal Nature of the Akkadian Stative, Or. 69, 21–71.
2002 Ventive, Dative and Allative in Old Babylonian, ZA 92, 200–240.

Kraus, F. R.
1987 Sonderformen akkadischer Parataxe: Die Koppelungen. Mededelingen der Koninklijke Nederlandse Akademie Van Wetenschappen, AFD. Letterkunde, Nieuwe Reeks, Deel 50 No. 1.

Krebernik, M.
1996 The Linguistic Classification of Eblaite: Methods, Problems, and Results, in: J. S. Cooper/G. M. Schwartz, The Study of the Ancient Near East in the Twenty-First Century. Winona Lake.
1998 Die Texte aus Fāra und Tell Abū Ṣalābīḫ, in: Attinger/Wäfler (1998) 237–427.

Krebernik, M. und M. P. Streck
2001 *šumman lā qabīʾāt ana balāṭim* ... Wärst du nicht zum Leben berufen ... Der Irrealis im Altbabylonischen, in: R. Bartelmus/N. Nebes (ed.), Sachverhalt und Zeitbezug. Semitistische und alttestamentliche Studien Adolf Denz zum 65. Geburtstag = Jenaer Beiträge zum Vorderen Orient 4, 51–78.

Kronasser, H.
1966 Etymologie der hethitischen Sprache. Wiesbaden.

Labat, R.
1932 L'Akkadien de Boghaz-Köi. Bordeaux.

Lambdin, T. O.
1953 Egyptian Words in Tell El Amarna Letter No. 14, Or. 22, 362–369.

Landsberger, B.
1944 The Beginnings of Civilization in Mesopotamia. Übersetzt von M. dej. Ellis, SMANE I/2 (1974) (Los Angeles) 8–12.

Laroche, E.
1976–8 Glossaire de la langue hourrite = Revue Hittite et Asianique 34f.

Leslau, W.
1987 Comparative Dictionary of Geʿez (Classical Ethiopic). Wiesbaden.

Lieberman, S.
1977 The Sumerian Loanwords in Old-Babylonian Akkadian, Volume One: Prolegomena and Evidence. Ann Arbor.

Limet, H.
1975 Observations sur la grammaire des anciennes tablettes de Mari, Syria 52, 37–52.

Madvig, D. H.
1967 A Grammar of the Royal Assyrian Annals of the Sargonid Dynasty. Dissertation Ann Arbor.

Malbran-Labat, F.
1994 La version akkadienne de l'inscription trilingue de Darius à Behistun. Rom.

Mankowski, P. V., S. J.
2000 Akkadian Loanwords in Biblical Hebrew = HSS 47.

Mayer, Wa.
1971 Untersuchungen zur Grammatik des Mittelassyrischen = AOAT Sonderreihe 2.

Mayrhofer, M.
1966 Die Indo-Arier im Alten Vorderasien. Wiesbaden.

Militarev, A. und L. Kogan
2000 Semitic Etymological Dictionary. Vol. 1: Anatomy of Man and Animals = AOAT 278/1.

Müller, K. F.
1937 Das assyrische Ritual. Teil 1. Texte zum assyrischen Königsritual = MVAeG 41/3.

Neu, E.
1997 Akkadisches Lehnwortgut im Hurritischen, Archivum Anatolicum 3, 255–263.

Oberhuber, K.
1981 Kontaktwirkungen der Symbiose Sumerisch-Akkadisch: Bemerkungen zum akkadischen Lehngut im Sumerischen, in: R. G. Stiegner (ed.), Al-Hudhud = Fs. Maria Höfner (Graz) 257–261.

Oppenheim, A. L. et alii
1956ff. The Assyrian Dictionary of the Oriental Institute of the University of Chicago. Glückstadt.

Pentiuc, E. J.
2001 West Semitic Vocabulary in the Akkadian Texts from Emar = HSS 49.

Poebel, A.
1939 The Verb *uzuzzu*, "to stand", AS 9, 75–196.

Powell, M. A.
1986 mun-du as an Akkadian Plural Loan Word in Sumerian, ZA 76, 12–16.

Rainey, A. F.
1996 Canaanite in the Amarna Tablets. A Linguistic Analysis of the Mixed Dialect used by the scribes from Canaan = HdO I/25. Leiden etc.

Reiner, E.
1966 A Linguistic Analysis of Akkadian = Janua Linguarum, Series Practica 21. The Hague.

Renger, J.
1972 Rezension zu GAG (2. Aufl.), JNES 31, 228–232.

Riemschneider, K. K.
1969 Lehrbuch des Akkadischen. Leipzig.

Salonen, A.
1968 Zum Aufbau der Substrate im Sumerischen = Studia Orientalia 37/3. Helsinki.
1969 Die Fußbekleidung der Alten Mesopotamier. Helsinki.

Salonen, E.
1962 Untersuchungen zur Schrift und Sprache des Altbabylonischen von Susa = Studia Orientalia 27/1. Helsinki.

Schall, A.
1982 Geschichte des arabischen Wortschatzes, in: W. Fischer (ed.), Grundriß der Arabischen Philologie, Band I: Sprachwissenschaft (Wiesbaden) 142–153.

Schaller, H. W.
1975 Die Balkansprachen. Eine Einführung in die Balkanphilologie. Heidelberg.

Seminara, S.
1998 L'Accadico di Emar = Materiali per il vocabolario Sumerico 6. Rom.

Sivan, D.
1987 Grammatical Analysis and Glossary of the Northwest Semitic Vocables in Akkadian Texts of the 15th-13th C. B. C. from Canaan and Syria = AOAT 214.

von Soden, W.
1932 Der hymnisch-epische Dialekt des Akkadischen, Teil I, ZA 40, 163–227.
1933 Der hymnisch-epische Dialekt des Akkadischen, Teil II, ZA 41, 90–183. 236.
1958–81 Akkadisches Handwörterbuch. Wiesbaden.
1966 Aramäische Wörter in neuassyrischen und neu- und spätbabylonischen Texten. Ein Vorbericht I. (*agâ-*mūš*), Or. 35, 1–20.
1968 Aramäische Wörter in neuassyrischen und neu- und spätbabylonischen Texten. Ein Vorbericht. II (*n-z* und Nachträge), Or. 37, 261–271.
1970 Rezension zu Gelb (1969), JNES 29, 202–207.
1973 Der akkadische Subordinativ-Subjunktiv, ZA 63, 56–58.
1977 Aramäische Wörter in neuassyrischen und neu- und spätbabylonischen Texten. Ein Vorbericht. III, Or. 46, 183–197.
1995 Grundriß der akkadischen Grammatik = Analecta Orientalia 33 (Rom 1952, 1995[3]).

van Soldt, H.

1991 Studies in the Akkadian of Ugarit: Dating and Grammar = AOAT 40.

Sommer, F.

1947 Hethiter und Hethitisch. Stuttgart.

Sommerfeld, W.

2003 Bemerkungen zur Dialektgliederung Altakkadisch, Assyrisch und Babylonisch, AOAT 274 = Fs. B. Kienast 569–586.

Steiner, G.

1981 Die sog. *tan*-Stämme des akkadischen Verbums und ihre semitischen Grundlagen, ZDMG 131, 9–27.

Stolper, M. W.

1984 Texts from Tall-i Malyan I. Elamite Administrative Texts (1972-1974). Philadelphia.

Streck, M. P.

1992 Rezension zu F. Joannès, Archives de Borsippa (1989), ZA 82, 145–148.

1994 Funktionsanalyse des akkadischen $Št_2$-Stamms, ZA 84, 161–197.

1995 Zahl und Zeit. Grammatik der Numeralia und des Verbalsystems im Spätbabylonischen = Cuneiform Monographs 5. Groningen.

1995a *ittašab ibakki* „weinend setzte er sich“: *iparras* für die Vergangenheit in der akkadischen Epik, Or. 64, 33–91.

1996 Rezension zu Malbran-Labat 1994, ZA 86, 275–284.

1998 Rezension zu von Soden 1995, AfO 44/45, 310–314.

1998a Rezension zu Buccellati 1996, AfO 44/45, 314–325.

1998b Rezension zu M. Roth, Law Collections from Mesopotamia (1995), Zeitschrift für altorientalische und biblische Rechtsgeschichte 4, 303–309.

1998c The Tense Systems in the Sumerian-Akkadian Linguistic Area, ASJ 20, 181–199.

1999 Rezension zu Huehnergard 1997, ZA 89, 283–286.

2000 Das amurritische Onomastikon der altbabylonischen Zeit. Band 1: Die Amurriter. Die onomastische Forschung. Orthographie und Phonologie. Nominalmorphologie = AOAT 271/1.

2001 Keilschrift und Alphabet, in: D. Borchers/F. Kammerzell/S. Weninger (ed.), Hieroglyphen, Alphabete, Schriftreformen. Studien zu Multiliteralismus, Schriftwechsel und Orthographieneuregelungen = Lingua Aegyptia – Studia monographica 3 (Göttingen) 77–97.

2002 Die Nominalformen *maPRaS*(*t*), *maPRāS* und *maPRiS*(*t*) im Akkadischen, in: N. Nebes (ed.), Neue Beiträge zur Semitistik. Erstes Arbeitstreffen der Arbeitsgemeinschaft Semitistik in der Deutschen Morgenländischen Gesellschaft vom 11. bis 13. September 2000 an der Friedrich-Schiller-Universität Jena = Jenaer Beiträge zum Vorderen Orient 5, 223–257.

2003 Die *ta*-Stämme des akkadischen Verbums = AOAT 303.

2003a Rezension zu Hämeen-Anttila 2000, ZA 93, 126–128.

2005 Simply a Seller, Nothing but Gods: The Nominal Suffix *-ān* in Old Babylonian, Babel und Bibel 2 = Memoriae Igor M. Diakonoff (Winona Lake) 233–243.

2006 Sibilants in the Old Babylonian texts of Hammurapi and of the governors in Qaṭṭunān, in: G. Deutscher/N. J. C. Kouwenberg (ed.), The Akkadian Language in its Semitic Context. Studies in the Akkadian of the Third and Second Millenium BC (Leiden) 215–251.

2007 Rezension zu CAD P, ZA 97.

Tadmor, H.
1982 The Aramaization of Assyria: Aspects of Western Impact, BBVO 1, 449–470.

Talon, P.
1996 The Language, in: F. Ismail/W. Sallaberger/P. Talon/K. van Lerberghe, with contributions by M. Lebeau, D. Marien, A. Suleiman, C. Vandecasteele, J.P. Wambacq, Administrative Documents from Tell Beydar (Seasons 1993-1995) = Subartu II (Turnhout) 69–73.

Tropper, J.
2003 Eblaitisch und die Klassifikation der semitischen Sprachen, in: G. J. Selz (ed.), Festschrift für Burkhart Kienast = AOAT 274, 647–657.

Voigt, R. M.
1987 Die *tan*-Stämme und das System der Verbalformen im Akkadischen, ZDMG 137, 246–265.

Weinreich, U.
1970 Languages in Contact. Findings and Problems. 7. Aufl. The Hague/Paris.

Westenholz, A.
1978 Some Notes on the Orthography and Grammar of the Recently Published Texts from Mari, BiOr. 35, 160–169.
1991 The Phoneme /o/ in Akkadian, ZA 81, 10–19.

Westenholz, J. G.
1997 Studying Poetic Language, Or. 66, 181–195.

Whiting, R. M.
1981 The R-Stem(s) in Akkadian, Or. 50, 1–39.
1987 Old Babylonian Letters from Tell Asmar = AS 22.

Wilhelm, G.
1970 Untersuchungen zum Ḫurro-Akkadischen von Nuzi = AOAT 9.

Woodington, N. R.
1982 A Grammar of the Neo-Babylonian Letters of the Kuyunjik Collection. Dissertation Ann Arbor.

Ylvisaker, S.
1912 Zur babylonischen und assyrischen Grammatik = Leipziger semitistische Studien V/6. Leipzig.

Zimmern, H.
1917 Akkadische Fremdwörter als Beweis für babylonischen Kultureinfluß. Leipzig.

HETHITISCH[1]

Elisabeth Rieken

1. EINLEITUNG

Die moderne Bezeichnung „Hethiter" oder „hethitisch" geht auf Luthers Übertragung des Names der *ḥittīm* zurück, einer im Alten Testament genannten Völkerschaft. Die Bibel bietet mit den betreffenden Belegen die in moderner Zeit zuerst bekannt gewordenen Zeugnisse für die Hethiter (Klinger 1996: 81–91). Selbst nannten die Hethiter im 2. Jahrtausend ihren Staat KUR ^{URU}*ḪATTI* „Land Hatti" und ihre Sprache *nešili* „nesisch" – nach der Stadt Neša (Kaneš, heute Kültepe), die im 18. und 17. Jahrhundert eine bedeutende altassyrische Handelskolonie in Anatolien und den Herkunftsort der hethitischen Dynastie darstellte (Otten 1973: 57f.). Aus Kültepe stammen auch die ersten spärlichen Zeugnisse in hethitischer Sprache, da sich in den altassyrischen Texten auch einige Lehnwörter und Namensgut hethitischen Ursprungs finden (Tischler 1995 und Melchert 2003: 23 mit Literatur). Die große Masse der hethitischsprachigen Tontafeln stammt jedoch aus den Archiven von Hattuša (vormals Boğazköy, heute Boğazkale, ca. 150 km östlich von Ankara gelegen), das vom 16. Jahrhundert bis zu seinem Untergang (ca. 1200) mit nur kurzer Unterbrechung Hauptstadt des Hethiterreiches war. Dort wird seit 1905 fast durchgehend gegraben. Kleinere Funde hat man auch in Ortaköy, Maşat, Kuşaklı und Meskene gemacht, und einzelne Tafeln stammen aus Kayalıpınar, Rās Šamra und Tell-el-Amarna in Ägypten. Es handelt sich bei den hethitischen Texten im wesentlichen um historische Texte (Annalen, Tatenberichte, Staatsverträge, diplomatische Korrespondenz), juristische Texte (Gesetze, Gerichtsprotokolle, Schenkungsurkunden, Siegel), Verwaltungstexte (Briefe, Bibliothekskataloge, Kultadministration), mythologisches und religiöses Schrifttum (Mythen, Hymnen, Gebete, Festrituale, Beschwörungsrituale, Omina, Orakel, Traumberich-

[1] Die nachfolgende Darstellung der hethitischen Grammatik beruht in wesentlichen Teilen auf Friedrich 1974[3]. Diese wird im folgenden nicht mehr eigens zitiert, sondern lediglich die jeweils ergänzenden Arbeiten, die in der nachfolgenden Zeit erschienen sind. Als hethitische Lexika sind Hethitisches Wörterbuch (Friedrich 1952–1966, Friedrich/Kammenhuber 1974ff.) und Chicago Hittite Dictionary (Güterbock/Hoffner 1980ff.) zu nennen, als etymologische Wörterbücher Hethitisches etymologisches Glossar (Tischler 1977ff.) und Hittite Etymological Dictionary (Puhvel 1984ff.). Eine umfangreiche Bibliographie bieten Souček/Siegelová 1996 und Collins mit dem Newsletter of Anatolian Studies. – Eine neue umfangreiche Grammatik ist jüngst erschienen (Hoffner/Melchert 2007). Obwohl eine noch unpublizierte Version derselben hier nicht im eigentlichen Sinne verwendet worden ist, war es ausgesprochen hilfreich, daß sie mir für die Überarbeitung des vorliegenden Textes zur Verfügung stand. Dafür sei den beiden Autoren herzlich gedankt.

te) sowie um Übersetzungsliteratur und lexikalische Listen mesopotamischen Ursprungs.[2] In Hattuša wurde zudem Material in sumerischer, akkadischer, hurritischer, hattischer, luwischer und palaischer Sprache gefunden. Schließlich gibt es auch vereinzelte Fachtermini aus der Pferdezucht in einer indo-iranischen Sprache.

Bereits im Jahr 1902 hatte Knudtzon von den beiden hethitischen Tafeln aus Tell-el-Amarna vermutet, daß es sich bei der dort verwendeten Sprache um ein indogermanisches Idiom handele. Die Annahme wurde jedoch zurückgewiesen, bis Hrozný 1915 auf der Basis der neuen reichhaltigen Funde aus Hattuša den Nachweis erbringen konnte. Seitdem hat sich die Kenntnis der hethitischen Sprache wesentlich verbessert, und die hethitologische Forschung hat gerade in den letzten dreißig Jahren einen bemerkenswerten Aufschwung genommen.

Das Hethitische ist der bedeutendste Vertreter der anatolischen Sprachfamilie, die daneben auch Luwisch (in seinen beiden Ausprägungen Keilschrift-Luwisch und Hieroglyphen-Luwisch), Palaisch, Lydisch, Lykisch (A und B), Pisidisch, Sidetisch und Karisch umfaßt. Selbst ist das Anatolische ein Zweig der indogermanischen Sprachfamilie. Zu dieser gehören außerdem die indo-iranischen, slawischen, baltischen, italischen, germanischen und keltischen Sprachen sowie das Griechische, Tocharische, Armenische, Phrygische und Albanische. Die Rekonstruktion der nicht bezeugten urindogermanischen Grundsprache, auf die alle diese Einzelsprachen zurückgehen, ist eines der Aufgabengebiete der Indogermanistik. Vor der Entdeckung des Hethitischen und seiner anatolischen Schwestersprachen hatte man nicht daran gezweifelt, daß das Urindogermanische (ähnlich wie das Indo-Iranische und Altgriechische) ein sehr fein ausdifferenziertes Kategoriensystem mit einem großen Formenreichtum besessen habe, und ein entsprechendes Rekonstrukt aufgestellt. Nun ergibt sich aber das Problem, daß die anatolischen Sprachen trotz ihrer teilweise frühen Bezeugung ein sehr einfaches morphologisches System mit einer geringen Zahl von Kategorien aufweisen. Es stellt sich deshalb die Frage, ob das Anatolische die gegenüber dem alten Rekonstrukt fehlenden Kategorien einfach verloren hat, während die später überlieferten Sprachen konservativer gewesen sind und an dem ursprünglichen System festgehalten haben – dann könnte man das alte Rekonstrukt im wesentlichen beibehalten – oder ob das Anatolische vielleicht vorzeitig aus dem vorurindogermanischen Sprachverband („Indo-Hittite") ausgeschieden ist und den archaischen Zustand bewahrt hat. In diesem Fall käme dem Anatolischen eine bedeutende Rolle bei

[2] Eine Übersicht über die vorhandenen Texte, ihre Editionen und Bearbeitungen gibt Laroche 1971, 1972 und 1975. Neue Listen im Internet sind in Arbeit (http://www.orient.uni-wuerzburg.de und http://www.asor.org/HITTITE/CTHHP.html, beide mit weiteren Links).

der Rekonstruktion zu, und das Rekonstrukt müßte ein dem Anatolischen ähnliches, sehr viel einfacher strukturiertes morphologisches System erhalten. Gemeinsame Abweichungen der anderen indogermanischen Sprachen demgegenüber wären dann als Neuerungen zu betrachten, die diese später ohne das Anatolische durchgeführt hätten. In Form von Stammbäumen lassen sich die beiden Arbeitshypothesen folgendermaßen darstellen:

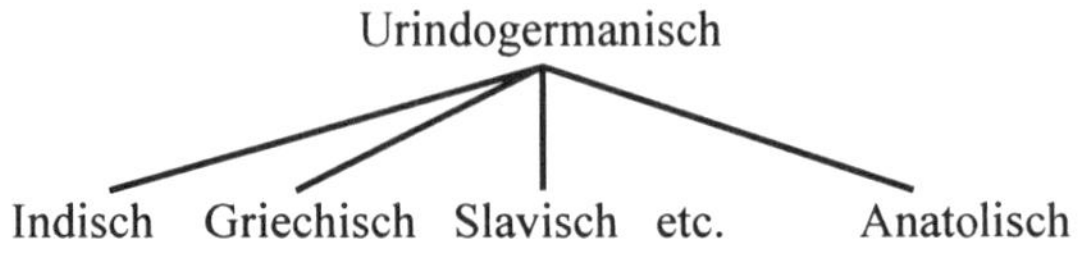

oder

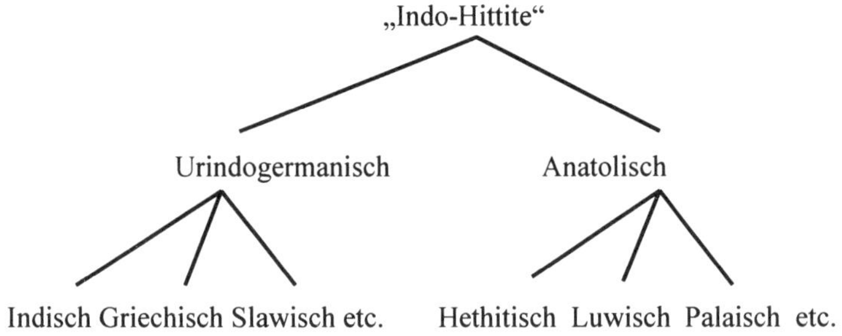

Die Diskussion über die beiden Alternativen ist noch nicht abgeschlossen. Außerdem gibt es den Vorschlag, die strikte Abgrenzung zwischen Zugehörigkeit zum Sprachverband und Ausscheiden aus dem Sprachverband, die das Stammbaummodell suggeriert, zu vermeiden. Stattdessen möchte man eine allmähliche, in Raum und Zeit eingeordnete dialektale Aufspaltung des Sprachverbands annehmen, der schließlich zur Ausgliederung einzelner Sprachzweige führt. Auch dieses Modell ist umstritten (Meid 1975, Neu 1976, Schlerath 1981, Melchert 1998, Zeilfelder 2001).

Von den Sprachen, die wie das Hethitische Zweige des Anatolischen darstellen, sind das Lydische, Lykische (A und B), Pisidische, Sidetische und das jüngst entzifferte Karische aus Quellen in alphabetischen Inschriften aus dem 1. Jahrtausend bekannt und werden deshalb in die folgende Darstellung nicht einbezogen.

Das Luwische wurde im 2. Jahrtausend in weiten Teilen des Hethiterreiches gesprochen und hat vor allem im 13. Jahrhundert einen recht starken Einfluß auf das Hethitische ausgeübt. Es gibt jedoch keinen konkreten Hinweis darauf, daß es das Hethitische vollkommen verdrängt hätte, so daß dieses später nur noch als Amtssprache fungierte. Anders als das Hethitische hat es jedoch den Zusammenbruch des Reiches überlebt und ist noch weit ins 1. Jahrtausend bezeugt.

Die Sprache gliedert sich in zwei nahe verwandte Dialekte, das Keilschrift-Luwische und das Hieroglyphen-Luwische. Der erstgenannte ist auf den Keilschrifttafeln bezeugt, die man in den Archiven der hethitischen Hauptstadt Hattuša gefunden hat. Die frühesten zusammenhängenden Texte stammen aus der althethitischen Periode (Starke 1985: 28–31), während einzelne luwische Wörter sich wie im Falle des Hethitischen bereits in den altassyrischen Texten aus Kültepe finden. Die Überlieferung reicht zwar bis in die junghethitische Zeit, in die der größere Teil der Niederschriften zu datieren ist, doch ist sie bei weitem nicht so reichhaltig wie das hethitische Textcorpus (Starke 1985).

Der andere Dialekt wurde mittels der anatolischen Hieroglyphen geschrieben, die eine eigenständige Schöpfung für die luwische Sprache darstellen (Marazzi 1990 und 1998, Hawkins 2000: 1–37 und 2003). Bei den Zeichen handelt es sich um mehr oder weniger abstrakte Darstellungen von Menschen, Tieren oder Gegenständen, die oft noch zu erkennen sind. Häufig liegt der Zuweisung eines Lautwertes zu einem Zeichen das akrophonische Prinzip zugrunde: So geht das Zeichen *66, das eine gebende Hand darstellt und den Lautwert *pi* besitzt, auf ein Logogramm mit der Lesung luwisch *piya-* „geben" zurück. Die Texte, die im Zeitraum vom 15. bis zum 8. Jahrhundert entstanden sind, stammen abgesehen von einigen verschleppten Stücken im wesentlichen aus Nordsyrien sowie aus dem westlichen und zentralen Anatolien. In der frühesten Phase handelt es sich um Siegel mit Eigennamen und Titeln, die zweifach, d. h. sowohl durch Keilschrift als auch mit Hilfe von hieroglyphischen Logogrammen, wiedergegeben werden. Vom 13. Jahrhundert an erscheinen einige Monumentalinschriften, die sich durch eine gemischt syllabische und logographische Schrift auszeichnen und wie die Keilschrift auch Determinative und phonetische Komplemente kennt. Die große Masse des überlieferten Corpus der hieroglyphen-luwischen Texte gehört jedoch in die Zeit nach 1200, insbesondere in das 9. und 8. Jahrhundert (Hawkins 2000, Çambel 1999). Sie finden sich meist auf Orthostaten, Stelen oder geglättetem Fels, wobei der Hintergrund aus dem Stein herausgemeißelt ist. Nur in selteneren Fällen sind die Zeichen selbst eingeritzt. Inschriften gibt es außerdem auf Steingefäßen, Stempel- und Rollsiegeln oder auf Bleistreifen. Auch eine Tontafel mit Hieroglyphen ist bekannt.

Das Verständnis der Texte beider luwischen Dialekte bereitet insbesondere im lexikalischen Bereich noch viele Schwierigkeiten, während die grammatische Struktur, die derjenigen des Hethitischen in vielen Bereichen stark ähnelt, weitgehend bekannt ist. Grammatische Skizzen aus jüngster Zeit mit weiterführenden Literaturangaben finden sich in Melchert 2003 und Plöchl 2003, so daß hier von einer erneuten Darstellung abgesehen werden kann.

Das Palaische wurde im 2. Jahrtausend mit großer Wahrscheinlichkeit nördlich des hethitischen Kernlandes gesprochen, in der Region des klassischen Paphlagonien, dessen Name wohl letztlich auf die hethiterzeitliche Bezeichnung *Palā* zurückgeht. Die wenigen und in fragmentarischem Zustand überlieferten Texte, bei denen es sich um einen Mythos und um Rituale handelt, stammen sämtlich aus den Archiven von Hattuša. Obgleich sowohl alte als auch junge Niederschriften vorhanden sind, ist es nicht ausgeschlossen, daß die palaische Sprache sehr früh ausgestorben ist. Die spärliche Überlieferung erlaubt es nicht, eine vollständige grammatische Skizze zu geben (vgl. die notwendigerweise lückenhaften Darstellungen von Kammenhuber 1969, Carruba 1970 und 1972, Starke 1990: 71–76, Melchert 1984 und 1994: 190–228 mit Literatur). Doch die strukturellen und morphologischen Übereinstimmungen mit dem Hethitischen und Luwischen sind so deutlich, daß kein Zweifel am gemeinsamen Ursprung besteht.

Die anatolischen Keilschrifttexte aller altanatolischen Sprachen sind in einer Schriftvariante geschrieben, die der altbabylonischen Kursive aus dem nordsyrischen Raum (Alalaḫ VII) nahesteht. Sie weist dementsprechend sumerische Wortzeichen und Zeichenkombinationen (auch in der Verwendung als Determinative) auf. Diese sogenannten Sumerogramme werden in der Umschrift in Kapitälchen gesetzt und ihre Bestandteile durch Punkte voneinander getrennt. Sie sind oft mit hethitischen und akkadischen phonetischen Komplementen versehen: <^{LÚ}NI.DUḪ> „Pförtner“; <UD-*az*> (= hethitisch /*siwat*^{s}/) „Tag“; <EGIR^{TUM}> (= akkadisch /*arkatum*/) „Rückseite“; <DINGIR^{LIM}-*iš*> (= hethitisch /*siunis*/) „Gottheit“. Zusätzlich werden aber auch ganze syllabisch geschriebene akkadische Wörter in den hethitischen Text aufgenommen. Sie erscheinen in der Umschrift in kursiven Kapitälchen, wobei die Silbenzeichen durch Bindestriche getrennt werden: <*IŠ-PUR*> (= hethitisch /*ḫatraes*/) „er sandte, schickte, schrieb“. Nach akkadischen Präpositionen und nach Zahlzeichen treten auch hethitische Wörter meist in die bloße, unflektierte Stammform. Eigenständige Entwicklungen von Lesungen wie die Verwendung des Sumerogramms <GEŠTIN> (= hethitisch /*wiyana-*/) „Wein“ als syllabisches Zeichen mit dem Lautwert [*wi*] (transliteriert als WI_5) oder Veränderungen von Zeichen oder Zeichenkombinationen stellen eine Ausnahme dar (Rüster/Neu 1989: 15f.).

Die besonders günstige Überlieferungslage, durch die Sprache und Schrift über einen Zeitraum von 350 Jahren ohne Unterbrechung dokumentiert werden, hat es möglich gemacht, eine in der Altorientalistik bisher in einzigartiger Weise ausgearbeitete Methode zu entwickeln, die Abfassungszeit der Texte anhand ihrer „Orthographie“ und Sprache zu ermitteln und die Zeit der Niederschrift einer Tafel aufgrund des Schreibduktus und der Zeichenformen zu erkennen (Starke 1985: 21–27). Dadurch werden zunächst die drei Perioden Althethitisch (bis Telipinu), Mittelhethitisch (bis in den Anfang der Regierungszeit Šuppiluliumas I.) und Junghethitisch (bis zum Untergang des Reiches) voneinander geschieden. Die letztgenannte läßt sich wiederum in drei Phasen genauer einteilen.

Aus der Vielzahl der Datierungskriterien sei als Beispiel aus dem Bereich der „Orthographie" die Tendenz genannt, in älteren Texten die Pleneschreibung weit häufiger anzuwenden, als dies später üblich ist, vgl. <*pé-e-ra-an*> „vor" vs. <*pé-ra-an*>. Auf Veränderungen in der Sprache wird in der noch folgenden grammatischen Skizze oft Bezug genommen; hier kann der Genitiv Plural auf *-an* als Beispiel dienen, der in nachalthethitischer Zeit außer Gebrauch kommt. Auf der Basis der ältesten Erscheinungen dieser Art erfolgt die Datierung der Abfassungszeit eines Textes. Für die Bestimmung der Zeit einer Niederschrift orientiert man sich dagegen zunächst am Duktus, der u. a. Unterschiede hinsichtlich der Wortabstände oder der Schriftgröße aufweist. Wie sich dagegen ein einzelnes Zeichen in seiner Form verändern kann, sei am Beispiel von TAR in alt-, mittel- und junghethitischer Zeit illustriert:

 (althethitisch),  (mittelhethitisch),  (junghethitisch)

Es ist jedoch zu beachten, daß allein die Evidenz mehrerer in ihrer Aussage übereinstimmender Kriterien zu einem sicheren Ergebnis in der Datierung führen kann.

2. Lautlehre

Eine Darstellung des hethitischen Phonemsystems bieten Melchert 1994 und Kimball 1999. Das Hethitische besitzt zweifelsfrei die folgenden Vokalphoneme: */a, ā, e, ē, i, ī, u, ū/*. Eine Vokallänge wird besonders in althethitischer Zeit durch Pleneschreibung zum Ausdruck gebracht, vgl. */ā/* in <*ga-a-an-ki*> „er hängt" vs. */a/* in <*ga-an-kán-zi*> „sie hängen". Dies geschieht freilich nicht konsequent; so gibt es auch Belege für <*ga-an-ki*> „er hängt". Die Evidenz für ein geschlossenes */ẹ/* ist gering, so daß sein Ansatz nicht ganz gesichert werden kann. Deutliche Hinweise finden sich allerdings dafür, daß ein ursprüngliches Allophon von */u/*, nämlich [*o*], bereits einen marginalen Phonemstatus erlangt hat (Rieken 2005). Es existieren außerdem zwei Halbvokale: */y/* und */w/*.

Graphisch unterscheidet das Hethitische durch Einfach- und Doppelschreibung im intervokalischen Inlaut zwei Reihen von Obstruenten. Historisch geht diese Opposition auf die Unterscheidung von stimmlosen und stimmhaften

Verschlußlauten zurück. Wider Erwarten wird aber nicht die Distinktion zwischen Media und Tenuis verwendet, welche die mesopotamische Keilschrift zur Verfügung stellt, sondern ausschlagebend ist – wie im Hurritischen – der Gegensatz zwischen Einfach- und Doppelschreibung des Konsonanten. Nach der sogenannten „Sturtevantschen Regel“ erscheint die Doppelung bei ererbter Tenuis (<$^{\text{A.ŠÀ}}$*te-ri-ip-pí-*> „Feld“ zur Wurzel **trep-*), das einfache Zeichen hingegen bei ererbter Media oder Media aspirata (<*ne-e-pí-iš*> „Himmel“ aus **neb^{h}es-*). Daher können Zeichen wie DA und TA unterschiedslos Anwendung finden. Meist aber ist eines der beiden Zeichen ungebräuchlich. So tritt GU fast niemals auf, während KU regelmäßig erscheint. Auch die „Sturtevantsche Regel“ ist nicht konsequent durchgeführt: Insbesondere wenn das für die Doppelschreibung benötigte VK-Zeichen komplex ist, wird es vielfach weggelassen (Melchert 1994: 14f.).

Da die Distinktion Media/Tenuis auf das synchrone System des Hethitischen nicht mehr zutreffen muß, spricht man zwar entweder von einer Opposition „stimmlos/stimmhaft“ oder von „fortis/lenis“ oder „geminiert/einfach“, aber man besitzt keine Handhabe, auf der lautlichen Ebene eine wirkliche Festlegung des distinktiven Merkmals vorzunehmen. In der Notation legt man traditionell eine Stimmhaftigkeitsopposition zugrunde. Es gibt entsprechend den drei Artikulationsstellen folgende Plosive: /*b, p, d, t, g, k*/. Dazu kommt ein stimmhafter Labiovelar /g^{w}/ mit dem Allophon [k^{w}] vor /*s*/. Außerdem scheint es eine kleine Gruppe von sekundär entstandenen geminierten, stimmhaften Plosiven zu geben, die außerhalb dieses Systems stehen. Im An- und Auslaut ist die Distinktion aufgehoben, wobei im Auslaut die phonetisch stimmhaften (lenierten, einfachen) Verschlußlaute stehen, im Anlaut hingegen die stimmlosen (fortisierten, geminierten).

Die Darstellung des alveolaren Frikativs /*s*/ geschieht durch die Šin-Reihe (als die des unmarkierten Sibilanten). Sowohl /*s*/ und /*ss*/ (anders Melchert 1994: 97f.) als auch /*ḫ*/ und /*ḫḫ*/ weisen eine strukturell dem Verschlußlautsystem entsprechende Opposition auf. Die Affrikate /t^{s}/ besitzt indessen kein Gegenstück (anders Yoshida 2001). Bei den Liquiden und Nasalen /*l*/ und /*ll*/, /*r*/ und /*rr*/, /*n*/ und /*nn*/, /*m*/ und /*mm*/ ist jeweils eine Opposition geminiert/einfach zu verzeichnen.

Die Wiedergabe von Gruppen von mehr als zwei Konsonanten (im An- und Auslaut auch von Doppelkonsonanz) durch die Keilschrift macht es erforderlich, „stumme Vokale“ zu gebrauchen. Beispielsweise kann /*tarskezzi*/ mit der Lautgruppe /*rsk*/ nur durch <*tar-aš-ke-ez-zi*> mit „gebrochener Schreibung“ oder durch <*tar-ši-ke-ez-zi*> (so in älterer Zeit üblich) vollständig dargestellt werden. Auf der phonologischen Seite sind im Wortanlaut alle Phoneme außer /*r*/ und den stimmhaften Plosiven zugelassen, während im Auslaut stimmlose Plosive und dentaler Plosiv in der Position nach /*n*/ sowie /*m*/ ausgeschlossen sind (s. o.). Die größte Vielfalt an Konsonantengruppen kommt im Inlaut und Anlaut vor, vgl. *azz(i)kke-* /-t^sk-/, *titḫa-* /-tḫ-/ bzw. *g(a)nešš-* /kn-/ und *z(a)šḫai-* /t^sḫ-/. Im Auslaut treten sie zumeist in Kombinationen von konsonantischem Stammauslaut und Endungen auf: *nepišz(a)* „vom Himmel", *kiššart(a)* „mit der Hand". Es gibt diverse Assimilationserscheinungen (z. B. */tn/ > /nn/) und Dissimilationen (*/uw/, */wu/ > /um/, /mu/); vor allem aber ist /n/ vor Konsonant relativ instabil.

Vokale treten in allen Positionen auf, wobei sich Apokopen, Synkopen und Anaptyxen mehrfach feststellen lassen.

Der Akzent scheint frei und beweglich zu sein. Das Auftreten vor allem der Apokopen und Synkopen macht es wahrscheinlich, daß es sich um einen stark expiratorischen Akzent handelt.

3. Morphologie

Das Hethitische stellt eine flektierende Sprache dar, deren Markierungen im Bereich der Flexionsmorphologie in Ausgängen bestehen, in einigen Fällen unterstützt durch Ablaut der Wurzel. In der Wortbildungsmorphologie werden ganz überwiegend Suffixe gebraucht, ebenfalls gelegentlich von Ablauterscheinungen begleitet, sowie in einem Fall ein Infix und mehrfach Anlautreduplikation.

3.1. Nomen

Das Hethitische unterscheidet acht Kasus: Nominativ (Nom.), Akkusativ (Akk.), Vokativ (Vok.), Genitiv (Gen.), Dativ-Lokativ (D.-L.), Allativ (All.), Ablativ (Abl.) und Instrumental (Instr.). Verschiedentlich werden auch ein endungsloser „Kasus commemorativus" (oder „Kasus absolutus") und ein „Ergativ" angesetzt (für beide s. § 4.2 S. 103).

Die beiden Genera, Genus commune (c.) und Genus neutrum (n.), werden ausschließlich im Nominativ und Akkusativ unterschieden. Während sich Sachbezeichnungen in beiden Genera finden, erscheinen Personenbezeichnungen nur im Genus commune. Außerdem sind letztere nur vereinzelt im Ablativ und Instrumental bezeugt, und sie werden nie in den Allativ gesetzt, an dessen Stelle dann der Dativ-Lokativ (in Verbindung mit einer Lokalpartikel, s. § 4.4 S. 107f.) tritt. Auf der Basis dieser Beschränkungen schlägt Starke 1977 eine Unterscheidung von Substantiven in zwei grammatische Kategorien (Personenklasse und Sachklasse) vor. Das hat insofern seine Berechtigung, als vor allem die zuletzt genannte Eigenschaft systematisch die Verwendung morphosyntaktischer Kategorien bestimmt und damit über eine bloß pragmatisch bedingte Gebrauchsweise hinausgeht.

Es gibt im Hethitischen drei Numeri: Singular (Sg.), Distributivplural (Pl.) und Kollektivum (Koll.). Die Unterscheidung von Distributivplural und Kollektivum ist ebenfalls auf den Nominativ und Akkusativ beschränkt. Im allgemeinen bilden Communia den Distributivplural, während Neutra in das Kollektivum treten. Abweichungen von diesem Verhalten, die man früher als Genuswechsel gedeutet hat, sind aber mit einiger Regelmäßigkeit bezeugt (Melchert 2000 mit Belegen und Literatur, abweichend Prins 1997).

Die Flexionsklassen werden in Abhängigkeit vom Stammauslaut eingeteilt. Als flektierende Sprache läßt das Hethitische eine strikte Segmentierung von Stammauslaut und Endung oft nicht mehr zu, und in mehreren Kasus treten je nach Stammklasse unterschiedliche Ausgänge an. Außerdem führen Reste ererbter Ablauterscheinungen zu weiteren Unterteilungen der Paradigmen und zu Unregelmäßigkeiten einzelner Lexeme. Folgende Stammklassen gibt es: Substantive und Adjektive auf *-a-* und auf Konsonant; Substantive auf *-u-* und auf *-i-*; Adjektive mit Ablaut auf *-u-/-aw-* und *-i-/-ay-*; Substantive mit Ablaut auf *-au-/-u-* und auf *-ai-/-i-* (der erstgenannte Stamm gilt jeweils für den Nominativ, Akkusativ und Vokativ, der zweite für die übrigen Kasus).

Für die Wortbildung spielt der Ablaut nur noch in ererbten Bildungen eine Rolle, so z. B. in den *t*-Abstrakta des Typs *šašt-* „Bett" zu *šeš-/šaš-* „schlafen". In den produktiven Typen wird dagegen der Stamm der Ableitungsbasis allein durch den Antritt eines Suffixes modifiziert. Typische Formantien sind beispielsweise: *-ul-* zur Bildung von Abstrakta und sich daraus entwickelnden Konkreta (*išḫiul-* „Vertrag, Bindung" zu *išḫiya-* „binden"), *-uzzi-* für Nomina instrumenti (*išpantuzzi-* „Libationsgefäß" zu *išpant-/šip(p)ant-* „libieren"), *-ātar/-ann-*, *-eššar/-ešn-*, *-āwar/-aun-*, *-ur/-un-* zur Ableitung von Abstrakta bzw. Konkreta mit *r/n*-Heteroklisie (Rieken 1999 mit Literatur).

In der folgenden Übersicht werden alle bezeugten Endungen bzw. Ausgänge aufgeführt, die „Normalendung" ist jedoch durch Fettdruck markiert.

	Singular	Plural	Kollektiv
Nom. c.	***-š***, *-Ø*	***-eš***	s. oben
Akk. c.	***-n***	***-uš***	s. oben
N.-A. n.	*Ø*, *-n*	s. oben	***-a***, *-i*, *- Ø*, Dehnung der Suffixsilbe
Vok. c.	*- Ø*, *-i*, *(-e)*, *-a*	***-eš***	
Gen.	***-aš***, *-š*	*-an*, ***-aš***	
D.-L.	***-i***, *-ya*, *- Ø* (mit Ablaut)	***-aš***	

	Singular	Plural	Kollektiv
All.	*-a*	*-aš*	
Abl.	*-az*, *-z*, *-anza*		
Instr.	*-it*, *-t*		

Nominativ Singular commune: Wörter, die vor stammauslautendem *a*-Vokal eine Gruppe aus Plosiv oder /*s*/ plus /*r*/ oder /*l*/ enthalten, verlieren oft im Nominativ Singular commune, seltener im Akkusativ Singular commune den Ausgang *-aš* bzw. *-an*, vgl. Akkusativ Singular *ḫupp(a)ran* „Terrine" neben *ḫuppar* (Melchert 1993). – Der Nominativ Singular commune *keššar* „Hand" ist endungslos. – Die Endung des Nominativ Singular commune /*s*/ erscheint in Verbindung mit dem Auslaut eines *tt*- oder *nt*-Stammes graphisch als <*-za*> oder <*-az*> bzw. <°*n-za*>, z. B. in <*kar-tim-mi-ya-az*/*za*> (zu *kartimmiyatt-*), <*ḫu-u-ma-an-za*> (zu *ḫūmant-*).

Akkusativ Singular commune: S. o. zum Nominativ Singular commune.

Vokativ Singular commune: Anstelle des Vokativ Singular commune wird schon früh ersatzweise der Nominativ Singular commune gebraucht. – Die *u*-Stämme weisen den Ausgang *-i* (jung *-e*) auf; die wenigen Belege für *nt*-Stämme zeigen *-nta* oder *-nti*.

Nominativ-Akkusativ Singular neutrum: Die Endung *-n* gehört ausschließlich den *a*-Stämmen an. – In den neutralen *nt*-Stämmen fällt der auslautende Dental ab.

Genitiv Singular: Im Genitiv Singular erscheint *-š* außer in den *a*-Stämmen in einigen Reliktformen der *tt*- und *u*-Stämme (graphisch <*z*> für die Kombination des dentalen Stammauslauts mit den Genitivkennzeichen): *nekuz mēḫur* „zur Nachtzeit", ^{d}*Tašammaz* „der Gottheit Tašamat-", ^{m}*Nunnuš* „des Nunnu-" (Personenname).

Dativ-Lokativ Singular: Neben *-i* findet sich bei den *i*-Stämmen häufiger der Ausgang *-iya*. – Bei einigen Wörtern erscheint eine endungslose Form (mit z. T. abweichendem Ablaut des Suffixes): *tagān* „auf der/auf die Erde" zu *tēkan*/*takn-* (Neu 1980).

Allativ Singular: Der Allativ Singular wird nur von Sachbezeichnungen gebildet. In mittelhethitischer Zeit läßt sich zunehmend der Gebrauch der Kasusform auf *-i* anstelle des Allativ feststellen – Ansätze dazu sind vielleicht auch schon im Althethitischen vorhanden –, so daß der Allativ im Junghethitischen von wenigen Reliktformen abgesehen nicht mehr üblich ist. Die Zweiteilung des Systems in Personen- und Sachklasse bricht damit in diesem Bereich zusammen, weil nur noch ein Kasus auf *-i* übrigbleibt.

Ablativ: Der Ablativ wird fast ausschließlich von den Substantiven der Sachklasse gebildet, die unbelebte Gegenstände bezeichnen. Sichere Belege für die Ablativ-Endung *-z(a)* außerhalb der *a*-Stämme gibt es aus althethitischer Zeit nur in Relikten wie dem Adverb *tapušz(a)* „neben". Andere stammen aus späteren Abschriften: *nepišz(a)* „vom Himmel". Daneben existiert in einer Anzahl von Wörtern, vor allem in *r*/*n*-Heteroklitika, die Endung *-anz(a)*: ^{GIŠ}*luttianz(a)* „aus dem Fenster" zu *luttai-*, *išḫananz(a)* „aus dem Blut" zu *ēšḫar*/*išḫan-*.

Instrumental: Der Ausgang lautet normalerweise *-it* (auch bei den *a*-Stämmen), während *-t(a)* im wesentlichen auf die Form *ganut, genut* „mit dem Knie“ (zu *genu-*) und auf *r-*, *n-* und *r/n*-Stämme beschränkt ist: *kiššart(a)* „mit der Hand“ zu *keššar*, *išḫand(a)* „durch das Blut“ zu *ēšḫar/išḫan-* (Melchert 1977: 458–462). – Zur sporadischen Doppelcharakterisierung vgl. Neu 1999: 68.

Nominativ Plural commune: Von mittelhethitischer Zeit an dringt auch der Ausgang des Akkusativ Plural commune *-uš* ein, wie auch *-eš* im Nominativ commune gebraucht wird. *i*-Stämme zeigen gelegentlich auch einen Nominativ Plural commune auf *-iyaš* (für Details s. Melchert 1995).

Akkusativ Plural commune: In Nachbarschaft von *-u-* wird in den *au*-Stämmen und adjektivischen *u*-Stämmen *-w-* zu *-m-* dissimiliert, so daß der Ausgang *-amuš* < **-awuš* lautet. – Der Akkusativ Plural der geschlechtigen *u*-Substantive geht auf *-emuš* oder *-uš* aus.

Nominativ-Akkusativ Kollektiv neutrum: Die neutrale Kollektivendung *-i* tritt an den Nominativ-Akkusativ Singular neutrum auf *-r* und *-l*, wobei die Liquida oft geminiert wird: *arkuwarri*$^{\text{ḪI.A}}$ „Gebete“ zu *arkuwar*. Neben *aniyatta* „Ornat“ existiert auch *aniyatti*. – Die Dehnung der Suffixsilbe findet sich bei einer Anzahl von *r/n*-Heteroklitika: *widār* „Wasser“ zu *watar*. – Außerhalb der *a*-Stämme dient die Form des Nominativ-Akkusativ Singular neutrum mehrfach auch als Kollektiv in diesen Kasus. – Ein kollektivischer Nominativ-Akkusativ auf *-ū* eines Substantivs *aššu-* neutrum „Gut“ liegt in *aššū* vor.

Der Vokativ Plural ist mit dem Nominativ identisch.

Genitiv Plural: Der althethitische Genitiv Plural auf *-an* wird durch die Endung *-aš* abgelöst. Möglicherweise setzt dieser Prozeß bereits im Althethitischen ein.

Flexionsbedingte Besonderheiten im Suffix: Bei den *i*-Adjektiven mit Ablaut *-i-/ -ay-* im Suffix kann *-y-* intervokalisch schwinden und die Lautfolge *-aya-* zu *-a-* kontrahiert werden. Während bei den *i*-und *u*-Adjektiven *-i-* bzw. *-u-* sekundär auch in Kasus eintreten kann, in denen ursprünglich *-ay-* bzw. *-aw-* zuhause war, stellt die umgekehrte Erscheinung bei den *i*-und *u*-Substantiven einen Archaismus dar, z. B. *marait* „mit einer Lanze“ (statt *marit*) zu $^{\text{(GIŠ)}}$*mari-*, Akkusativ Plural *wappamuš* „die Ufer“ zu *wappu-* (Neu 1985). – Um einen (von Hause aus kollektivischen) *i*-Stamm handelt es sich letzlich auch bei *utnē* „Land, Länder“ (Nominativ-Akkusativ Singular und Plural), wie die obliquen Kasusformen beweisen, z. B. *utniyaš* „in den Ländern“. – Die sogenannten *r/n*-Heteroklitika zeigen einen Wechsel von *-r* (im endungslosen Nominativ-Akkusativ) und *-n-* (in den übrigen Kasus) im Stammauslaut. Davon sind nicht nur häufig auftretende Wörter wie Nominativ-Akkusativ Singular *uttar*, Genitiv *uddan-aš* „Wort, Sache, Angelegenheit“ betroffen, sondern auch einige sehr oft verwendete Suffixe zur Bildung von Abstrakta, so beispielsweise *-eššar/-ešn-* oder *-ātar/-ann-* (<**-atn-*), vgl. Nominativ-Akkusativ Singular *ašeššar*, Genitiv *ašešnaš* „Versammlung“. – Eine andere Art der Heteroklisie liegt vor, wenn an die Form des Nominativ Singular selbst ein Stammbildungselement *-n-* angefügt wird, an das zur Bildung der anderen Kasusformen die Endungen antreten: Nominativ Singular *šummanza,* Genitiv Singular *šummanzanaš* commune „Binsen"; Nominativ-Akkusativ Singular *tunnakkiš,* Genitiv Singular *tunnakkišnaš* neutrum „Innengemach"; Nominativ-Akkusativ Singular *pēru,* Genitiv Singular *pērunaš* neutrum „Fels". Im Paradigma von Nominativ Singular *šiu-š,* Akkusativ Singular *šiu-n,* Genitiv Singular *šiun-aš* commune „Gottheit" ist *-n-* in den obliquen Kasus an den Stamm des Nominativ und Akkusativ Singular angetreten (Neu 1998).

Flexionsbeispiele: *kunna-* „recht, richtig, günstig"; *ḫūmant-* „all, jeder, ganz"; *tāru-* neutrum „Holz"; *āššu-* „gut". Die Paradigmen sind der Übersichtlichkeit wegen durch konstruierte Formen aufgefüllt. Außerdem sind graphische Schwankungen weitgehend ausgeglichen und die in den bezeugten Formen angetretenen Enklitika weggelassen.

	Singular	Plural	Singular	Plural
Nom. c.	*kunnaš*	**kunneš*	*ḫūmanz(a)*	*ḫūmanteš*
Akk. c.	*kunnan*	*kunnuš*	*ḫūmandan*	*ḫūmanduš*
N.-A. n.	*kunnan*	*kunna* (Koll.)	*ḫūman*	*ḫūmanda*
Vok. c.	**kunna*	**kunneš*	*ḫūmanti*	*ḫūmanteš*
Gen.	*kunnaš*	**kunnan,* **kunnaš*	*ḫūmandaš*	**ḫūmantan,* *ḫūmandaš*
D.-L.	*kunni*	**kunnaš*	*ḫūmanti*	*ḫūmandaš* *ḫūmantaš*
All.	*kunna*		**ḫūmanta*	
Abl.	*kunnaz*		*ḫūmandaz*	
Instr.	*kunnit*		**ḫūmantit*	

	Singular	Kollektiv	Singular	Plural
Nom. c.			*āššuš*	*āššaweš, āššueš*
Akk. c.			*āššun*	*āššamuš*
N.-A. n.	*tāru*	*tāru,* **tāruwa*	*āššu*	*āššawa, āššū* (Koll.)
Vok. c.			**āššui,* **(-ue),* **āššu*	**āššaweš*
Gen.	*tāruwaš*	*tāruwaš*	*āššawaš*	**āššawaš*
D.-L.	*tārui*	*tāruwaš*	*āššawi*	*āššawaš*
All.	*tāruwa*		**āššawa*	

	Singular	Kollektiv	Singular	Plural
Abl.	**tāruz(a), *tāruwaz*		*āššauwaz*	
Instr.	*tāruit*		*āššawit, *āššuit*	

3.2. Pronomina

3.2.1. Selbständige Personalpronomina

Die selbständigen Personalpronomina dienen zur Emphase.

	1. Sg.	2. Sg.	1. Plural	2. Plural
Nom.	*ūk*	*zik*	*wēš*	*šumēš*
Akk.	*ammuk*	*tuk*	*anzāš*	*šumāš*
Gen.	*ammēl*	*tuēl*	*anzēl*	*šumenzan (šumēl)*
D.-L.	*ammuk*	*tuk*	*anzāš*	*šumāš*
Abl.	*ammēdaz*	*tuedaz*	*anzēdaz*	*šumēdaz*

In der 1. Singular und in der 1. und 2. Plural werden von mittelhethitischer Zeit an, vor allem aber in der Spätphase die Formen des Nominativs und Dativ-Lokativs/Akkusativs oft vertauscht. – In jüngerer Zeit werden auch ganz vereinzelt von verschiedenen Stämmen Hypostasen gebildet: z. B. *ammedaza* „von meinem" (Ablativ Singular) als Possessivum der 1. Singular; *tuedaš* „deinen" (Dativ-Lokativ Plural) als Possessivum der 2. Singular (Neu 1997: 142f.).

3.2.2. Enklitische Personalpronomina[3]

Es gibt zwei Gruppen enklitischer Personalpronomina. Die Paradigmen beider sind defektiv, doch ergänzen sie sich gegenseitig. Bei der ersten Gruppe handelt es sich um Dativ-Lokativ- und Akkusativ-Formen aller Personen:

[3] Im folgenden stehen die Abkürzungen HW[2] für Hethitisches Wörterbuch (Friedrich/Kammenhuber 1974ff.), CHD für Chicago Hittite Dictionary (Güterbock/Hoffner 1980ff.) und HED für Hittite Etymological Dictionary (Puhvel 1984ff.).

	1. Sg.	2. Sg.	3. Sg.	1. Pl.	2. Pl.	3. Pl.
D.-L.	*-mmu*	*-tta*	*-šše, -šši*	*-nnaš*	*-šmaš*	*-šmaš*
Akk.	*-mmu*	*-tta*	–	*-nnaš*	*-šmaš*	–

Die Fortiskonsonanz im Anlaut kommt graphisch oft nicht zum Ausdruck. – Zur Position in der Partikelkette s. § 4.10 S. 119. – Vor anlautendem *-a-* einer Ortsbezugspartikel fällt in der 1. Singular *-u-* aus, z. B. *nu-um-ma-aš-ta* (CHD Bd. L-N 311). – Vor der Reflexivpartikel *-z(a)* und vor der Ortsbezugspartikel *-ššan* lautet das Pronomen der 2. Singular *-ddu* (anstelle von *-tta*), z. B. *nu-ud-du-za-kán.* – Die seltenere Form *-šše* in der 3. Singular ist gegenüber *-šši* die ältere.

Die zweite Gruppe wird vom Pronominalstamm *-a-* gebildet. Sie beschränkt sich auf den Nominativ und Akkusativ der 3. Personen. Wenn ein Satz ein transitives Verb enthält, unterbleibt die Setzung des enklitischen Subjektspronomens. Dies ist auch dann der Fall, wenn das Akkusativ-Objekt des Verbs unterdrückt wird (Watkins 1963: 42, Garrett 1990: 94–156).

	Singular	Plural
Nom. c.	*-aš*	*-e (-at)*
Akk. c.	*-an*	*-uš (-aš)*
N.-A. n.	*-at*	*-e (-at)*

Die jüngere Form *-aš* des Akkusativs Plural commune tritt vereinzelt bereits im Althethitischen auf (Keilschrifturkunden aus Boghazköi (Ehelolf 1938) 29.3 I 8' *ḫeaweš-m(u)-aš*). – In der Morphemfolge *n(u)-e-tta* „und es/sie dir" wird *-e* nicht durch die junge Form *-at* ersetzt. – Zur Position in der Partikelkette sowie zur gelegentlichen Doppelsetzung der Pronomina s. § 4.10 S. 119.

3.2.3. Enklitische Possessivpronomina

Die enklitischen Possessivpronomina werden einerseits an substantivische Bezugswörter gefügt, mit denen sie hinsichtlich Kasus und Numerus kongruieren, andererseits an eine kleine Zahl von Adverbien (s. § 4.4.1 S. 108).

	Singular	Plural
1. Ps.	*-mmi-/-mma-*	*-ššummi-/-ššumma-*
2. Ps.	*-tti-/-tta-*	*-šmi-/-šma-*
3. Ps.	*-šši-/-šša-*	*-šmi-/-šma-*

Stellvertretend für alle Stämme sei hier die Flexion der 3. Singular angegeben:

	Singular	Plural
Nom. c.	*-ššiš, -ššeš*	*-ššeš (-ššiš)*
Akk. c.	*-ššan, -ššin*	*-ššuš*
N.-A. n.	*-ššet (-ššit)*	*-ššet (-ššit)*
Vok.	*-šši*	–
Gen.	*-ššaš*	*-ššan*
D.-L.	*-šši*	*-ššaš*
All.	*-šša*	*-ššaš*
Abl./Instr.	*-ššit (-ššet)*	

Die Fortiskonsonanz im Anlaut kommt graphisch oft nicht zum Ausdruck. – Im Nominativ-Akkusativ neutrum wird nach einem substantivischen Bezugswort sowie nach *šer* „oben" und *kitkar* „zu Häupten" vornehmlich *-ššet* gebraucht, während *-ššit* überwiegend nach *pēran* „vor" auftritt. Im Ablativ/Instrumental ist *-ššit* die Normalform (Otten/Souček 1969: 70–73, Melchert 1984: 122–126, Francia 1996: 213–220, Garrett 1998: 162f.). – Im Akkusativ Singular wird auslautendes *-n* des Bezugswortes besonders oft in der älteren Sprache an den Anlaut des Possessivums assimiliert. – Der Gebrauch der enklitischen Possessiva geht im Laufe der Sprachgeschichte stark zurück, während gleichzeitig Unsicherheiten im Falle ihrer Verwendung auftreten. Das äußert sich darin, daß entweder das Bezugswort nicht mehr flektiert wird oder daß anstelle der flektierten Formen des Pronomens eine generalisierte Form auf *-it* erscheint (Neu 1997: 141, 149–153 mit Literatur). Außerdem werden die Formen der 1. Plural auch für die 2. und 3. Plural gebraucht (Francia 1995). – Zu vereinzelten Bildungen selbständiger flektierter Possessivpronomina s. § 3.2.1 S. 92.

3.2.4. Demonstrativpronomina

Durch die deiktischen Pronomina *kā-* „dieser", *apā-* „der", *a-/u-/e-* „jener" wird eine Dreiteilung des deiktischen Raumes in einen sprecherbezogenen, hörerbezogenen und entfernten Bereich vorgenommen (ausführlich Goedegebuure 2003; ead. 2002–03). Die Pronomina treten sowohl in attributiver als auch in substantivischer Stellung auf (zur Flexion s. Neu 1998: 154–157, Laroche 1979, HED Bd. K 3–10):

	Singular	Plural	Singular	Plural
Nom. c.	*kāš*	*kē (kēuš)*	*apāš*	*apē*
Akk. c.	*kūn*	*kūš (kēuš)*	*apūn*	*apūš*
N.-A. n.	*kī, kē*	*kē, kī*	*apāt*	*apē*
Gen.	*kēl*	*kēnzan (kēdaš), kēl*	*apēl*	*apenzan (apēdaš)*
D.-L.	*kēdani, kēti, kēt*	*kēdaš*	*apēdani, apēti, apēt*	*apēdaš*
Abl.	*kēz(za), kēzzi*		*apēz(za)*	
Instr.	*kēdand(a)*		*apēdand(a)*	

	Singular	Plural
Nom. c.	*aši*	*e*
Akk. c.	*uni*	–
N.-A. n.	*eni, ini*	–
D.-L.	*edani, edi*	*edaš*
Abl.	*edez, edaz(a)*	

Die flektierten Formen *aši, eni* und insbesondere *uni* wurden sekundär als Stamm interpretiert und durch die erneute Anfügung von Endungen recharakterisiert: Nominativ Singular commune *ašiš, eniš, uniš;* Akkusativ Singular commune *unin*; Genitiv Singular *uniyaš;* Nominativ(!) Plural commune *eniuš, uniuš*. Die Vertauschung von Nominativ- und Akkusativ-Formen tritt auch hier auf.

Das Pronomen *anni-* ist bisher vor allem durch den Nominativ Singular commune *anniš* und Dativ-Lokativ *anedani* bezeugt. Eine andere Form des Lokativs ist in *ani-šiwat* „heute“ verbaut (Neu 1998: 156).

3.2.5. Das kontrastierende Suffix -iel, -ila

Die Suffixe *-iel* und *-ila* besitzen dieselbe Funktion wie deutsch *selbst* in *ich selbst, euch selbst* etc., vgl. *ukiel, ukila* „ich selbst“; *zikiel, zikila*; *šumašila* „euch selbst“; *apašiel, apašila* „jener selbst“. Eine vereinzelte Erscheinung ist die Verwendung von *apašila* als Akkusativ Plural, ebenso wie die Bildung der Form *apašiluš* in derselben Funktion (Neu 1997: 143–145).

3.2.6. Das Interrogativpronomen

Zwischen attributivischer und substantivischer Verwendungsweise wird morphologisch nicht unterschieden (zum Paradigma vgl. HED Bd. K 218–232).

	Singular	Plural
Nom. c.	*kuiš*	*kuieš (kueš)*
Akk. c.	*kuin*	*kuiuš (kueuš, kuieš)*
N.-A. n.	*kuit*	*kue*
Gen.	*kuēl*	–
D.-L.	*kuedani*	*kuedaš*
Abl.	*kuēz(za)*	

3.2.7. Das Relativpronomen

Das Relativum ist mit dem Interrogativpronomen formal identisch. Zusätzlich ist eine relativische Ablativform *kuēzzi* bezeugt (Neu 1997: 157f.). Das verallgemeinernde Relativpronomen lautet *kuiš kuiš, kuiš imma* oder *kuiš imma kuiš* mit derselben Flexion (z. B. Ablativ *kuēz imma kuēz*).

3.2.8. Indefinitpronomina

Die Pronomina *kuiški* „irgendeiner“ und *kuišša* „jeder“ sind aus dem Interrogativpronomen und den Partikeln *-ki/-ka* bzw. *-a/-ya* „und“ zusammengesetzt, vgl. die folgende Auswahl (HED Bd. K 218–232): Nominativ-Akkusativ Singular neutrum *kuitki* bzw. *kuitta*, Genitiv Singular *kuēlka* bzw. *kuēlla*, Ablativ *kuēzka* bzw. *kuēzziya.*

damai- „ ein anderer" weist im Nominativ und Akkusativ nominale, in den übrigen Kasus pronominale Flexion auf, z. B. Akkusativ Singular commune *damain*, Ablativ *damēdaz(a)*. Gelegentlich zeigt auch *dapi-* „jeder, ganz; alle" pronominale Formen: Ablativ *dapidaz*.

3.3. Adverbien

Als Adverb kann einerseits der singularische oder pluralische Nominativ-Akkusativ des Neutrums des entsprechenden Adjektivs dienen (*mekki* „sehr" zu *mekki-* „viel", *ḫatuga* „auf schreckliche Weise" zu *ḫatuki-* „schrecklich"), andererseits besteht die Möglichkeit, von Substantiven und Adjektiven mit Hilfe des Suffixes *-ili* Adverbien abzuleiten, vgl. *pitteantili* „nach Art eines Flüchtlings" zu *pitteant-* „Flüchtling", *karuššiyantili* „still, heimlich" zu *karuššiyant-* „schweigend", *ḫurlili* „auf hurritisch" zu *ḫurla-* „Hurriter", *kanišumnili* „auf kanisisch" zu *kanišumna-* „aus Kanis stammend".

Zusätzlich gibt es einige Adverbien wie *kinun* „jetzt", die synchron nicht mehr analysierbar sind, sowie zahlreiche Fälle, in denen die Herkunft aus der versteinerten Kasusform eines Substantivs noch sichtbar ist, z. B. „Ablativ" *tapušza* „neben", „Allativ" *apēda* „dorthin". Zu Lokalpartikeln mit adverbiellem Charakter s. § 4.4.1 s. 107f..

3.4. Zahlwort

Die hethitischen Zahlwörter (Eichner 1992, Melchert 2000) sind nur zu einem geringen Teil bekannt, weil sie meist mit Hilfe von Zahlzeichen (oft mit phonetischem Komplement) geschrieben werden. Die Kardinalia von „1" bis „4" weisen pronominale Flexion auf, vgl. 1-*aš*/-*iš*, 1-*an*, 1-*el*, 1-*edani*, 1-*edaz*. Die Lesung von „1" ist möglicherweise *šia-* (Goedegebuure 2006) oder *šana-*. Für „2" läßt sich **duya-* ansetzen, *teri-* für „3", **šiptam-* für „7". Das ablautẹnde Adjektiv *meyu-* ist für „4" bezeugt. – Die Bildeweise der Ordinalia ist nicht einheitlich. – Deutsch -mal entspricht im Hethitischen das Suffix *-anki* zur Bildung von Multiplikativa.

3.5. Verb

Das hethitische Verb unterscheidet durch die Endungssätze drei Personen: 1. Person (Sprecher), 2. Person (Hörer), 3. Person (Besprochenes); zwei Numeri: Singular (Sg.) und Plural (Pl.); zwei Diathesen: Aktiv (Akt.) und Mediopassiv (M.-P.); zwei Tempora: Präsens (Prs.) und Präteritum (Prt.); zwei Modi: Indikativ (Ind.) und Imperativ (Imp.) in der 2. und 3. Person bzw. Voluntativ (Vol.) in der 1. Person; vier Verbalnomina: Verbalsubstantiv, Infinitiv, Supinum und Partizip. Hinzu kommen Ausdrucksweisen syntaktischer Art unter Verwendung von Partikeln (z. B. Irrealismarkierung durch *man*, dazu s. § 4.5.4 S. 113), periphrastische Konstruktionen (s. §§ 4.5.2 und 4.5.3 S. 111f.) sowie solche mit Mitteln der Derivation (Suffix *-ške-*, s. § 4.5.3 S. 111). Die Verben sind lexikalisch einer von zwei bestehenden Flexionsklassen (*mi-* und *ḫi-*Konjugation) zugeordnet. Zur Flexion und Wortbildung s. Oettinger 1979.

3.5.1. Aktiv

In den geteilten Spalten finden sich die Ausgänge der *mi*-Konjugation jeweils auf der linken Seite, diejenigen der *ḫḫi*-Konjugation auf der rechten Seite. Im Plural sind die beiden Konjugationen nicht unterschieden.

	Indikativ Präsens		Indikativ Präteritum		Imperativ/Voluntativ	
1. Sg.	*-mi*	*-ḫḫi*	*-un, -nun*	*-ḫḫun*	*-allu*	*-allu, -lu*
2. Sg.	*-ši, (-ti)*	*-ti*	*-š, -ta*	*-ta, (-š)*	*–, -t, (-i)*	*–, -i*
3. Sg.	*-zzi*	*-i*	*-ta*	*-š, -iš, -eš, -ta, (-šta)*	*-tu*	*-u, (-štu)*
1. Pl.	*-wĕni, -wăni, -uni*		*-wĕn*		*-wĕni, -wăni*	
2. Pl.	*-ttĕni, -ttăni, -šteni*		*-tten, -šten*		*-tten, -šten*	
3. Pl.	*-anzi*		*-ir*		*-andu*	

Zwischen einen stammauslautenden Dental und einen dentalen Anlaut der Endung wird ein zusätzlicher Sibilant eingeschoben, so erscheint die 3. Singular Imperativ von *ēd-/ad-* „essen" als /ēt^{s}tu/ <*e-ez-tu*>. Im Junghethitischen breiten sich die mit *-št-* beginnenden Endungen aber auch auf andere Stammklassen aus.

mi-Konjugation: Im Präsens der 2. Singular von Stämmen, die auf *-š-* ausgehen, erscheint anstelle von *-ši* ein *-ti* (aus der *ḫi*-Konjugation). – Ganz vereinzelt lautet im Althethitischen die Endung der 3. Singular Präsens *-z(a)* statt *-zzi*. – In der 1. Singular Präteritum wird *-un* bei konsonantischem, *-nun* bei vokalischem Stammauslaut gebraucht. – Die Endung der 2. Singular Präteritum lautet bei vokalisch auslautenden Stämmen *-š*, bei solchen auf Konsonant hingegen *-ta*. Im Junghethitischen breitet sich *-t* schließlich auch auf Kosten von *-š* aus. – Mit stammauslautendem *-a-* verbindet sich die

Endung der 3. Plural Präteritum *-ir* zu *-ēr*. Selten findet sich der Ausgang *-ar* (Neu 1989a). – Das Verb *ēš-/aš-* „sein" kennt im Voluntativ (1. Singular) außer *ašallu* auch die Formen *ēšlit* und *ēšlut*.

ḫḫi-Konjugation: Anstelle von *-ḫḫi* in der 1. Singular Präsens tritt in archaischen Texten hin und wieder *-ḫḫe* <°*ḫ-ḫé*> auf. – Die 2. Singular Präteritum auf *-š* (aus der *mi*-Konjugation übernommen) stellt eine sehr späte und seltene Erscheinung dar. – In der 3. Singular Präteritum kann *-š* als die normale Endung gelten. *-iš* oder *-eš* (mit anaptyktischem Vokal) tritt bei stammauslautendem *-kk-* oder *-ḫḫ-* ein. *-ta* findet sich bei Stämmen auf Sibilant und zuweilen auch bei solchen auf Dental. *-šta* ist auf wenige Verben beschränkt.

Plural: Die Endungen der 1. und 2. Plural Präsens mit *a*-Vokalismus gehören der alt- und mittelhethitischen Sprachstufe an. – In Stämmen auf *-u-* der *mi*-Konjugation und in halbkonsonantischen Stämmen der *ḫḫi*-Konjugation (s. gleich) tritt in der 1. Plural im Anlaut der Endung für *-w-* ein *-um(m)-* ein, z. B. *tarnumen* „wir ließen" zu *tarn(a)-*; ebenso im Verbalsubstantiv und im Infinitiv. – Der Ausgang *-uni* in der 1. Plural Präsens tritt ganz vereinzelt in der mittelhethitischen Periode auf.

Neben *mi*-Verben, deren Stamm im gesamten Paradigma unveränderlich bleibt, gibt es auch solche, in denen eine morphologisch geregelte Alternation zwischen zwei (selten drei) verschiedenen Stämmen auftritt. Meist handelt es sich um einen Wechsel des Wurzelvokals, also um einen Ablaut, manchmal um die Einfügung eines Nasalinfixes. Für ersteres können *ēš-/aš-* „sein", *šamen-/šamn-* „verschwinden" und *kuen-/kun-* „töten" als Beispiele dienen, *link-/lik-* (mit *n* vor vokalisch anlautender Endung) als eines für den zweiten Fall. Im Auslaut thematischer Verben wechselt der Themavokal (Stammvokal) zwischen *-e-* und *-a-*, vgl. z. B. *peššiyami, peššiyezzi, peššiyanzi*. Im Laufe der Sprachgeschichte setzt sich *-a-* zunehmend durch. Vgl. *ēpp-/app-* „ergreifen":

	Indikativ Präsens	Indikativ Präteritum	Imperativ/Voluntativ
1. Sg.	*ēpmi*	*ēppun*	**appallu*
2. Sg.	*ēpši*	*ēpta*	*ēp*
3. Sg.	*ēpzi*	*ēpta*	*ēpdu*
1. Pl.	*appueni, ēppueni*	*appuen, ēppuen*	**appueni*
2. Pl.	*apteni, ēpteni*	*ēpten*	*ēpten*
3. Pl.	*appanzi*	*ēppir*	*appandu*

Auch in der *ḫi*-Konjugation gibt es Verben mit unveränderlichem Stamm und solche mit Alternationen, z. B. *lāg-/lag-* „neigen", *ḫāšš-/ḫēš-* „öffnen". Halbkonsonantische Stämme zeigen einen Wechsel von vokalischem und konsonantischem Auslaut: *šuḫḫa-/šuḫḫ-* „schütten", *dā-/da-/d-* „nehmen". Eine kleine Gruppe von sehr häufig bezeugten Verben mit vokalischem Auslaut kennt sogar vier Stämme, z. B. *pai-/pē-/pi-/piya-* „geben". Vgl. *dā-* „nehmen":

	Indikativ Präsens	Indikativ Präteritum	Imperativ/Voluntativ
1. Sg.	*dāḫḫe, dāḫḫi*	*dāḫḫun*	?
2. Sg.	*dātti*	*dātta*	*dā*
3. Sg.	*dāi*	*dāš*	*dāu*
1. Pl.	*tumeni*	*dāwen*	**tumeni*
2. Pl.	*datteni*	*dātten*	*dātten*
3. Pl.	*danzi*	*dāir*	*dāndu*

3.5.2. Mediopassiv

Im Mediopassiv kann für *mi-* und *ḫḫi*-Konjugation ein gemeinsames Paradigma angesetzt werden (Neu 1968: 16–23, Yoshida 1990). Einige Verben flektieren als Media tantum.

	Indikativ Präsens	Indikativ Präteritum	Imperativ/Voluntativ
1. Sg.	*-ḫḫa, -ḫḫari, -ḫḫaḫari*	*-ḫḫat, -ḫḫati, -ḫḫaḫat, -ḫḫaḫati*	*-ḫḫaru, -ḫḫaḫaru*
2. Sg.	*-tta, -ttari, (-tati)*	*-ttat, -ttati, (-tta, -at)*	*-ḫuti, -ḫut*
3. Sg.	*-a, -ari, -tta, -ttari*	*-at, *-ati, -ta, -ttat, -ttati*	*-aru, -ttaru*
1. Pl.	*-wašta, *-waštari, (-waštati)*	*-waštat, -waštati*	**-waštati*
2. Pl.	*-dduma, -ddumari, (-ddumat)*	*-ddumat, *-ddumati*	*-ddumat, -ddumati*
3. Pl.	*-anta, -antari*	*-antat, -antati*	*-antaru*

In der 3. Sg. breiten sich die mit Dental anlautenden Endungen im Laufe der Sprachgeschichte auf Kosten der vokalisch anlautenden aus, vor allem in Stämmen, die selbst einen vokalischen Auslaut besitzen, und solchen, die im Aktiv der *mi*-Konjugation angehören. – Im Präsens gehören die Formen ohne *-ri* grundsätzlich einer älteren Schicht an als diejenigen mit *-ri*. Umgekehrt sind im Präteritum die *-ti*-haltigen Endungen jünger als die ohne *-ti*. Wenige Verben nehmen niemals *-ri*-Endungen an, z. B. *paršiya-* „brechen“, *ḫalzai-* „rufen“ (Yoshida 1990: 64–66). – Die Endung *-tta* in der 2. Singular Präteritum tritt nur ganz vereinzelt auf, ebenso wie die Endungen auf *-ti* oder *-t* im Präsens.

ar- „stehen“ (Medium tantum)

	Indikativ Präsens	Indikativ Präteritum	Imperativ/Voluntativ
1. Sg.	*arḫari, arḫaḫari*	**arḫati, arḫaḫat*	*arḫaḫaru*
2. Sg.	*artari, (artati)*	*artat, artati*	*arḫut*
3. Sg.	*arta, artari*	*artat*	*artaru*
1. Pl.	*arwašta*	*arwaštat*	**arwašta(ri)*
2. Pl.	**artumari*	**ardumat*	*ardumat*
3. Pl.	*aranta, arantari*	*arantat, arantati*	*arantaru*

3.5.3. Verbalnomina

Das Partizip wird durch Anfügung des Formans *-ant-* an den Verbalstamm gebildet. Es wird wie *ḫūmant-* flektiert (s. § 3.1 S. 91). – Das Verbalsubstantiv unterscheidet zwei Bildeweisen: die eine, die bei ablautenden *mi*-Verben und einer kleinen Zahl von *ḫḫi*-Verben auftritt, ist durch *-ātar* (Genitiv *-annaš*) gekennzeichnet; die andere, die für alle übrigen Verben gilt, weist hingegen *-war* (Genitiv *-waš*; andere Kasus werden nicht gebildet) auf. – Eine den Verbalsubstantiven entsprechende Zweiteilung kennen auch die Infinitive: Verben mit dem Verbalsubstantiv auf *-ātar* bilden den Infinitiv durch *-anna*, die anderen durch *-wanzi*. – Neben den Endungen *-war* im Verbalsubstantiv und *-wanzi* im Infinitiv existieren auch solche auf *-um(m)ar* und *-um(m)anzi* gleicher Bedeutung, die zu den erstgenannten Formen in demselben Verhältnis stehen wie die 1. Plural *-wēni, -wen* zu *-um(m)ēni, -um(m)en* (s. § 3.5.1 S. 99). – Das Supinum zeichnet sich durch die Endung *-wan* aus. Dieses wird meist ausgehend von dem mit *-ške-* erweiterten Stamm gebildet.

	epp-/app- (appiške-)	*dā- (daške-)*
Partizip	*appant-*	*dānt-*
Verbalsubstantiv	*appātar*	*dāwar*
Infinitiv	*appanna*	*dānna, dāwanzi*
Supinum	*appiškiwan*	*daškiwan*

3.5.4. Wortbildung

Denominale Verben unbestimmter Funktion können mittels der Formantien *-iya-* und *-ae-* gebildet werden: *šēḫuriya-* „urinieren" zu *šēḫur* „Urin"; *takšulae-* „Frieden machen" zu *takšul-* „Vertrag". Fientiva werden durch Suffigierung von *-ešš-* vom Grundverb abgeleitet, Faktitiva mit Hilfe von *-nu-* und *-aḫḫ-*: *arawēšš-* „frei werden", *arawaḫḫ-* „befreien, frei machen" zu *arawa-* „frei"; *šallanu-* „groß machen" zu *šalli-* „groß". Kausative Funktion hat das Infix *-ni(n)-*: *ḫarnink-* „zerstören" zu *ḫark-* „zugrunde gehen".

Die Verbalsuffixe *-anna/i-*, *-ške-* und *-šša-*, die früher zumeist als Wortbildungsmorpheme zur Markierung von Aktionsarten am Verb betrachtet worden sind, stellen wohl eher die grammatikalisierte Ausdrucksform einer aspektuellen Opposition dar, s. § 4.5.3 S. 111f. Die Reduplikation ist für eine Anzahl von Verben bezeugt ist: *kikkiš-* „werden" zu *kiš-* „werden"; *wariwarant-* „brennend" zu *war-* „brennen". Auch ihr Status (Wortbildungsmorphem oder Aspektmarker) ist noch ungeklärt.

Es gibt zwei mit Verben verschmolzene Präfixe: *u-* „her" und *pē-* „hin", so in *uda-* „herschaffen", *pēda-* „hinschaffen".

4. Syntax

4.1. Kongruenz

Adjektivattribute und enklitische Possessivpronomina kongruieren mit dem übergeordneten Substantiv nach Genus, Numerus und Kasus: *araḫzeneš utneanteš ḫūmanteš* „alle benachbarten Länder".[4] Doch treten „Konstruktionen nach dem Sinn" häufig auf. Regelmäßig kongruiert ein neutrales Subjekt

[4] Die vermeintlichen Ausnahmen in Hethitisches Elementarbuch (Friedrich 1974[3]): 116 sind anders zu bewerten, s. Eichner 1979, Neu 1982/83; zu *kurur-* und *takšul-* s. Neu 1979a, zu Besonderheiten bei Prädikatsnomina s. van den Hout 2001.

im Kollektiv mit einem singularischen Prädikat: *apē-ya uddār ... lagāru* „auch jene Worte sollen sich ... neigen".

4.2. Kasussyntax

Für den Kasusgebrauch in Verbindung mit Adpositionen s. § 4.4.1 S. 107f.

Der Nominativ ist der Subjektskasus. Dies gilt in Sätzen mit transitivem und intransitivem Verb sowie in Nominal- oder Kopulasätzen. Eine Beschränkung besteht einzig darin, daß der Sachklasse zugehörige Substantive nicht als Subjekt eines transitiven Satz verwendet werden dürfen (s. gleich). Ein Prädikatsnomen kongruiert im Kasus mit dem Subjekt und erscheint dementsprechend im Nominativ.

Einen „Ergativ" auf *-anz(a)* nimmt Garrett 1990: 40–72 im Sinne einer *split ergativity* mit Beschränkung auf neutrale Substantive an. Der „Ergativ" wird dann regelmäßig von Neutra gebildet, wenn diese als Subjekt eines transitiven Satzes auftreten sollen. Entgegen Garrett handelt es sich bei dem Ausgang *-anz(a)* um den Nominativ Singular commune von Bildungen mit dem Formans *-ant-*, das auch in historischer Zeit noch individualisierende Funktion besitzt. Aufgrund dieser Funktion können mit Hilfe von *-ant-* u. a. von Neutra agensfähige Bildungen geschaffen werden. Ableitungen auf *-ant-* treten aber gelegentlich auch in anderen Kasus auf (Genitiv Plural *utniyantan laluš* „Nachrede der Länder"), werden von Communia gebildet (*linkiyanteš* „Eide, Eidgötter" zu *lingai-* commune „Eid") und finden sich vor allem auch als Subjekte in intransitiven Sätzen: KÙ.BABBAR-*anza anda parna-šša pait* „Das Silber (eine Figur im Mythos) ging in sein Haus" (Neu 1989 mit den philologischen Details). Diese Fakten sprechen dafür, daß der Übergang vom Suffix zur Kasusendung im Hethitischen keineswegs abgeschlossen ist (vgl. auch die Kritik von Marazzi 1996: 161f.), daß zumindest Reste der ursprünglichen Funktion neben der grammatikalisierten Ergativfunktion bewahrt sind.

Der selten bezeugte Kasus commemorativus (Neu 1979: 180–185 mit Literatur), der sich durch das Fehlen jeglicher Flexionsendung auszeichnet und so vom Nominativ und Vokativ morphologisch abweicht, dient zur ersten Erwähnung eines Namens im Kontext. Es handelt sich um einen „Nenn-Kasus" im eigentlichen Sinne: KUR *Arzawiya* ^{m}*Nunnu* LÚ ^{URU}*Ḫūrm*[(*a*)] *ēšta* „Im Lande Arzawa gab es Nunnu, den Fürsten der Stadt Ḫurma". In der ähnlich verwendeten Namensformel *X ŠUM-ŠU* „X ist sein Name" tritt ebenfalls die bloße Stammform auf, doch ist es nicht ausgeschlossen, daß hier eine akkadographische Schreibweise vorliegt.

Der Vokativ besitzt ausschließlich Appell-Funktion: ^{d}UTU-*e išḫa-mi* „Sonnengottheit, mein Herr!"

In den Akkusativ wird das direkte Objekt eines transitiven Verbs gesetzt: *teššumin ... umeni* „wir sehen den Becher ...". Eine Figura etymologica ist nicht ungewöhnlich: *kupiyatin kup-* „einen Plan planen". Auch der innere Akkusativ tritt auf: ... KASKAL-*šan paiddu* „... soll den Weg gehen". Eine marginale Erscheinung stellt der Akkusativ der Richtung dar: *t-uš alki*[*št*]*ān tarnaḫḫe* „dann lasse ich sie auf den Ast los" (Neu 1983: 13 Anm. 51), während sich der Akkusativ der Ausdehnung regelmäßig findet: *nu išpandan ḫumandan iyaḫḫat* „ich marschierte die ganze Nacht".

Ein doppelter Akkusativ, der die Kombination eines affizierten und eines effizierten Objekts zum Ausdruck bringt, ist bei den Verben des Benennens (*ḫalzai-, lamniya-* u. a.) und bei Verben wie *iya-* „machen zu, als etwas betrachten" belegt: *n-at-za ḫūlaliyauwar ḫalziššanzi* „und sie nennen es 'Umkreisung'" (van den Hout 1992). Kausative Verben zeigen nur in Ausnahmefällen einen doppelten Akkusativ: *takku* LÚ-*aš* GU_4-*Š*[*U*] ÍD-*an zīnuškizzi* „wenn ein Mann sein Rind einen Fluß überqueren läßt" (Hoffner 1997: 188).

Die unpersönlichen Verben des Krankseins werden von Hause aus gleichfalls akkusativisch konstruiert, indem die Bezeichnung der erkrankten Person in diesen Kasus tritt: *n-an irmaliattat* „er erkrankte" (wörtlich „Krankheit ging vor sich (in bezug auf) ihn"). Später konnte der Name der Krankheit oder – in einem weiteren Schritt – stattdessen die erkrankte Person selbst die Subjektsposition einnehmen (Neu 1968: 101f.).

Der neutrale Nominativ-Akkusativ Singular oder Plural von Adjektiven wird adverbiell gebraucht: *mekki* „sehr".

Der Genitiv erscheint, sofern er nicht von einer Postposition regiert wird, ausschließlich in adnominaler Position. Er gibt im weitesten Sinne die Zugehörigkeit an und determiniert das Bezugswort. Aufgrund dieser Funktion kann der Genitiv den Teil eines Ganzen, den Besitzer und den Bereich, das Material, die Menge oder das Maß und den Inhalt (z. B. eines Gefäßes) bezeichnen: *šardiaš-šann-a kuin uwatet* „auch wen von seinen Helfern er mitbrachte", *šiunaš* É-*ri* „in dem Haus des Gottes", *arunaš irḫuš* „die Grenzen des Meeres", *ḫalīnaš teššummiuš* „Becher aus Lehm", II DUG *marnuan ŠA* I *ḫuppar* „2 Gefäße *marnuant*-Getränk (im Maße) von einem *ḫuppar*", *marnuandaš išpantuziaššar* „ein Libationsgefäß mit *marnuant*-Getränk". Handelt es sich bei dem Bezugswort um ein Verbalsubstantiv, kann der abhängige Genitiv semantisch die Position des Agens oder des Patiens einnehmen: MUNUS-*naš waštaiš* „die Sünde (seitens) der Frau", ^{d}IM-*aš maltešnaš* „für die Anrufungen des Wettergottes".

Um die Unveräußerlichbarkeit des Besitzes anzuzeigen, wird im Althethitischen eine komplexe Konstruktion aus vorangestelltem Genitiv + Bezugswort + Possessivpronomen gebraucht: *ŠA* ^{LÚ}MÁŠDA *ešḫar-šet* „das Blut des Armen" (wörtlich „des Armen sein Blut"). Die Veräußerlichbarkeit des Besitzes wird durch das Bezugswort + Possessivum oder durch den vorangestellten Genitiv + Bezugswort gekennzeichnet: *āššu-ššett-a* „und seine Güter" bzw. *šiunaš* É-*ri* „in dem Haus des Gottes" (Garrett 1998). In späterer Zeit ersetzt die partitivische Apposition, bestehend aus den appositionell einander zugeordneten Ausdrücken für den Besitzer und den Besitz, die alte Konstruktion mit Genitiv und Possessivum: althethitisch LÚ.U$_{19}$.LU-*aš* SAG.DU-*SÚ* (wörtlich „des Menschen seinen Kopf"), in junghethitischer Abschrift LÚ-*an* SAG.DU-*an* (wörtlich „den Menschen, den Kopf"). Die Konstruktion Bezugswort + Possessivum geht fast ganz verloren. An seine Stelle tritt im allgemeinen das betonte Personalpronomen im Genitiv, in der Spätzeit auch das enklitische Personalpronomen im Dativ: *ammēl attaš* „mein Vater" bzw. SAG.DU-*aš-ma-nnaš* ...*weḫattari* „aber unser Kopf dreht sich ..." (wörtlich „aber uns dreht sich der Kopf ...").

Als „freischwebenden Genitiv" bezeichnet man eine elliptische Konstruktion, in der das Bezugwort des Genitivs ausgelassen wird. Dieses kann entweder dem unmittelbaren Kontext entnommen werden, oder es handelt sich um semantisch nahezu entleerte Begriffe wie „Person" oder „Sache": *tayazilaš* „Dieb" (wörtlich „(der Mann) des Diebstahls"). – Zum Gebrauch des Genitivs des Verbalsubstantivs mit quasi-gerundialer Funktion s. § 4.5.5 S. 113.

In den Dativ-Lokativ wird das indirekte Objekt gesetzt: a) Bei stativischen Verben bezeichnet er den Ruhepunkt: ŠEŠ-*ŠU-ma-šši ēšzi* „er wird ihm sein Bruder sein"; *ḫaššī* „auf/an/in dem Herd", *išpanti* „in der Nacht"; in übertragener Bedeutung: *memiyani* „in der Angelegenheit". Aus dieser Verwendungsweise ergibt sich, daß der Dativ-Lokativ (neben dem Genitiv) in Nominal- und Kopulasätzen den Besitzer angeben kann: *nu kuedani DINAM ēšzi* „und wer eine Rechtsangelegenheit hat" (Cotticelli-Kurras 1991: 57–72); *ANA wašannima pargatar-šet* 6 IKU „die Rennbahn aber hat 6 IKU Höhe". b) Bei direktivischen Verben gibt er die betroffene Person als Ausgangspunkt, seltener einen Gegenstand an: [(*irm*)]*a(n)-šmaš-kan dāḫḫun* „ich habe (von) euch die Krankheit genommen". c) Bei direktivischen Verben stehen Personen als Ziel der Handlung im Dativ-Lokativ in Verbindung mit einem Adverb: *n-uš āppa išḫišši pennai* „er treibt sie zu ihrem (wörtlich „seinem") Herrn zurück".

In Beschreibungen zuständlicher Sachverhalte tritt die Bezeichnung des Agens in den Dativ-Lokativ: ^{d}UTU-*i-kan kuiš aššiyattari* „wer von der Sonnengottheit geliebt wird" (wörtlich „wer bei der Sonnengottheit beliebt ist", vgl. *n-ašta* ^{d}IM-*unni-ma mān aššuš ēšta* „als er dem Wettergott lieb war"). Nach dem Zusammenfall von Dativ-Lokativ und Allativ ist auch die Angabe eines Zwecks im Dativ-Lokativ möglich: *ḫaluki* „zum Zwecke einer Botschaft". – Der Dativ-Lokativ des enklitischen Personalpronomens tritt in sehr jungen Texten vielfach an die Stelle der Partikel *-za*: *nu-šmaš* ...

naḫḫanteš ēšten (literarisch „seid *euch* ... vorsichtig"). – Zum Gebrauch des Dativ-Lokativs in der Komparation s. § 4.3 S. 106.

Der Allativ erscheint ausschließlich in Verbindung mit den direktivischen Verben (Starke 1977). Diese bringen eine zielgerichtete Bewegung zum Ausdruck: ... *parna* ... *peššiyezzi* „... wirft ... in das Haus" (im Gegensatz zu stativischen Verben wie *ki-* „liegen"). Doch sind bereits im Althethitischen erste Anzeichen für den sich im Mittel- und Junghethitischen vollziehenden Abbau dieses Kasus festzustellen (Neu 1979: 190).

Der Ablativ bezeichnet im Althethitischen: a) den räumlichen oder zeitlichen Ausgangspunkt einer Handlung: *ḫilamnaz* ... *paiwani* „wir gehen aus dem Torbau ..."; b) die Position in Relation zu einer anderen Person oder Sache: ... *pēram-mit kunnaz ešari* „ ... wird vor mir zur Rechten sitzen" (wörtlich „von rechts aus gesehen vor mir"), *edi* ÍD-*az* „jenseits des Flusses" (wörtlich „vom Fluß aus gesehen dort").[5] Aus der Grundbedeutung a leiten sich Gebrauchsweisen ab, die in späteren Texten bezeugt sind, so die Angabe des Grundes. Von mittelhethitischer Zeit an bezeichnet der Ablativ zusätzlich das Mittel und übernimmt beginnend im Junghethitischen auch die komitative und agentive Funktion des Instrumentals. – Zum Gebrauch des Ablativs in der Komparation s. § 4.3 S. 106.

Der Instrumental hat die Funktion, das Mittel und die Begleitung anzugeben: ... *šakanda šunnaš* „... füllte mit Öl"; ... [*p*]*angarit u*[*et*] „... kam mit einer Menge (an Truppen)". Marginal sind der Gebrauch als Instrumental der Beziehung und seine Verwendung zur Bezeichnung des Agens: ... ŠU-*aš waštulit* ... LUL-*weni* „... wir lügen in bezug auf ein Vergehen der Hand"; LUGAL-*it paḫšanuwan ēš*[*du*[?] „es [soll] durch den König beschützt werden". Der Instrumental wird vom Ablativ in nachalthethischer Zeit zunehmend verdrängt. Er bleibt allerdings in einigen adverbiellen Fügungen noch bewahrt: GÌR-*it* „zu Fuß".

4.3. Komparation

Beim Vergleich wird das Verglichene meist in den Dativ-Lokativ, selten in den Ablativ gesetzt: *nu-wa-kan ANA* ÉRIN[MEŠ]-*KA* ÉRIN[MEŠ]-*YA mekki* „und meine Truppen sind zahlreicher als deine Truppen", wörtlich „... sind gegenüber deinen Truppen zahlreich". Durch Hinzusetzung von *ḫūmant-* „alle" zur Bezeichnung des Vergleichsobjekts bekommt dieselbe Konstruktion die Funk-

[5] Die von Melchert 1977: 157, 208f. für perlativen Gebrauch zitierten Beispiele sind dem Ablativus separativus zuzuweisen, da eine Übersetzung „vom Fenster aus hinein lassen" ebenso gut möglich ist wie „durch das Fenster hinein lassen".

tion eines Superlativs. Alternativ kann das Adjektiv als Attribut des Vergleichsobjekts wiederholt werden: *šallayaš-kan* DINGIR^{MEŠ}-*aš kuiš šalliš* „welcher der größte der Götter ist", wörtlich „welcher unter den großen Göttern groß ist" (Cotticelli-Kurras 2000).

4.4. Lokalpartikeln

4.4.1. Adverbien und Adpositionen

Eine Festlegung darauf, ob es sich beispielsweise bei *parā* „hin" oder *pēran* „vor, vorn" um selbständige Adverbien, um Adpositionen oder um Präverbien handelt, ist oft deshalb sehr problematisch, weil sich das System im Umbruch befindet und die Übergänge notwendigerweise fließend sind. Deshalb wird zunächst der übergeordnete Begriff „Lokalpartikel" gewählt. Die folgende Darstellung orientiert sich in besonderem Maße am Althethitischen (Starke 1977, Francia 1996 und 2002, Garrett 1998, Tjerkstra 1999).

Es existieren fünf korrespondierende Paare von direktivischen und stativischen Lokalpartikeln: *parā* „hin" und *pēran* „vor, vorn"; *katta* „hinunter" und *kattan* „unter, unten"; *āppa* „hinter" und *āppan* „hinter, dahinter; nach"; *anda* „hinein" und *andan* „in, darin"; *šarā* „hinauf" und *šēr* „auf, oben". Daneben gibt es andere, die kein Gegenstück besitzen (z. B. *ištarna* „zwischen"). Sie können im Satz mit einem Bezugswort, das sie semantisch modifizieren, auftreten oder ohne dieses, wie auch ein Substantiv zum Ausdruck einer dimensionalen Relation in einen dimensionalen Kasus gesetzt werden kann, ohne daß hierfür eine Lokalpartikel gebraucht wird. Wenn beide gemeinsam verwendet werden, korrespondieren die direktivischen Lokalpartikeln semantisch mit dem Allativ oder mit dem Ablativ (oder beiden), deren Gebrauch wie ihr eigener von der semantischen Klasse des Verbs (direktivisch) abhängig ist. Die stativischen Partikeln können dagegen sowohl bei direktivischen als auch bei stativischen Verben Anwendung finden, sind also vom Verbalinhalt semantisch unabhängig. Es gibt dann folgende Konstruktionen:

1) Die Lokalpartikel steht im Satz vor dem Bezugswort, ohne daß eine Kontaktstellung notwendig ist: *ta-an anda ... zēriya allapaḫḫanzi* „und sie spucken ... in den Becher hinein"; *šēr ...* É-*ri ... tianzi* „sie stellen oben im Haus ... hin". Dies stellt für die direktivischen Lokalpartikeln die einzige Konstruktionsmöglichkeit dar. Die wenigen Belege für die Voranstellung stativischer Lokalpartikeln nach diesem Konstruktionsmuster sind auf Fälle beschränkt, in denen die Lokalpartikel den substantivischen Lokalausdruck innerhalb des durch das Substantiv gegebenen Rahmens modifiziert, also „im Haus, und zwar oben" (nicht: „auf dem Haus"). Es handelt sich hier also noch

deutlich um Adverbien, was vielleicht Rückschlüsse auf die genauso konstruierten direktivischen Lokalpartikeln zuläßt. 2) Die Lokalpartikel erscheint hinter dem Bezugswort im Dativ-Lokativ in Kontaktstellung: É-*ri andan* „im Haus". 3) Die Lokalpartikel wird einem Genitiv nachgestellt: *attaš-maš āppan* „nach meinem Vater". Hier kann nur eine Postposition vorliegen, weil der Gebrauch des Genitivs sonst unerklärt bleibt. 4) Es wird ein Syntagma aus vorangestelltem Genitiv (des Besitzers) + substantivischem Bezugswort + Possessivum gebildet: LUGAL-*aš* MUNUS.LUGAL-*ašš-a* [(*ki*)]*tkar-šamet* „zu Häupten des Königs und der Königin".

Handelt es sich bei dem Bezugswort um ein Pronomen, treten teilweise abweichende Konstruktionen auf: 5) Das selbständige Personalpronomen im Genitiv steht voran: *ammēl āppan* „nach mir" (entsprechend Typ 3). 6) Die Partikel tritt mit dem Possessivum allein auf (entsprechend Typ 4): *šēr-š(a)met* „über ihnen" (vornehmlich mit *e*-Vokalismus im Pronomen). Zusammen mit *pēran* „vor" erscheint das Pronomen fast ausschließlich mit einem *i*-Vokal: *pēra-šmit* < **pēra(n)-šmit* „vor ihnen". 7) *kattan* „unter, bei" und *ištarna* „inmitten" werden bei Verwendung des Possessivums in Kongruenz mit diesem in den Dativ-Lokativ gesetzt: *katti-šši* „bei ihm" bzw. *ištarni-šmi* „zwischen ihnen".

Ohne semantischen Bezug zu einem Substantiv werden *āppanda, āppananda* „hinterher", *araḫza* „nach draußen, von draußen" und *arḫa* „fort" gebraucht, aber auch z. B. *anda* in der Verbindung *anda-ma* mit der Bedeutung „außerdem". *tapuša* „neben", das im Althethitischen noch nicht bezeugt ist, steht beim Genitiv.

Die verschiedenen Konstruktionen werden vom Mittelhethitischen an durch Kombinationen von Dativ-Lokativ (Personalpronomen oder Substantiv) und Adverb ersetzt (Garrett 1998, Francia 1996, 210–213): ...-*šši* ... *šēr* „über ihm" bzw. *ḫašši pēran* „vor dem Herd" ersetzt. Die direktivischen und stativischen Lokalpartikeln werden im allgemeinen nicht mehr streng geschieden. Im Falle von *anda* und *andan* scheinen sich die Funktionen sogar genau umgekehrt zu haben (Salisbury 1999). Lediglich *šēr* und *šarā* werden noch konsequent auseinandergehalten.

4.4.2. Präverbien

Schon im Althethitischen hat verschiedentlich bereits eine Entwicklung der selbständigen Adverbien zu Präverbien stattgefunden. Dies ist selbst ohne formale Indizien nachweisbar, wenn der zusammengesetzte Ausdruck einen anderen Sinn ergibt als die Addition der Einzelteile, vgl. *parā ēpp-* „(jemandem etwas) hinhalten" aus *parā* „hin" und *ēpp-* „ergreifen". Aus jüngerer Zeit ist

z. B. das Kompositum [LÚ]*peran ḫuyatalla-* „Führer" (wörtlich „der Voranläufer") zu nennen, das auch graphisch durch das voranstehende Determinativ als inhaltliche Einheit gekennzeichnet ist (Neu 1986). – Zu *u-* „her-" und *pē-* „hin-" s. § 3.5.4 S. 102.

4.4.3. Ortsbezugspartikeln

Die Ortsbezugspartikeln sind hinsichtlich ihrer Funktion oft diskutiert worden (Goetze 1933, Carruba 1969, Josephson 1972, Hoffner 1992: 146–148, Boley 1989, Tjerkstra 1999, Boley 2000, Rieken 2004). Bei den beiden konkurrierenden Auffassungen handelt es sich einerseits um die Annahme einer rein lokalen Funktion der Partikeln, andererseits um die Vermutung, sie könnten zur Markierung des verbalen Aspekts dienen. Zugunsten der ersten Deutung spricht, daß der Bezug von *-ššan* zum Adverb *šēr* „oben, auf" wegen des häufigen gemeinsamen Auftretens nicht angezweifelt werden kann. Auch die Verbindung von *-an* mit *anda* „in" ist deutlich. Andererseits zeigt etwa die Verwendung von *-kan* mit dem Verb *kuen-* in der Bedeutung „totschlagen, töten" gegenüber bloßem *kuen-* „schlagen" eine „telische", d. h. eine aspektuelle Nuance. Die beiden Deutungsmöglichkeiten schließen sich gegenseitig nicht aus, und jede Verbindung von Partikel und Verb (gegebenenfalls mit Präverb) muß einzeln untersucht werden.

Die Ortsbezugspartikeln haben im allgemeinen die letzte Position in der Partikelkette am Satzanfang inne. In Ausnahmefällen sind sie jedoch enklitisch an dasjenige Wort (auch im Satzinneren) angefügt, das sie modifizieren. Sind im Satz mehrere Lokalangaben enthalten, können sogar zwei Partikeln gleichzeitig auftreten (Neu 1993). Im Althethitischen ist der Gebrauch der Partikeln sehr begrenzt; er nimmt von mittelhethitischer Zeit an zu, wobei aber gleichzeitig ein Rückgang ihrer Anzahl zu verzeichnen ist. Zuerst geht *-an* verloren, später *-apa, -ašta* und *-ššan* (in der genannten Reihenfolge), bis allein *-kan* in der Spätzeit übrig bleibt.

4.5. Verbale Kategorien

4.5.1. Diathese

Der Gebrauch des Aktivs entspricht dem anderer Sprachen. Das Mediopassiv wird zum Ausdruck des Passivs (auch des unpersönlichen Passivs) sowie bei der Beschreibung von Zuständen, Vorgängen und Tätigkeiten mit besonderem Subjektsbezug (u. a. reflexiv und reziprok) verwendet: *tamašš-* „bedrängen",

Mediopassiv „bedrängt werden"; *a-* „heiß sein" (Medium tantum); *ḫandae-* „ordnen", Mediopassiv „in Ordnung kommen". Es hat damit ein der Partikel -*z(a)* (s. gleich) vergleichbares Bedeutungsspektrum. Dementsprechend werden bei einigen Verben beide Kennzeichen miteinander kombiniert, oder die Verbindung von -*z(a)* mit dem Verb im Aktiv löst das Mediopassiv ab (Neu 1968: 92–122).

Die Reflexivpartikel -*z(a)* wird in älterer Zeit meist durch ein *Vz*-Zeichen wiedergegeben, in jungen Texten dagegen überwiegend durch das Zeichen ZA. Sie steht in der Partikelkette am Satzanfang in der vorletzten Position vor der Ortsbezugspartikel. Die Funktion der Partikel haben u. a. Hoffner 1969, Boley 1993, Oettinger 1999 und Josephson 2003 untersucht. -*z(a)* hebt das Interesse des Subjekts an der Verbalhandlung oder seine Betroffenheit durch sie hervor und ersetzt damit z. T. das Mediopassiv: So findet sich die Partikel außer in einer dem *Dativus ethicus* vergleichbaren Funktion auch bei reziproken Verbalhandlungen, zum Ausdruck der indirekten Reflexivität, oder wenn das Objekt auf eine Person oder einen Gegenstand referiert, die bzw. der mit der Person des Subjekts in untrennbarer Beziehung steht, z. B. Verwandte oder Körperteile: ŠU$^{\text{ḪI.A}}$-*ŠU-ya-za-kan* IGI$^{\text{ḪI.A}}$ *arranzi* „auch waschen sie sich ihre Hände und Augen". In einigen Fällen wird ein transitives Verb durch die Hinzufügung von -*z(a)* intransitiv (*armaḫḫ-* „schwängern" vs. -*z(a) armaḫḫ-* „schwanger werden"). Ein lexikalisierter Unterschied liegt zwischen *iya-* „machen" und -*za iya-* „eine Gottheit feiern" vor. – Vom Mittelhethitischen an wird -*z(a)* in Nominalsätzen mit Subjektspronomina der 1. und 2. Person gesetzt. – In junghethitischer Zeit erscheint bei pluralischem Subjekt anstelle der Reflexivpartikel der Dativ-Lokativ des enklitischen Personalpronomens. – Zum Gebrauch des Partizips mit dem Verb „sein" zum Ausdruck eines Zustands des Subjekts s. § 4.5.3 S. 112.

4.5.2. Zeitbezug

Das Präsens wird für gegenwärtige, zukünftige und zeitlos gültige Sachverhalte verwendet, während das Präteritum für die Vergangenheit gebraucht wird: *paizzi* „er geht, er wird gehen"; *pāun* „er ging". Häufig scheint sich in Erzählungen und Schilderungen auch ein Präsens historicum zu finden: *nu-šmaš* DINGIR^{DIDLI}-*eš tamāīn karātan daīr nu* AMA-*ŠUNU* [-*u*]*š*$^{?}$ *natta ganešzi* „und die Götter gaben ihnen ein anderes Äußeres, und ihre Mutter erkannte [s]ie$^{?}$ nicht" (Cotticelli-Kurras 2001). Für vergleichbare andere Belege ist aber auch vorgeschlagen worden, daß durch den Präsensgebrauch Aspektunterschiede (Melchert 1998a) oder aber Konsekutivität zum Ausdruck gebracht werden (so auch Cotticelli-Kurras 2001 selbst).

Eine periphrastische Ausdrucksweise (durch Serialisierung) mit temporaler Funktion stellen die sogenannten „phraseologischen Konstruktionen“ mit *pai-* „gehen“ und *uwa-* „kommen“ dar. Sie zeichnen sich dadurch aus, daß ein einziger Satz neben dem voll flektierten lexikalischen Verb am Satzende außerdem ein kongruierendes Verb (*pai-* oder *uwa-*) direkt hinter oder vor der satzeinleitenden Partikelkette enthält: *nu-šmaš-šan uwanzi apiya pēdi tašuwaḫḫanzi* „man wird euch an Ort und Stelle blenden“; *paiweni-war-an-kan kuennummeni* „wir wollen ihn töten!“. Die Konstruktion mit *pai-* „gehen“ markiert einen geringen und *uwa-* „kommen“ einen größeren oder nicht spezifizierten zeitlichen Abstand zu einem anderen vorhergegangenen Sachverhalt („gleich, sofort“ bzw. „später“), wobei damit meistens auch eine kausale („daraufhin“), bei *pai-* oft auch eine intentionale Bedeutungkomponente einhergeht (van den Hout 2003, ders. (i. Dr.), Rieken (i. Dr.), mit Literatur).

4.5.3. Aspekt und Aktionsart

Hoffner/Melchert 2002 setzen für das Hethitische eine grammatikalisierte Aspektopposition an, bei der die unmarkierte Form das semantische Merkmal [aspektneutral] trägt, während markierte Formen zum Ausdruck bringen, daß der Sachverhalt in irgendeiner Weise eine interne zeitliche Struktur besitzt, sei es progressiv, durativ, habituell, iterativ, distributiv, zeitlos, ingressiv oder egressiv. Als Beispiel für die ingressive Funktion nennen sie: DINGIR^{DIDLI}-*š-a* DUMU^{MEŠ}-*uš* A.AB.BA-*az šara dair š-uš šallanuškir* „Die Götter aber nahmen die Söhne aus dem Meer auf und *begannen*, sie *groß zu ziehen*.“ Die Markierung erfolgt durch die Anfügung der Suffixe *-ški/a-*, *-anna/i-* und *-šša-* an den Verbalstamm oder eventuell auch vereinzelt durch Reduplikation. Dabei sind einige Verben (z. B. *šakk-* „wissen“) oder Verbklassen (z. B. Stative auf *-ē-* und Inchoativa auf *-ešš-*) von der Markierung ausgeschlossen, weil sie den markierten Aspekt aufgrund ihrer lexikalischen Bedeutung entweder ohnehin implizieren oder aber ihn ganz ausschließen.

Den Beginn eines durativen Sachverhalts bringt spätestens von mittelhethitischer Zeit an auch die Verbindung der Verben *dai-* „setzen, stellen, legen“ oder *tiya-* „hintreten“ mit dem Supinum zum Ausdruck, das einzig in dieser Konstruktion vorkommt: *mēmiškiwan daiš* „er begann zu sprechen“ zu *mēma-* „sprechen“; DINGIR^{LIM} *kikkiššuwan daiš* „er begann Gott zu werden (= er begann zu sterben)“ zu *kiš-*, *kikkišš-* „werden“ (Luraghi 1997: 41f.).

Die Verbindung des Nominativ-Akkusativ neutrum eines Partizips mit dem Verb *ḫar(k)-* „haben, halten“ wird zur Hervorhebung der Zuständlichkeit oder auch Habitualität einer Handlung (fast ausschließlich an einem Objekt) verwendet: GEŠTU-*an lagān ḫar(a)k* „halte das Ohr geneigt!“ zu *lāg-/lag-*

„neigen"; *-at ... iyan ḫarta* „er pflegte es zu tun" zu *iya-* „tun, machen". Vereinzelt tritt diese Konstruktion auch bei intransitiven Verben auf: *paršnān ḫarzi* „hält sich niedergehockt" zu *paršnae-* „sich niederhocken". Ihr Gebrauch nimmt von mittelhethitischer Zeit an zu. Eine Entwicklung zum Resultativperfekt ist aber nicht nachweisbar (Boley 1984, ebd. 1992).

Einen Zustand am Subjekt bringen die Konstruktionen mit dem Verb *ēš-/aš-* „sein" und dem Partizip auf *-ant-* zum Ausdruck. Letzteres kongruiert nach Kasus, Numerus und Genus mit dem Subjekt. Wie in Nominalsätzen fehlt die Kopula im Präsens, wird im Präteritum und im Imperativ hingegen gesetzt: *waranza ēšta* „war verbrannt" zu *war-* „verbrennen"; *tepawēššanza* „(ist) wenig" zu *tepawēšš-* „wenig werden". Obgleich die Kategorie wegen des ausgedrückten Subjektbezugs auch als eine Diathese verstanden werden kann, läßt sich eine Entwicklung zur Passivbildung nicht feststellen.

Eine aspektuelle Funktion vermutet man auch für die Ortsbezugspartikeln (s. § 4.4.3 S. 109) und für das Präsens (s. § 4.5.2 S. 110f.).

4.5.4. Modalität

Der Indikativ Präsens kann in der 1. Person nicht nur für faktive, sondern auch modalisierte Aussagen verwendet werden und so in seiner Funktion den deutschen Modalverben *müssen* und *wollen* entsprechen: *nāḫuweni* „müssen wir fürchten?", *memaḫḫi* „ich will erzählen!"; negiert: *lē šagaḫḫi* „ich will nicht wissen!". Hinsichtlich der letztgenannten Funktion konkurriert der Indikativ Präsens mit dem Voluntativ, der nur im Singular in morphologisch abweichender Form erscheint: *memallu* „ich will erzählen!" (Neu 1995: 195f.). Ein Wunsch oder ein Befehl des Sprechers wird in der 2. und 3. Person durch den Imperativ zum Ausdruck gebracht: *pai-mu* „gib mir!", *mau* „es soll gedeihen!". Das gleiche gilt für die Erlaubnis: *ezatten ekutten* „ihr dürft essen und trinken". Beim Verbot erscheint hingegen die Negation *lē* mit dem Indikativ: *lē ilaliyaši* „begehre nicht!". Oft dient auch die Partikel *man* zur Markierung eines Wunsches des Sprechers: *man-wa* ... TI-*ešzi* „möchte er doch leben!". Daneben hat sie hin und wieder die Funktion, den Wunsch des Subjekts zu kennzeichnen: *man-an-kan ... kuienzi* „er wollte ihn töten" (CHD Bd. L-N 140). Eine Übersetzung „er hätte ihn getötet" ist aber nicht auszuschließen, wobei in beiden Fällen der Präsensgebrauch ungeklärt bleibt.

Neutrale epistemische Modalität, durch die der Sprecher sich hinsichtlich der Eintrittswahrscheinlichkeit des von ihm beschriebenen Sachverhalts nicht festlegt, wird in Konditionalgefügen nicht eigens markiert. Hier tritt bei Gegenwartsbezug der Indikativ Präsens ein, bei Vergangenheitsbezug – pragmatisch bedingt sehr viel seltener bezeugt – der präteritale Indikativ. Wenn jedoch die Realisierung des Sachverhalts als bloß möglich (potential) oder gar unmöglich (kontrafaktiv) dargestellt werden soll, erscheint die Partikel *man* (CHD Bd. L-N 139–143, Hoffner 1982, zu *man* generell Lühr 2001): *man-uš-kan* ... *kuenta* „er hätte sie getötet" (Vergangenheit); *man-war-aš-mu* ... *kišari* „er würde mir ... werden" (Zukunft). – Zum Gebrauch von Modalverben, um epistemische Modalität (Potentialis), die subjektsbezogene Modalität oder Finalität zu bezeichnen, s. § 4.5.5 S. 114. – Zur „quasi-gerundivalen" Funktion des Verbalnomens im Genitiv s. ebenfalls § 4.5.5 S. 113f. – Zur Konsekutivität vgl. § 4.5.2 S. 111.

4.5.5. Funktionen der Verbalnomina

Das Partizip (Neu 1968: 117–122, Cotticelli-Kurras 1991: 122–157) bringt jeweils nach dem stativischen oder dynamischen Charakter des zugrundeliegenden Verbs den *Zustand* im Verlauf bzw. nach Durchführung der Handlung zum Ausdruck: *ḫuyant-* „laufend" (zu stativisch *ḫuye-* „laufen"); *kunant-* „getötet" (zu dynamisch *kuen-* „töten"); *wišuriyant-* „bedrückend, gedrückt" (zu *wišuriya-* stativisch „bedrückend sein", dynamisch „drücken"). – Zur Verwendung des Partizips in periphrastischen Konstruktionen s. § 4.5.3 S. 112.

Das Verbalsubstantiv (Neu 1982) tritt als Subjekt oder Objekt eines Verbs auf, oder es ist in Form eines Genitivs von einem übergeordneten Substantiv abhängig, dessen Tätigkeitsmerkmal, Verwendungszweck oder Inhalt es angibt: *arrummaš wātar* „Wasser zum Waschen"; DUB I^{KAM} *šer šēšuwaš* „erste Tafel vom 'Oben-Verweilen'". Vom Genitiv des Verbalsubstantivs selbst können wiederum andere Konstituenten syntaktisch abhängig sein, entweder in verbaler Rektion (dann besitzt das Verbalsubstantiv aktivische Bedeutung) oder in nominaler Rektion (dann ist das Verbalsubstantiv diathesen-neutral): *aiš šuppiyaḫḫuwaš* „des Den-Mund-Reinigens"; $DINGIR^{MEŠ}$-*aš ḫalziyawaš* „des Anrufens der Götter". Oft erhält der Genitiv in Abhängigkeit vom Verbalbegriff eine Konnotation der Notwendigkeit oder der Möglichkeit, bei Negierung die des Nicht-Dürfens: *memiyaš iyawaš* „eine Angelegenheit des Ausführens"; *mān memiyaš-ma kuiš iyauwaš* „wenn eine Angelegenheit getan werden muß" (wörtlich „wenn eine Angelegenheit des Tuns besteht"), *UL-ya-wa kuit iyauwaš* „auch was nicht getan werden darf", wörtlich „auch was des Nicht-Tuns ist" (Neu 1982: 121–125).

Der Infinitiv (Kammenhuber 1954–56, Literatur auch bei Neu 1982: 116 Anm. 1, Zeilfelder 2001a) drückt von Hause aus das Ziel oder den Zweck einer Handlung aus: *nu-šši* GU_4 *piyawanzi* SI×SÁ-*at* „ihm wurde ein Rind zum Geben festgestellt". Er ist aber auch in vielen Fällen als Kennzeichen der syntaktischen und inhaltlichen Abhängigkeit eines lexikalischen Vollverbs unter ein übergeordnetes Modalverb grammatikalisiert. Verben wie *šanḫ-* „versuchen, planen“, *wek-* „fordern“, *tarḫ(u)-* „können, vermögen“, *kiš-* „(werden), möglich sein“ u. a. können daher den Infinitiv regieren: *apāš-ma-mu ḫarkanna šan(a)ḫta* „er suchte mich zugrunde zu richten“, wörtlich „er suchte mich zum Zugrunderichten“ oder „zum Zugrundegehen“. Wie das Beispiel zeigt, ist der Infinitiv neutral hinsichtlich des kausativen oder nicht-kausativen Charakters des zugrundeliegenden Verbs. Dasselbe gilt für Diathese und Tempus. Meist stellt der Patiens des Infinitiv-Sachverhalts (anders als im Deutschen) syntaktisch das Objekt des übergeordneten transitiven Verbs oder das Subjekt des übergeordneten intransitiven Verbs dar (vgl. die beiden zitierten Beispiele).

Für den Gebrauch des Supinums in periphrastischen Konstruktionen vgl. § 4.5.3 S. 111f.

4.6. Negation

Für den Gebrauch der verschiedenen Negationen läßt sich folgendes Schema erstellen (Hoffner 1982, CHD Bd. L-N 432f.):

	affirmativ	negativ
Aussage (unmarkiert)	–	*natta* „nicht“
Aussage über Handlung im Verlauf	*nuwa* „noch“	*natta namma* „nicht mehr“
Aussage über Beginn/Ende einer Handlung	*karū* „schon“	*nawi* „noch nicht“
Befehl	–	*lē* „nicht!“
Wunsch des Sprechers	*man* (s. oben)	*lē-man* „nicht“
Wunsch des Subjekts	*man*	*nuwan, numan* „nicht“
Frage (Antwort: „doch“)	–	*nikku* „etwa nicht?"

lē, lē-man und *nuwan, numan* werden mit dem Indikativ konstruiert. – Hin und wieder setzt man die Negation zur Emphase doppelt.

4.7. Frage

Eine Ergänzungsfrage wird durch Fragewörter, eine Satzfrage durch die Satzintonation markiert. In der Schrift kommt der zweite Fall nur ganz vereinzelt zum Ausdruck, indem die letzte Silbe des Satzes Pleneschreibung aufweist

(Strunk 1983: 116f.): *nu kiššan AWAT ABI-YA arḫān ḫartenī* „habt ihr so das Wort meines Vaters ausgeführt?“. Alternativen in Satzfragen werden durch *nu* ... *-ma* miteinander verbunden. Negierte rhetorische Fragen weisen oft, aber nicht immer, Anfangsstellung der Negation auf (Mascheroni 1980).

4.8. Konjunktionen und Partikeln

In der Konjunktion *nu* „und, und dann“ geht vor anlautendem Vokal eines enklitischen Pronomens oder einer Ortsbezugspartikel *-u* verloren: *n-an* „und ihn“. *nu* zeigt meist einen zeitlichen Fortschritt der Handlung an: *nu maltaḫḫun nu* [(*ḫuwar*)*nuwanzi pāun*] „ich leistete einen Eid und ging dann auf die Jagd.“ Es ist aber nicht hierauf beschränkt. Dies zeigen die Belege, in denen ein adversatives Verhältnis oder eines der Gleichzeitigkeit zwischen den beiden durch *nu* verbundenen Sachverhaltsbeschreibungen besteht. Außerdem verbindet *nu* einen Hauptsatz mit einem vorangehenden Nebensatz oder zwei Nebensätze miteinander. Für weiteres s. CHD Bd. L-N 460–468.

Die Konjunktion *ta* „dann, schließlich“ ist auf Sätze mit präsentischem Verb beschränkt. Sie leitet in althethitischen Originalen den letzten von zwei oder mehreren durch ein gemeinsames Topik (syntaktisch meist das Subjekt oder Objekt) verbundenen, syntaktisch gleichgeordneten Sätzen ein (Rieken 1999a): *m*[*a*]*n lukkatta-ma nu* ^{LÚ}A.ZU *ugg-a paiwani nu išḫanāš* [*tarl*]*ipaššan teššumin ḫāššann-a umeni* [*k*]*uiš šaga*[*i*]*š kīšari ta* LUGAL*-i* MUNUS.LUGAL*-ya tarueni* „We[nn] es aber hell wird, gehen wir, der Arzt und ich. Und wir besichtigen das Blut-*tarlipa*, den Becher und den Herd. Welches Vorzeichen sich ergibt, sagen wir dann dem König und der Königin.“ In Sätzen mit Verben des Bringens, Fortschaffens, Gehens und Sprechens, die sehr oft solche abschließenden Handlungen beschreiben, erscheint *ta* auch „automatisch“, ohne semantisch motiviert zu sein. Eine Ausnahme zur oben genannten Regel ist der Gebrauch von *ta* zur Einleitung des Matrixsatzes nach einem Konditionalsatz.

Hethitisch *šu* „und“ tritt fast ausschließlich in narrativen Texten auf und stützt nahezu ausnahmslos enklitische Pronomina und Partikeln. Es verbindet Sätze, die inhaltlich durch ein gemeinsames Topik eine Einheit bilden: *Ù* ÉRIN^{MEŠ} ^{URU}*Zalpa menaḫḫanda uit š-an* LUGAL*-uš ḫullit* ^{m}*Ḫappiš-a* ... „Das Heer von Zalpa aber kam ihm entgegen, und der König schlug es. Ḫappiš aber ...“. *šu* besitzt also eine zu *-a/-ma* komplementäre Funktion (s. gleich).

Als disjunktive Konjunktion wird *našma* „oder“ gebraucht. In alten Texten tritt auch mehrfach enklitisches *-kku* „oder“ in derselben Funktion auf.

Asyndese parataktischer Sätze ist bereits im Althethitischen nicht das Übliche und wird in späterer Zeit sehr selten. Sie kann Emphase zum Ausdruck bringen, den Beginn eines neuen Abschnitts markieren, und sie tritt besonders oft in Ritualtexten mit reihenden Beschreibungen des Handlungsablaufs auf. Eine weitere Funktion hat die Asyndese in Fällen, in denen sie anzeigt, daß der asyndetisch angefügte Satz eine nähere Erläuterung zu dem vorangegangenen enthält oder eine gleichzeitig stattfindende Handlung beschreibt: *nu mān* ^{m}DU-^{d}U DUMU-*ŠU ANA PANI* ^{m}*Abiratta ABI-ŠU kuitki waštai ABA-ŠU* ḪUL-*anni šanḫazi* „wenn sich nun sein Sohn Duppi-Teššub gegen seinen Vater Abiratta in irgendeiner Beziehung versündigt, indem er gegen seinen Vater Böses plant". Derartige Konstruktionen sind aber nicht auf vollständige Sätze beschränkt, vgl. *namma-at ḫandai :tiššai* „dann richte sie her (und) bring (sie) in Ordnung", wo das pronominale Objekt des ersten Verbs gleichermaßen Objekt des zweiten Verbs ist. Der Übergang zur Serialisierung ist also fließend (dazu Garrett 1990: 72–76). Hier sind auch die phraseologischen Konstruktionen mit *pai-* und *uwa-* einzuordnen (s. § 4.5.2 S. 111).

Die Distribution der beiden Allomorphe der Konjunktion *-a/-ma* „aber" erfolgt im Althethitischen nach lautlichen Kriterien: Nach konsonantischem Auslaut des Trägerwortes wird *-a* (ohne Gemination des Konsonanten) verwendet, nach Vokalen jedoch *-ma*. Sie dient dazu, den Orientierungsrahmen für die folgende Äußerung anzugeben, d. h. ein neues Topik, eine neue Lokal- oder Zeitangabe oder einen Konditionalsatz einzuführen. Daneben besitzt *-a/-ma* auch adversative Funktion. Wenn *-a/-ma* nicht gemeinsam mit *nu* „und" oder einer Temporal- bzw. Konditionalkonjunktion auftritt, nimmt es die erste Position in der Partikelkette ein (s. § 4.10 S. 119). Von mittelhethitischer Zeit an wird *-a* durch *-ma* verdrängt. Vor Logogrammen, Determinativen und Zahlzeichen erscheint statt *-a/-ma* auch das Akkadogramm *Ù* (Rieken 2000: 412f. mit Literatur; ähnlich Meacham 2000).

In der Form *-a* erscheint die Konjunktion *-a/-ya* „und, auch, sogar" nach Konsonant (außer *z*), der zusätzlich geminiert wird, als *-ya* hingegen nach Vokal, nach *z* und später auch nach Logogrammen: MUNUS.LUGAL-*ann-a* „und die Königin" (Akkusativ), *appa-ya* <*a-ap-pa-e-a*> „auch zurück", GÙB-*laz-iya* „und links", ŠEŠ-*YA-ya* „und mein Bruder". Sie verbindet sowohl Wörter als auch syntaktisch parallele Satzglieder und Sätze: $^{[NIND]A}$*ḫaršin pa*[*ra*]*šḫari išpantaḫḫi-ya* „das Dickbrot zerbreche ich, und ich libiere". Die verbundenen Elemente sind prinzipiell vertauschbar, so daß auch bei satzverbindendem *-a/-ya* kein Fortschritt der Handlung gemeint ist. In der letztgenannten Funktion tritt *-a/-ya* an das erste betonte Wort des Satzes an. Im negierten Satz bedeutet die Konjunktion „und (nicht), auch (nicht), (nicht) einmal". Bei Doppelsetzung entspricht *-ya* ... *-ya* deutsch „sowohl ... als auch" (negiert „weder ... noch"). Vor Logogrammen, Determinativen und Zahlzeichen erscheint auch das Akkadogramm *Ù* in derselben Funktion (Rieken 2000: 412f. mit Literatur).

Soll eine Konstituente fokussiert werden, erhält sie die enklitische Fokuspartikel *-pat*, die stets als *-pát* (Zeichen BE) erscheint. Sie entspricht je nach Kontext deutsch *eben, eigen, auch, trotzdem, nur* (CHD Bd. P 212–230), vgl. *apēl-pat* „sein eigener"; *kī-pat* „nur dies"; *tittanun-pat* „ich setzte trotzdem ein".

Der Einschub einer direkten Rede wird durch die Partikel *-wa(r)-* angezeigt. Sie nimmt in der Partikelkette am Satzanfang die zweite Position ein. Vor folgendem Vokal in der Kette lautet sie *-war-*, sonst stets *-wa-*: *nu-war-aš-kan, šu-wa, UL-wa-tta.* Markiert wird die direkte Rede selbst (meist in jedem Satz von neuem). Die Setzung der Partikel, die nicht immer konsequent geschieht, erfolgt am regelmäßigsten in offiziellen Dokumenten wie Annalen oder Staatsverträgen (Fortson 1998).

Die Partikeln *kāša* und *kāšma* assoziieren den beschriebenen Sachverhalt mit dem Sprecher bzw. mit dem Hörer und besitzen somit eine deiktische Funktion, die auf die Sprechsituation Bezug nimmt (Rieken, demnächst). Demgegenüber bringt *āšma* über die Deixis auf Dritte in räumlicher Entfernung hinaus auch eine negative Konnotation zum Ausdruck (Hoffner 2002–03).

4.9. Subordination

Ein Satzgefüge, das einen Relativsatz beinhaltet, wird meist als korrelatives Diptychon konstruiert: Der Relativsatz wird vorangestellt und enthält entweder ein substantivisches Relativpronomen oder aber ein adjektivisches Relativpronomen mit seinem Bezugswort (in Kongruenz), und der (fast immer mit einer Konjunktion eingeleitete) übergeordnete Satz nimmt mit einem anaphorischen Pronomen nochmals auf dieses Bezug (Lehmann 1984: 123–128, Raman 1973, Garrett 1994: 43–49). In einem restriktiven Relativsatz mit definitem, spezifischem Bezugswort steht das Relativpronomen (gegebenenfalls mit dem Bezugswort) meist in zweiter Position: *pēdi-ma-kan kuē* KUR.KUR^{MEŠ} *daliyanun nu-šmaš* ZAG$^{\text{ḪI.A}}$ *teḫḫun* „Die Länder (= Bevölkerungen), die ich am Ort beließ, denen legte ich die Grenzen fest." Dagegen tritt in einem restriktivem Relativsatz mit indefinitem, nicht-spezifischem Bezugswort (verallgemeinernder Relativsatz) das Pronomen (gegebenenfalls mit dem Bezugswort) meist in die Satzanfangsstellung oder steht unmittelbar nach der Satzeinleitung: *nu kuezza uddanaza akkiškittari n-at wemiyattaru* „Aus welchem Grund auch immer man stirbt, das soll herausgefunden werden." Sehr viel seltener ist der nicht-restriktive Relativsatz bezeugt, der neue Informationen zum definiten, spezifischen Bezugswort enthält. Er wird dem Matrixsatz nachgestellt: *nu-za* ^{d}*Kumarbiš* GALGA-*tar* ZI-*ni kattan daškizzi* UD^{KAM}-*an kuiš* LÚ ḪUL-*an šallanuškizzi* „Kumarbi hält Ratsschluß in seinem Innern, (er,) der den Tag als ein schlechtes Wesen großzieht." Dasselbe gilt für restriktive Relativsätze mit indefinitem, spezifischem Bezugswort: *nu* 8 DUMU^{MEŠ}-*uš uwadanzi* MUNUS-*ni-ššan kuieš nawi panzi* „Sie bringen acht Jungen, die noch nie zu einer Frau gegangen sind."

Komplementsätze werden nachgestellt und durch *kuit* „daß" markiert: ... *auer* URU$^{\text{DIDLI.ḪI.A}}$ BÁD-*kan kuit zaḫḫiyaz katta daškiwan teḫḫun* „... sie sahen, daß ich befestigte Städte durch Kampf einzunehmen begann". Damit konkurriert die seltene Konstruktion des Komplements als Akkusativobjekt mit

Prädikativum: *ammuk-war-an akkantan IQ-BI* „mir hat er ihn als gestorben bezeichnet".

Indirekte Fragesätze werden durch das Fragepronomen *kui-*, durch Frageadverbien wie *kuwapi* „wann, wo" oder durch *mān* „ob" eingeleitet. Auch sie sind nachgestellt.

Adverbialsätze stehen überwiegend dem übergeordneten Satz voran. Folgende Subordinatoren treten auf: *kuit* „weil"; *māḫḫan* „als, wie"; *mān* „als, wie, falls"; *kuwapi* „als"; *kuitman* „solange wie, solange bis"; *kuitman nawi* „solange noch nicht, bevor"; *takku* „falls"; *mān* in Kombination mit *-a/-ya* „und, auch" in der Bedeutung „auch wenn, obwohl". Der folgende Matrixsatz ist zumeist durch *nu* „und" eingeleitet.

Um einen Sachverhalt als Orientierungsrahmen anzugeben, verwendet das Hethitische eine dem Matrixsatz vorangestellte, durch *kuit* als untergeordnet markierte Konstruktion: *nu-tta kāšma karū kuit ḫatranun apēl kuiš* KUR-*e* ÉRIN^{MEŠ} *n-aš-kan namma arḫa lē uizzi* „Was das betrifft, daß ich dir schon geschrieben habe, welche Truppe in seinem Land ist, die soll nicht mehr fort gehen!".

4.10. Wortstellung

Die unmarkierte Stellung der Hauptkonstituenten des Satzes ist Subjekt – direktes Objekt – (indirektes Objekt) – Verb. Dabei gelten die Konjunktionen *nu, šu, ta*, die Partikelkette und Interjektionen nicht als vollwertige Konstituenten, s. Luraghi 1990: 128f Anm. 4: DUMU.É.GAL-*iš* ^{d}*Ḫantašepan* LUGAL-*i kiššarī dāi* „Der Palastangestellte legt die Ḫ.-Gottheit dem König in die Hand". Ein Adjektivattribut geht dem Bezugswort voran, wenn es charakterisierende Funktion besitzt oder wenn es sich um feste Fügungen handelt, z. B. *ḫatugauš laluš* (Akkusativ Plural) „üble Nachrede". Wird das Adjektiv jedoch zur Distinktion gebraucht und besitzt einen semantisch restriktiven Charakter (regelmäßig bei Partizipien), ist es dem Bezugswort nachgestellt, z. B. ^{MUŠEN}*ḫaranan ḫušuwandan* (Akkusativ Singular) „einen lebenden Adler" (Francia 2001).

Die rechte Satzgrenze wird fast ausschließlich durch das finite Verb markiert; nur in seltenen Fällen wird als zusätzliche Erläuterung (amplification, elaboration) eine Konstituente in postverbaler Stellung hinzugefügt (Luraghi 1990: 106; anders Garrett 1990: 77–79): II ^{d}*Ḫantašepuš ḫarwani* GIS-*aš* „Zwei Ḫ.-Gottheiten halten wir, aus Holz". Gelegentlich können auch unbetonte Konstituenten wie Indefinitpronomina und einige der Subordinatoren in diese Position kommen, wenn innerhalb des Satzes kein geeignetes Stützwort vorhanden ist (s. gleich).

Die linke Satzgrenze kann entweder a) in einer satzeinleitenden Konjunktion (*nu, šu, ta*) bestehen oder b) in einer den Orientierungsrahmen angebenden, in den meisten Fällen durch *-a*/*-ma* markierten Konstituente oder c) in der ersten Konstituente des Satzes in unmarkierter Position (oft das Subjekt). An jede der genannten satzeinleitenden Konstituenten kann die für die anatolischen Sprachen typische Partikelkette antreten (nach dem „Wackernagelschen Gesetz"), die aus verschiedenen Enklitika bestehen kann: (a) *n-at ḫurtiyaliya lāḫui* „Und er gießt es in das Becken." (b) *weš*[(*-a*)] *namma anda* [*p*]*aiwani* „Wir aber gehen wieder hinein." (c) *erma(n)-šmaš-kan dāḫḫun* „Die Krankheit nahm ich euch."

Die Reihenfolge der Enklitika innerhalb der Partikelkette ist festgelegt: 1) die enklitischen Partikeln *-a*/*-ma, -a*/*-ya* aus § 4.8 S. 116; 2) die Partikel der direkten Rede *-wa(r)-* aus § 4.8 S. 117; 3) der Dativ der pluralischen Personalpronomina *-nnaš, -šmaš, -šmaš* aus § 3.2.2 S. 93 (Hoffner 1982a: 93f.); 4) die enklitischen Pronomina des Stammes *-a-* aus § 3.2.2 S. 93; 5) der Dativ der singularischen Personalpronomina *-mmu, -tta*/*-ddu, -šše*/*-šši* aus § 3.2.2 S. 93; 6) die Reflexivpartikel *-z(a)* aus § 4.5.1 S. 110; 7) die Ortsbezugspartikeln *-an, -apa, -ašta, -ššan, -kan* aus § 4.4.3 S. 109, vgl.: *nu-war-at-ši-kan*; *nu-za*; *peran-ma-at-mu*. In sehr späten Texten tritt der Pronominalstamm *-a-* mitunter zweifach auf: einmal vor und einmal nach dem Dativ-Lokativ des enklitischen Personalpronomens: *n-at-ši-at* (HW^2: 41).

Die Negationen stehen vor dem Wort, das sie negieren, d. h. meistens vor dem Verb. Die Negation eines anderen Satzglieds findet sich im folgenden Beispiel: *n-aš UL* I-*aš aki* „Er stirbt nicht allein."

Indefinitpronomina haben ihre Position im allgemeinen direkt vor dem Verbalkomplex (gegebenenfalls also zwischen Negation und Verb): [*i*]*dālu natta kuedanikki takkišta* „Böses fügte er nicht irgendjemandem zu". Ist jedoch im Satz außer dem Verb keine weitere vollwertige Konstituente enthalten, dann kann das Indefinitpronomen auch zwischen die Bestandteile eines zusammengesetzten Verbs eingeschoben oder hinter das einfache finite Verb gefügt werden: *naššu dammišḫan kuiški kuitki ḫarzi* „oder (wenn) irgendeiner irgendetwas beschädigt hat" (Luraghi 1997: 60f.).

Viele Subordinatoren nehmen die Position hinter der ersten vollwertigen Konstituente des Satzes ein: *nu-tta kāšma karū kuit ḫatranun* ... „Was das betrifft, daß ich dir schon geschrieben habe, ...". Andere stehen am Satzanfang: *takku* $^{\text{LÚ GIŠ}}$TUKUL *Ù* ^{LÚ}ḪA.LA-*ŠU takšan ašanzi* ... „wenn ein $^{\text{LÚ GIŠ}}$T.-Mann und sein Teilhaber zusammen wohnen ...".

Zur Position der Adverbien und Adpositionen s. o. § 4.4.1 S. 107f.

5. Wortschatz

Bei der Erforschung des hethitischen Lexikons (Tischler 1979, Neu 1987, Tischler 1998) steht man dem Problem gegenüber, daß gerade Wörter aus dem Grundwortschatz oft nicht bekannt sind, weil sie durch Logogramme wiedergegeben werden, so etwa die Bezeichnungen für „Kuh" (sumerisch GU_4) oder „Sohn" (sumerisch DUMU). Was wir jedoch vom Grundwortschatz kennen, kann zum größten Teil etymologisch auf Ererbtes zurückgeführt werden. Im Wortschatz anderer Bereiche, die etwa die Fachsprachen des Rituals, der Medizin, des Staatswesens oder der Architektur betreffen, von Bereichen also, mit denen die Hethiter erst nach ihrer Einwanderung in Kleinasien bekannt geworden sind, ist ein höherer Anteil an Entlehnungen festzustellen. Diese stammen erwartungsgemäß jeweils aus der Sprache derjenigen, von denen die Hethiter die kulturellen Güter direkt oder auf Umwegen übernommen haben. So sind viele Gebäude- und Funktionärsbezeichnungen hattischen Ursprungs (*kaškaštipa-*, ^{LÚ}*duddušḫiyalla-*); die Terminologie des Pferdetrainings kommt aus dem Indo-Iranischen wie z. B. *wartanna-* „Wendung", aus dem Luwischen wie *zalla-* „Trab" und aus dem Hurritischen, so etwa ^{Ú}*zuḫri-* „Gras, Heu", bei der Vermittlung durchs Luwische zu ^{Ú}*zuḫrit-* erweitert (Starke 1995: 116–121). Das Hurritische war auch auf dem Gebiet der Medizin und der Beschwörungsrituale die gebende Sprache. Einige Lehnwörter und Lehnübersetzungen sind auch aus dem Akkadischen bekannt, z. B. *tuppi-* „Tontafel"; *ēzzan taru* „Streu und Holz" für „eine Kleinigkeit" nach akkadisch *ḫamū u ḫuṣābu* „eine Kleinigkeit" (Tischler 1998: 681f.).

Wirklich nennenswert ist der Einfluß des Luwischen. Bereits in den altassyrischen Urkunden aus Kaneš-Kültepe finden sich, wie eingangs erwähnt, luwische Wörter. Lehnwörter aus dieser Sprache sind in geringerer Zahl auch im Althethitischen bezeugt. Im Junghethitischen (besonders im 13. Jahrhundert) nehmen sie schließlich drastisch zu, wobei es sich oft um Wörter des Grundwortschatzes handelt. Vielfach behalten sie ihre luwischen Flexionsformen selbst in hethitischem Kontext und werden in der Schrift durch ein oder zwei kleine Winkelhaken, sogenannte „Glossenkeile", als nicht-hethitisch gekennzeichnet.

Bibliographie

Boley, J.

1984 The Hittite *hark*-Construction = IBS 44.

1989 The Sentence Particles and the Place Word Syntax in Old and Middle Hittite = IBS 60.

1992 The Hittite Periphrastic Constructions, in: O. Carruba (ed.), Per una grammatica ittita. Towards a Hittite Grammar = Studia Mediterranea 7 (Pavia) 33–59.

1993 The Hittite Particle *-z* / *-za* = IBS 79.

2000 The Dynamics of Transformation in Hittite. The Hittite Particles *-kan*, *-asta* and *-san* = IBS 97.

Çambel, H.

1999 Corpus of Hieroglyphic Luwian Inscriptions II = Untersuchungen zur indogermanischen Sprach- und Kulturwissenschaft, N.F. 8.2. Berlin/New York.

Carruba, O.

1969 Die satzeinleitenden Partikeln in den indogermanischen Sprachen Anatoliens = Incunabula Graeca 32. Rom.

1970 Das Palaische. Texte, Grammatik, Lexikon = StBoT 10.

1972 Beiträge zum Palaischen. Istanbul.

Cotticelli-Kurras, P.

1991 Das hethitische Verbum 'sein'. Syntaktische Untersuchungen = Texte der Hethiter 18. Heidelberg.

2000 Zum hethitischen Komparativ, in: Chr. Zinko/M. Ofitsch (ed.), 125 Jahre Indogermanistik in Graz (Graz) 33–45.

2001 Textlinguistische Annäherungen in den hethitischen Erzähltexten, in: O. Carruba/W. Meid (ed.), Anatolisch und Indogermanisch. Anatolico e indoeuropeo. Akten des Kolloquiums der Indogermanischen Gesellschaft, Pavia, 22.-25. September 1998 = IBS 100, 43–56.

Eichner, H.

1979 Hethitisch *genuššuš, ginušši, ginuššin*, in: E. Neu/W. Meid (ed.), Hethitisch und Indogermanisch. Vergleichende Studien zur historischen Grammatik und zur dialektgeographischen Stellung der indogermanischen Sprachgruppe Altkleinasiens = IBS 25, 41–61.

1992 Anatolian, in: J. Gvozdanović (ed.), Indo-European Numerals = Trends in Linguistics, Studies and Monographs 57 (Innsbruck) 29–96.

Ehelolf, H.

1938 Texte verschiedenen Inhalts (vorwiegend aus den Grabungen seit 1931) = Keilschrifturkunden aus Boghazköi 29. Berlin.

Fortson, B. W. IV

1998 A New Study of Hittite *-wa(r)*, JCS 50, 21–34.

Francia, R.

1995 Costruzione e valore del pronome possessivo enclitico di prima plurale in Hittito, SMEA 35, 93–99.

1996 Il pronome possessivo enclitico in antico ittita: alcune reflessioni, Vicino Oriente 10, 209–259.

2001 La posizione degli aggettivi qualificativi nella frase ittita, in: O. Carruba/W. Meid (ed.), Anatolisch und Indogermanisch. Anatolico e

Indoeuropeo. Akten des Kolloquiums der Indogermanischen Gesellschaft, Pavia, 22.-25. September 1998 = IBS 100, 81–91.

2002 Le funzioni sintattiche degli elementi avverbiali di luogo ittiti *anda(n), appa(n), katta(n), katti-, peran, parā, šer, šarā* = Studia Asiana 1. Rom.

Friedrich, J.

1974 Hethitisches Elementarbuch: 1. Teil: Kurzgefaßte Grammatik, 3. unveränderte Auflage (1. Auflage Heidelberg 1940). Heidelberg.

1952–66 Hethitisches Wörterbuch. Kurzgefaßte kritische Sammlung der Deutungen hethitischer Wörter, Heidelberg 1952; 1. Ergänzungsheft Heidelberg 1957; 2. Ergänzungsheft Heidelberg 1961; 3. Ergänzungsheft Heidelberg 1966.

Friedrich, J. † und A. Kammenhuber (ed.)

1974ff. Hethitisches Wörterbuch. Zweite völlig neubearbeitete Auflage auf der Grundlage der edierten hethitischen Texte. Heidelberg.

Garrett, A.

1990. The Syntax of Anatolian Pronominal Clitics, PhD Dissertation Harvard. Ann Arbor.

1994 Relative Clause Syntax in Lycian and Hittite, Die Sprache 36, 29–69.

1998 Remarks on the Old Hittite Split Genitive, in: J. Jasanoff et alii (ed.), Mír Curad. Studies in Honor of Calvert Watkins = IBS 92, 155–163.

Goedegebuure, P.

2002–03 The Hittite 3rd Person/Distal Demonstrative *aši* (*uni, eni* etc.), Sprache 43, 1–32.

2003 Reference, Deixis and Focus in Hittite. The Demonstratives *ka-* „this“, *apa-* „that“ and *asi* „yon“, PhD Dissertation Amsterdam.

2006 A New Proposal for the Reading of the Hittite Numeral '1': *šia-*, in: Th. P. J. van den Hout (ed.), The Life and Times of Hattušili III and Tudhaliya IV. Proceedings of a Symposium Held in Honour of J. de Roos, 12-13 December 2003, Leiden, 165–188.

Götze, A.

1933 Über die Partikeln *-za, -kan* und *-šan* der Satzverbindung, Archív Orientalní 5, 1–38.

Güterbock, H. G. und H. A. Hoffner (ed.)

1980ff. The Hittite Dictionary of the Oriental Institute of the University of Chicago. Chicago.

Hawkins, J. D.

2000 Corpus of Hieroglyphic Luwian Inscriptions I = Untersuchungen zur indogermanischen Sprach- und Kulturwissenschaft, N. F. 8.1. Berlin/New York.

2003 Scripts and Texts, in: H. C. Melchert (ed.), The Luwians = HdO I/68, 128–169.

Hoffner, H. A. Jr.

1969 On the Use of Hittite *-za* in Nominal Sentences, JNES 28, 225–230.

1982 Hittite *man* and *nūman*, in: E. Neu (ed.), Investigationes Philologicae et Comparativae. Gedenkschrift für Heinz Kronasser (Wiesbaden) 38–45.

1982a Studies in Hittite Grammar, in: H. A. Hoffner Jr./G. M. Beckman (ed.), Kaniššuwar. A Tribute to Hans G. Güterbock on his Seventy-fifth Birthday May 27, 1983 = AS 23, 83–94.

1992 Studies in the Hittite Particles, II. On Some Uses of *-kan*, in: O. Carruba (ed.), Per una grammatica ittita. Towards a Hittite grammar = Studia Mediterranea 7 (Pavia) 137–151.

1997 The Laws of the Hittites. A Critical Edition = Documenta et Monumenta Orientis Antiqui 23. Leiden etc.

Hoffner, H. A. Jr. und H. C. Melchert

2002 A Practical Approach to Verbal Aspect in Hittite, in: St. de Martino/Fr. Pecchioli Daddi (ed.), Anatolia antica. Studi in memoria di Fiorella Imparati (Firenze) 377–390.

2002–03 Hittite *-a-aš-ma*, Sprache 43, 80–87.

2007 A Grammar of the Hittite Language = Languages of the Ancient Near East 1. Winina Lake.

Hrozný, B. H.

1915 Die Lösung des hethitischen Problems, MDOG 56, 17–50.

Josephson, F.

1972 The Function of the Sentence Particles in Old and Middle Hittite. Uppsala.

2003 The Hittite Reflexive Construction in a Typological Perspective, in: B. L. M. Bauer/G.-J. Pinault (ed.), Language in Time and Space. A Festschrift for Werner Winter on the Occasion of his 80th birthday = Trends in Linguistics. Studies and Monographs 144 (Berlin/New York) 212–232.

Kammenhuber, A.

1954-56 Studien zum hethitischen Infinitivsystem, Mitteilungen des Instituts für Orientforschung 2, S. 44–77, S. 245–265, S. 403–444; 3, S. 31–57, S. 345–377; 4, S. 40–80.

1969 Hethitisch, Palaisch, Luwisch und Hieroglyphenluwisch = HdO I/2,1-2/2, 119–357.

Kimball, S. E.

1999 Hittite Historical Phonology = IBS 95.

Klinger, J.

1996 Untersuchungen zur Rekonstruktion der hattischen Kultschicht = StBoT 37.

Knudtzon, J. A

1902 Die zwei Arzawa-Briefe, die ältesten Urkunden in indogermanischer Sprache. Mit Bemerkungen von Sophus Bugge und Adolf Torp. Leipzig.

Laroche, E.

1971 Catalogue des textes hittites = Études et Commentaires 75. Paris.

1972 Suppléments au Catalogue des textes hittites, Revue Hittite et Asianique 30, 94–133.

1975 Suppléments au Catalogue des textes hittites, Revue Hittite et Asianique 33, 63–71.

1979 Anaphore et deixis en anatolien, in: E. Neu/W. Meid (ed.), Hethitisch und Indogermanisch. Vergleichende Studien zur historischen Grammatik und zur dialektgeographischen Stellung der indogermanischen Sprachgruppe Altkleinasiens = IBS 25, 147–152.

Luraghi, S.

1990 Old Hittite Sentence Structure. London/New York.

1997 Hittite = Languages of the World, Materials 114. München/Newcastle.

Lehmann, Ch.
1984 Der Relativsatz. Typologie seiner Strukturen, Theorie seiner Funktionen, Kompendium seiner Grammatik = Language Universals Series 3. Tübingen.

Lühr, R.
2001 Zum Modalfeld im Hethitischen, in: O. Carruba/W. Meid (ed.), Anatolisch und Indogermanisch. Anatolico e indoeuropeo. Akten des Kolloquiums der Indogermanischen Gesellschaft, Pavia, 22.-25. September 1998 = IBS 100, 239–262.

Marazzi, M.
1990 Il geroglifico anatolico. Problemi di analisi e prospettive di ricerca = Biblioteca di ricerche linguistiche e filologiche 24. Rom.
1996 Hethitische Lexikographie: CHD L-N, Fasz. 4*, Or. 65, 157–164.
1998 Il geroglifico anatolico. Atti del colloquio e della tavola rotonda, Napoli-Procida 5 – 9 giugno 1995 = Instituto universitario orientala. Dipartimento di studi asiatici, Series Minor 57. Napoli.

Mascheroni, L. M.
1980 Il modulo interrogativo in eteo I. Note sintattiche, SMEA 22, 53–62.

Meacham, D. M.
2000 A Synchronic and Diachronic Functional Analysis of Hittite *-ma*, Ph. D. University of California, Berkeley.

Meid, W.
1975 Probleme der räumlichen und zeitlichen Gliederung des Indogermanischen, in: H. Rix (ed.), Flexion und Wortbildung. Akten der V. Fachtagung der Indogermanischen Gesellschaft Regensburg, 9.-14. September 1973 (Wiesbaden) 204–219.

Melchert, H. C.
1977 Ablative and Instrumental in Hittite, Ph. D. Dissertation Harvard.
1984 Notes on Palaic, Zeitschrift für Vergleichende Sprachforschung 97, 22–43.
1993 A New Anatolian 'Law of Finals', Journal of Ancient Civilizations 8, 105–113.
1994 Anatolian Historical Phonology = Leiden Studies in Indo-European 3. Amsterdam/Atlanta.
1995 Neo-Hittite Nominal Inflection, in: O. Carruba et alii (ed.), Atti del II congresso internazionale di hittitologia, Pavia 28 giugno – 2 luglio 1993 (Pavia) 269–274.
1998 The Dialectal Position of Anatolian within Indo-European, in: B. K. Bergen et alii (ed.), Proceedings of the Twenty-fourth Annual Meeting of the Berkeley Linguistics Society, February 14-16, 1998 (Berkeley) 24–31.
1998a Verbal Aspect in Hittite, in: S. Alp/A. Süel (ed.), III. Uluslararası Hititoloji Kongresi Bildirileri. Acts of the IIIrd International Congress of Hittitology, Çorum, September 16-22, 1996 (Ankara) 413–418.
2000 Tocharian Plurals in *-nt-* and Related Phenomena, Tocharian and Indo-European Studies 9, 53–75.
2003 Prehistory, in: H. C. Melchert (ed.), The Luwians = HdO I/68, 8–26.

Neu, E.
1968 Das hethitische Mediopassiv und seine indogermanischen Grundlagen = StBoT 6.

1976 Zur Rekonstruktion des indogermanischen Verbalsystems, in: A. Morpurgo Davies/W. Meid (ed.), Studies in Greek, Italic and Indo-European Linguistics offered to Leonard R. Palmer = IBS 16, 239–254.

1979 Einige Überlegungen zu den hethitischen Kasusendungen, in: E. Neu/W. Meid (ed.), Hethitisch und Indogermanisch. Vergleichende Studien zur historischen Grammatik und zur dialektgeographischen Stellung der indogermanischen Sprachgruppe Altkleinasiens = IBS 25, 177–196.

1979a Hethitisch *kurur* und *taksul* in syntaktischer Sicht, in: O. Carruba (ed.), Studia Mediterranea Piero Meriggi dicata (Pavia) II 407–427.

1980 Studien zum endungslosen „Lokativ" des Hethitischen = IBS 23.

1982 Studie über den Gebrauch von Genitivformen auf *-waš* des hethitischen Verbalsubstantivs auf *-war*, in: E. Neu (ed.), Investigationes philologicae et comparativae. Gedenkschrift für Heinz Kronasser (Wiesbaden) 116–148.

1982/83 Zum Genus hethitischer *r*-Stämme, Analele Ştiinţifice 28/29, 125–130.

1983 Glossar zu den althethitischen Ritualtexten = StBoT 26.

1985 Zur Stammabstufung bei den *i*- und *u*-stämmigen Substantiven des Hethitischen, in: H. M. Ölberg/G. Schmidt (ed.), Sprachwissenschaftliche Forschungen. Festschrift für Johann Knobloch (Innsbruck) 259–264.

1986 Zur unechten Nominalkomposition im Hethitischen, in: A. Etter (ed.), o-o-pe-ro-si. Festschrift für Ernst Risch zum 75. Geburtstag (Berlin/New York) 107–116.

1987 Zum Wortschatz des Hethitischen aus synchroner und diachroner Sicht, in: W. Meid (ed.), Studien zum indogermanischen Wortschatz = IBS 52, 167–188.

1989 Zum Alter der personifizierenden *-ant*-Bildung des Hethitischen. Ein Beitrag zur Geschichte der indogermanischen Genuskategorie, Historische Sprachforschung 102, 1–15.

1989a Zu einer hethitischen Präteritalendung *-ar*, Historische Sprachforschung 102, 16–20.

1993 Zu den hethitischen Ortspartikeln, in: Linguistica 23. Bojan Čop septuagenario in honorem oblata, 137–152.

1995 Futur im Hethitischen, in: H. Hettrich et alii (ed.) Verba et structurae. Festschrift für Klaus Strunk zum 65. Geburtstag = IBS 83, 195–202

1997 Zu einigen Pronominalformen des Hethitischen, in: D. Diesterheft et alii (ed.), Studies in honor of Jaan Puhvel = Journal of Indo-European Studies, Monographs 20 (Washington) I 139–169.

1998 Hethitisch *ši-mu-uš*, Historische Sprachforschung 111, 55–60.

1999 Nugae Hethiticae, Hethitica 14, 63–69.

Oettinger, N.

1979 Die Stammbildung des hethitischen Verbums = Erlanger Beiträge zu Sprach- und Kunstwissenschaft 64. Nürnberg.

1999 Die Partikel *-z* des Hethitischen (mit einem Exkurs zu den Medialformen auf *-t*, *-ti*), in: E. Crespo/J. L. García Ramón (ed.), Berthold Delbrück y la sintaxis indoeuropea hoy. Actas del Coloquio de la Indogermanische Gesellschaft, Madrid, 21-24 de septiembre de 1994 (Madrid/Wiesbaden) 407–420.

Otten, H.
1973 Eine althethitische Erzählung um die Stadt Zalpa = StBoT 17.
Otten, H. /Souček, V.
1969 Ein althethitisches Ritual für das Königspaar = StBoT 8.
Plöchl, R.
2003 Einführung ins Hieroglyphen-Luwische = Dresdener Beiträge zur Hethitologie 8; Instrumenta. Dresden.
Prins, A.
1997 Hittite Neuter Singular - Neuter Plural. Some evidence for a connection. Leiden.
Puhvel, J. (ed.)
1984 Hittite Etymological Dictionary = Trends in Linguistics, Documentation. Berlin et alii.
Raman, C. F.
1973 The Old Hittite Relative Construction. Austin, Texas (Univ. Microfilms No. 73-26, 066).
Rieken, E.
1999 Untersuchungen zur nominalen Stammbildung des Hethitischen = StBoT 44.
1999a Zur Verwendung der Konjunktion *ta* in den hethitischen Texten, Münchener Studien zur Sprachwissenschaft 59, 63–88.
2000 Die Partikeln *-a, -i̯a, -ma* im Althethitischen und das Akkadogramm *Ù*, in: Chr. Zinko/M. Ofitsch (ed.), 125 Jahre Indogermanistik in Graz (Graz) 411–419.
2004 Zur Funktion der hethitischen Ortsbezugspartikel *-(a)pa*, in: Th. Poschenrieder (ed.), Akten der Greifindogerm 2000, Greifswald, 18.-21. Mai 2000 = IBS 114, 243–258.
2005 Zur Wiedergabe von hethitisch /o/, in: G. Meiser/O. Hackstein (ed.), Sprachkontakt und Sprachwandel, Akten der XI. Fachtagung der Indogermanischen Gesellschaft in Halle an der Saale, 17.-23. September 2000 (Wiesbaden) 537–549.
i. Dr. Die periphrastischen Konstruktionen mit *pai-* „gehen" und *u̯u̯a-* „kommen" im Hethitischen (demnächst in Gedenkschrift E. Neu).
Rüster, Ch. und E. Neu
1989 Hethitisches Zeichenlexikon. Inventar und Interpretation der Keilschriftzeichen aus den Boğazköy-Texten = StBoT Beiheft 2.
Salisbury, D.
1999 *anda* and *andan* in Neo-Hittite, JCS 51, 61–72.
Schlerath, B.
1981 Ist ein Raum/Zeit-Modell für eine rekonstruierte Sprache möglich?, Zeitschrift für Vergleichende Sprachforschung 95, 175–202.
Souček, V. /Siegelová, J.
1996 Systematische Bibliographie der Hethitologie 1915-1995. Prag.
Starke, F.
1977 Die Funktionen der dimensionalen Kasus und Adverbien im Althethitischen = StBoT 23.
1985 Die keilschrift-luwischen Texte in Umschrift = StBoT 30.
1990 Untersuchung zur Stammbildung des keilschrift-luwischen Nomens = StBoT 31.

1995 Ausbildung und Training von Streitwagenpferden. Eine hippologisch orientierte Interpretation des Kikkuli-Textes = StBoT 41.

Strunk, K.

1983 Typische Merkmale von Fragesätzen und die altindische 'Pluti' = BAW, phil.-hist. Klasse, Sitzungsberichte, 8. München.

Tischler, J. (ed.)

1977ff. Hethitisches etymologisches Glossar = IBS 20.

1979 Der indogermanische Anteil am Wortschatz des Hethitischen, in: E. Neu/W. Meid (ed.), Hethitisch und Indogermanisch. Vergleichende Studien zur historischen Grammatik und zur dialektgeographischen Stellung der indogermanischen Sprachgruppe Altkleinasiens = IBS 25, 257–267.

1995 Die kappadokischen Texte als älteste Quelle indogermanischen Sprachgutes, in: O. Carruba et alii (ed.), Atti del II Congresso Internazionale die Hittitologia = Studia Mediterranea 9 (Pavia) 359–368.

1998 Calque-Erscheinungen im Anatolischen, in: J. Jasanoff et alii (ed.), Mír Curad. Studies in honor of Calvert Watkins = IBS 92, 677–684.

Tjerkstra, F. A.

1999 Principles of the Relation Between Local Adverb, Verb and Sentence Particle = Cuneiform Monographs 15. Groningen.

van den Hout, Th. P. J.

1992 Remarks on Some Hittite Double Accusative Constructions, in: O. Carruba (ed.), Per una grammatica ittita. Towards a Hittite Grammar = Studia Mediterranea 7 (Pavia) 275–304.

2001 Neuter Plural Subjects and Nominal Predicates in Anatolian, in: O. Carruba/W. Meid (ed.), Anatolisch und Indogermanisch. Anatolico e indoeuropeo. Akten des Kolloquiums der Indogermanischen Gesellschaft, Pavia, 22.-25. September 1998 = IBS 100, 167–192.

2003 Studies in the Hittite Phraseological Construction I. Its Syntactic and Semantic Properties, in: G. Beckman et alii (ed.), Hittite Studies in Honor of Harry A. Hoffner Jr. (Winona Lake) 177–203.

i. Dr. Studies in the Hittite Phraseological Construction II. Its Origin (demnächst in Gedenkschrift E. Neu).

Watkins, C.

1963 Preliminaries to a Historical and Comparative Analysis of the Syntax of the Old Irish Verb, Celtica 6, 1–49.

Yoshida, K.

1990 The Hittite mediopassive endings in *-ri* = Untersuchungen zur indogermanischen Sprach- und Kulturwissenschaft 5. Berlin/New York.

2001 Hittite *nu-za* and Related Spellings, in: G. Wilhelm (ed.), Akten des IV. Internationalen Kongresses für Hethitologie (Würzburg, 4.-8. Oktober 1999) = StBoT 45, 721–729.

Zeilfelder, S.

2001 Archaismus und Ausgliederung. Studien zur Stellung des Hethitischen. Heidelberg.

2001a Zum Ausdruck der Finalität im Hethitischen, in: O. Carruba/W. Meid (ed.), Anatolisch und Indogermanisch. Anatolico e indoeuropeo. Akten des Kolloquiums der Indogermanischen Gesellschaft, Pavia, 22.-25. September 1998 = IBS 100, 395–410.

HATTISCH

Jörg Klinger

1. Zur Überlieferungs- und Sprachgeschichte

Als Hattier[1] bezeichnen wir eine Bevölkerungsgruppe, deren Siedlungsgebiet ursprünglich im Bereich Zentralanatoliens und nördlich davon wohl bis an das Schwarze Meer lag und die in vielen Bereichen prägend war für die sich in der 1. Hälfte des 2. vorchristlichen Jahrtausends ausbildende hethitische Kultur. Aus hethitischen Keilschrift-Archiven und -Bibliotheken, vornehmlich der Hauptstadt Ḫattuša, ca. 150 km östlich von Ankara beim heutigen Dorf Boğazkale gelegen, aber auch aus der Provinz (z. B. aus der Grabung bei Ortaköy, noch unpubliziert), stammen alle inschriftlichen Quellen, die wir in hattischer Sprache besitzen, womit bereits ein wesentlicher Aspekt der oft so problematischen Überlieferung genannt wäre. Es ist unbekannt, wie lange das Hattische gesprochen wurde; sein Gebrauch dürfte allerdings bereits zum Zeitpunkt der einsetzenden keilschriftlichen Überlieferung (Mitte des 16. Jahrhunderts) stark im Rückgang begriffen gewesen sein; mit großer Wahrscheinlichkeit aber, dafür spricht die ungewöhnlich hohe Anzahl an Fehlern und Varianten in jüngeren Abschriften, war die Kenntnis des Hattischen bereits in der Phase der jüngeren hethitischen Geschichte (nach 1400) weitgehend bis vollständig verloren gegangen und neue Texte oder gar Bilinguen wurden nicht mehr aufgezeichnet, sondern allein das überkommene Textmaterial mehr schlecht als recht weiter tradiert.

Der überwiegende Teil der hattischen Texte dürfte dem kultisch-religiösen Bereich zuzuordnen sein, wofür auch die Rezitationen und Lieder innerhalb hethitischsprachiger Ritualbeschreibungen sprechen. Allerdings verfügen wir nur über sehr wenige und zudem meist nur mangelhaft erhaltene hattisch-hethitischen Bilinguen, inhaltlich dominieren dabei Mythologeme, die noch fester Bestandteil von Ritualen sind, die aber aufgrund ihres relativ geringen Umfanges und ihrer mangelhaften Überlieferungsqualität nur sehr bedingt Einblick in die Sprachstruktur geben können. Der überwiegende Teil der Lexeme ist unbekannt, weshalb die einsprachigen Texte weitgehend dunkel bleiben.

Die Frage einer möglichen genetischen Einordnung des Hattischen ist nach wie vor umstritten. Verschiedentlich in die Diskussion gebrachte Vorschläge, im Hattischen einen frühen Vertreter erheblich später bezeugter, noch heute

[1] Vgl. grundsätzlich Klinger 1996: 16ff., 81ff.; zum grammatischen Abriß Klinger 1996: 615ff. mit weiterer Literatur; vgl. nun auch Soysal 2004.

gesprochener, d. h. also rund 4000 Jahre jüngerer Kaukasussprachen zu sehen, sind zwar theoretisch denkbar. Jedoch ist damit über die Konstatierung einzelner typologischer Parallelen hinaus,[2] etwa zum ebenfalls stark präfigierenden Verbum des Abchasisch-Adygischen, aus methodischen Gründen und aufgrund der im übrigen keineswegs klaren Verwandtschaftsverhältnisse innerhalb der sehr großen, in sich zu differenzierenden Gruppe der kaukasischen Sprachen eine genetische Verbindung zum Hattischen faktisch nicht zu belegen. Bis auf weiteres hat das Hattische demnach als genetisch isolierte Sprache zu gelten, womit die Möglichkeit, etwa auf dem Wege des Sprachvergleichs, semantische oder grammatische Deutungen zu erzielen, nicht gegeben ist bzw. sich allzusehr im Bereich der reinen Spekulation bewegt.

2. Grammatische Strukturen

2.1. Phonologie

Die Tatsache, daß die Keilschrift prinzipiell nur bedingt zu einer phonetisch exakten Wiedergabe einer Sprache geeignet ist, erlaubt es nicht, in Verbindung mit der speziellen Überlieferungssituation ein Phoneminventar, geschweige denn ein phonologisches System des Hattischen zu rekonstruieren, auch wenn dies in der Vergangenheit versucht wurde.[3] Vielmehr müssen wir uns damit bescheiden, ein am verwendeten Syllabar orientiertes Zeichen-Laut-Inventar zusammenzustellen, dessen Interpretation in Hinsicht auf die phonologische Relevanz und die damit potentiell angestrebte Wiedergabe spezifischer Phoneme des Hattischen ohne eine erhebliche Verbesserung der Materialbasis unmöglich sein dürfte. Anzahl und Qualität der Vokale sind z. T. noch offen: */a/* und */u/* scheinen sicher, weniger eindeutig ist, ob */e/* und */i/* unterschieden wurden, ganz fraglich ist */o/*. Hinzu kommen eventuell noch die Halbvokale */i̯/* und */u̯/*. Unterschiedliche Vokalquantitäten sind nicht zu bestimmen, wie auch zu registrieren ist, daß selbst zwischen */a/*, */e/* und */i/* ungewöhnlich oft bei Abschriften geschwankt wird. Die Eigenheit der hethitischen Keilschriftorthographie bedingt zudem eine weitere Unsicherheit bei der Wiedergabe von Tenuis und Media, so daß eine entsprechende artikulatorische Differenzierung der Okklusive (*/b/*, */d/*, */g/* bzw. */p/*, */t/*, */k/*) offen bleiben muß. Neben */s/* könnte noch ein weiterer, nicht genauer bestimmbarer Sibilant anzusetzen sein,[4] hinzu kommt mindestens eine Affrikate */ts/*. Eine weitere, in den hethitischen Texten unbekannte graphische Schwankung ist der Wechsel

[2] Zu einer sprachtypologischen Charakterisierung vgl. Klinger 1994: 34ff.
[3] Thiel 1976: 143ff.
[4] Vgl. aber Klinger 1996: 619f.

zwischen *š* und *z* bzw. zwischen *š* und *t*, seltener scheint auch der Wechsel von *z* mit *t* belegt zu sein.[5] Unter der Voraussetzung, daß *z* auch im hattischen Syllabar für die Affrikate [*ts*] steht, könnte man daraus schließen, daß das Hattische über mindestens zwei verschieden artikulierte Affrikaten-Phoneme verfügte, die durch die wechselnde Graphie von *z* mit *š* bzw. *t* differenziert werden sollten. Unproblematisch scheinen die Liquida /*l*/[6] und /*r*/ sowie die Nasale /*m*/ und /*n*/.

Darüber hinaus haben die hethitischen Schreiber durch die Entwicklung eines neuen Keilschriftzeichens bzw. einer Kombination von Keilschriftzeichen den Versuch unternommen, ein offenbar spezifisch hattisches Phonem wiederzugeben. Dazu schrieben sie das Zeichen PI entweder mit subskribiertem Vokal,[7] d. h. als PI+A = ua_a, PI+E = ue_e, PI+I = ui_i, PI+U = uu_u oder PI+Ú = $uu_ú$ oder auch in direkter Verbindung mit pV-Zeichen als $ui_{pí}$ bzw. uu_{pu},[8] und gebrauchten diese im Wechsel mit den pV-Zeichen. Unter der Voraussetzung, daß der für das Hethitische gebräuchliche Lautwert /*u̯a*/ zur Wiedergabe eines Halbvokals [*w*], also eines labiovelaren Gleitlautes, diente, wird man statt der bilabialen Variante eher einen labiovelaren Frikativ [*v*] für diesen Laut anzusetzen haben.[9]

2.2. Morphologie

Grammatische Morpheme und/oder Wortbildungselemente treten sowohl präfigierend als auch suffigierend an den hattischen Nominalstamm. Dabei werden nach der gängigen Auffassung die grammatischen Kasus (Nominativ und Akkusativ) zusammen mit einer Reihe in ihrer Unterscheidung noch nicht gänzlich geklärter Lokalkasus präfigiert, während ein Obliquus (auf -(*V*)*n*), der in der Regel zur Bildung von Regens-Rectum-Verbindungen dient, suffigiert wird. Eine weitere Kasusendung, möglicherweise zur Bezeichnung einer Art Ablativ, ist -*tu*.[10] Während für die eigentlichen grammatischen Kasus bis-

[5] Kammmenhuber 1969: 444f., 449 mit der dort genannten Literatur.

[6] Zu einem sehr unsicheren zwischen /*t*/ und /*l*/ schwankenden Laut Tischler 1988: 347ff.

[7] Zu dieser hethitischen Neuerung Edzard 1976-80: 555b.

[8] Vgl. dazu Rüster/Neu 1989: Nr. 319, 321, 322, 323 und besonders 326 bzw. 320 und 324; generell zum Syllabar auch Kammenhuber 1969: 442f.

[9] In gebundener Umschrift wird häufiger *f* verwendet; vgl. etwa Kammenhuber 1969: 448, die von einer „stimmlosen labialen Spirans [*f*]" ausgeht (ebd.: 443), während Schuster 1974 I: passim die Wiedergabe mit [*v*] vorzieht. Girbal 1986: 4 und passim schreibt *fa*, *fe* usw. Vgl. noch Thiel 1976: 146 n. 2.

[10] Anders Schuster 1974: 142 („freien Obliquus in dativischer und genitivischer Funktion").

her erstaunlich wenig Indizien vorliegen und allgemein-sprachtypologische Untersuchungen gezeigt haben, daß im Bereich dieser Kategorien eine Präfigierung ausgesprochen ungewöhnlich wäre, lassen sich verschiedene Morpheme isolieren, die im weitesten Sinne als Lokalangaben fungieren, was wiederum in Übereinstimmung mit der Universalienforschung steht, die vor allem lokale bzw. adverbiale Kasuspräfixe erwarten läßt.

Bisher ungeklärt ist, welche Strategien zur Differenzierung syntaktischer Funktionen das Hattische angesichts dieses begrenzten Inventars an Kasusmarkierungen verwendet hat. In Frage kommen etwa eine sehr restriktive Wortstellung, was sich am zur Verfügung stehenden sprachlichen Material bisher nicht ausreichend überprüfen läßt, oder Koordinationsmorpheme im Bereich des Verbums, wofür die umfangreichen, komplexen Präfixketten sprechen könnten. Die gut belegten präfigierten Morpheme zur Markierung des Numerus wird man dafür nicht in Anspruch nehmen können, da für die Existenz von Exponentenkumulation, wie das in flektierenden Sprachen gängige Praxis ist, bisher nichts spricht. Für die Kategorie Numerus selbst sind zwei Morpheme nachgewiesen, die man noch etwas ungenau als Plural (*eš-*) und eine Art Kollektiv (*u̯a*$_{a}$) unterscheidet, die aber formal identisch offenbar bei Nomen und Verbum auftreten können;[11] der Singular bleibt unmarkiert.

Eine morphologische Markierung von Genera ist erkennbar.[12] Das Maskulinum wird in der Regel nicht eigens markiert, für das Femininum sind dagegen zwei Morpheme bei Substantiven nachgewiesen *(-aḫ*, -(*V*)*t*), wobei noch nicht klar ist, nach welchen Kriterien diese Verwendung finden. Bei Adjektiven bestand ebenfalls die Möglichkeit, maskuline und feminine Formen zu unterscheiden – am Beispiel *tittaḫ zilat* „großer Thron" bleibt freilich unklar, warum beim Adjektiv das eine, beim Substantiv aber das andere Feminkennzeichen verwendet wird. Ähnliches gilt auch für den Bereich der enklitischen Possessivpronomina, während beim Verbum bisher keine entsprechenden Beobachtungen gemacht worden sind. Offensichtlich gab es aber im Hattischen auch Wörter, die nicht nach Genus differenziert werden konnten. Die Frage, welches Morphem in Verbindung mit welchem Stamm zu verwenden ist, wird nicht etwa durch Kongruenzbedingungen geregelt, sondern ist offenbar vom jeweiligen Stamm selbst abhängig; dies deutet auf ein in seiner Strukturierung noch unbekanntes Klassensystem der Nomina. So wird z. B. in den Götteranrufungen der Ritualtexte das Geschlecht der Gottheit durch attributives *katte* „König" bzw. *kattaḫ* „Königin" beim Wort für *šḫab* „Gott" markiert, das selbst ausschließlich unverändert belegt ist. Eine ähnliche Einschränkung scheint es auch in bezug auf den Kasus obliquus gegeben zu

[11] Vgl. die Übersicht von Kammenhuber 1969: 463ff. und davon abweichend zuletzt Klinger 1994: 30.

[12] Vgl. den Überblick bei Kammenhuber 1969: 459ff. mit der älteren Literatur.

haben, da *katte* in der Regens-Rectum-Verbindung ebenfalls unmarkiert bleibt; das gilt ebenso für die feminine Form *kattaḫ* und wirkt sich in Beispielen wie *tabarnan katte le=u̯el* „des *tabarna* [ein Herrschertitel], des Königs sein Haus" aus, wo attributives *katte* kein Kennzeichen des Obliquus zeigt. Es gilt Genuskongruenz.

Da das zur Verfügung stehende Textmaterial im Vergleich mit der Komplexität der zu untersuchenden Präfixketten des hattischen Verbums nicht besonders umfangreich ist, sind hier besonders viele Punkte nicht geklärt. Vor allem bereiten die Personenkennzeichen und die zwischen der Erstposition der Personenanzeiger und der Wurzel eingefügten, in ihrer Form und Funktion nur sehr ungefähr einzugrenzenden weiteren Verbalpräfixe noch immer große Verständnisschwierigkeiten.[13] Dennoch konnten bereits in der Anfangsphase der Erforschung des Hattischen einige Elemente korrekt bestimmt werden; dazu gehörte etwa das Negationspräfix *taš-* oder das Moduskennzeichen *te-*.[14] Inzwischen reicht das Material aber aus, um zumindest das prinzipielle Verfahren der Realisation syntaktischer Bezugsverhältnisse im Hattischen anhand eines Systems vielfach differenzierter Präfixpositionen am Verbum im Ansatz aufzeigen zu können.

Die 1. Person (Plural) ist als *i/e-* zu bestimmen.[15] Die zweite Person scheint durch ein *u*-Element markiert gewesen zu sein; allerdings gibt es dafür bisher nur wenige Belege.[16] Das Personenkennzeichen der 3. Person ist *an-*, im Plural *a/eš-*, das eventuell als /*an-* [Person] + (*a/e*)*š* [Plural]/ zu analysieren ist, sowie *u̯a* als Kollektiv. Möglich erscheint außerdem, daß ein *u̯a/b* nach der Position *ta* und an der Wurzel auftritt, womit vielleicht optional eine Mehrzahl der Objekte markiert sein könnte.

Zwischen Personenkennzeichen und Verbalstamm können eine ganze Reihe, meist als Lokalsuffixe bestimmte Elemente treten. Ein *ta* markiert eine Bewegungsrichtung in etwas hinein, entsprechend hethitischem *anda*, oder zu etwas hin. Oft in der Position vor der Wurzel steht *ka*, das im weitesten Sinne lokal-direktivische Funktion hat, aber auch dativisch gebraucht werden kann und mit einem Element *zi* wechselt, wofür bisher keine Ratio erkennbar ist, da dies auch in sonst identischen Sätzen der Fall sein kann. Beide können als Präfix sowohl beim Verbum als auch beim Nomen verwendet werden.[17] Als Refe-

[13] Generell Kammenhuber 1969: 530ff., besonders die Tabelle ebd.: 532. Zur Kritik einzelner Punkte vgl. noch Klinger 1994: 29ff.

[14] Ausführlich Kammenhuber 1969: 503ff.

[15] Schuster 1974: 90, 92f.; von Girbal 1986: 58, mit *ni-* angesetzt.

[16] Schuster 1974: 146, ebd.: 145f. zu einem bereits von E. Laroche vermuteten möglichen Personalpronomen *un* der 2. Pers. Sg. „du". Anders Girbal 1986: 56f.

[17] Kammenhuber 1969: 523f., 531 und zu *ka* allgemein auch Schuster 1974: 84, 117 sowie zu den Lokalpräfixen generell Girbal 1986: 177.

renzpräfix eines direkten Objektes läßt sich wahrscheinlich das Präfix *ḫ(a)* in der Position zwischen Personenkennzeichen und Lokalangaben bestimmen.[18]

Ob das Hattische ein Tempus- oder ein Aspektsystem kannte, ist noch unsicher. Allerdings spräche für letzteres die Tatsache, daß keine eindeutige Parallelität zwischen den Verbalformen der hattischen Vorlagen und dem in den hethitischen Übersetzungen gebrauchten Tempus zu bestehen scheint. So stehen sich für die Markierung des Präsens am Verbum verschiedene Vorschläge gegenüber: entweder ein Suffix *-e*[19] oder ein *-u*[20]. Sicher erkannt sind die Formen des Imperativs, die auf *-a* ausgehen und über keinerlei Personenanzeiger verfügen.

Ein auch im Hethitischen vertrauter Zug des Hattischen ist der reichliche Gebrauch von Satz- oder Ortsbezugspartikeln, für die sich durch die Gleichung mit den diversen Formen des Hethitischen immerhin ein einigermaßen plausibles Schema aufstellen läßt, das sich natürlich an den dort gegebenen Differenzierungen orientieren muß:[21] Es entsprechen sich hattisch *-ḫu* = hethitisch *-u̯a*(*r*), eine Redepartikel, hattisch *-bi* = hethitisch *-ma* „aber", hattisch *-ba*/*-pa*/*-ma* = hethitisch *-kan*/*-šan*, Ortsbezugspartikeln, und hattisch *-ma* = hethitisch *-za*, Reflexivum.

Bibliographie

Edzard, D. O.
1976-80 Keilschrift, RlA 5, 544–568.

Forrer, O. E.
1922 Die Inschriften und Sprachen des Ḫatti-Reiches, ZDMG 76, 174–269.

Girbal, Ch.
1986 Beiträge zur Grammatik des Hattischen. Frankfurt/M.

Kammenhuber, A.
1969 Das Hattische = HdO I/2,1-2/2: Keilschriftforschung und alte Geschichte Vorderasiens. Erster u. zweiter Abschnitt, Lfg. 2: Altkleinasiatische Sprachen (Leiden/Köln) 428–546, 584–588.

Klinger, J.
1994 Hattisch und Sprachverwandtschaft, Hethitica 12, 67–98.
1996 Untersuchungen zur Rekonstruktion der hattischen Kultschicht = StBoT 37.

[18] Forrer 1922: 236f., Klinger 1994: 31.
[19] Schuster 1974: 93; vielleicht wäre die Bestimmung als Futur hier vorzuziehen.
[20] Girbal 1986: 124ff.
[21] Kammenhuber 1969: 540ff., Girbal 1986: 177. Zu *-bi* „aber" vgl. Schuster 1974: 91f., zu *-pa* usw. ebd.: 103, zu hattisch *-ma* Klinger 1996: 652.

Rüster Ch. und E. Neu
1989 Hethitisches Zeichenlexikon. Inventar und Interpretation der Keilschriftzeichen aus den Boğazköy-Texten = StBoT Beiheft 2.

Schuster, H.-S.
1974 Die ḫattisch-hethitischen Bilinguen. 1. Einleitung, Texte und Kommentar, Teil I = Documenta et Monumenta Orientis Antiqui, 17.

Soysal, O.
2004 Hattischer Wortschatz in hethitischer Textüberlieferung = HdO 74.

Thiel, H. J.
1976 Bemerkungen zur Phonologie des Hattischen, WZKM 68, 143–70.

Tischler, J.
1988 Labarna, in: E. Neu/Ch. Rüster (ed.), Documentum Asiae minoris antiquae – Festschrift für Heinrich Otten zum 75. Geburtstag, (Wiesbaden) 347–358.

HURRITISCH UND URARTÄISCH[1]

Joost Hazenbos

1. EINLEITUNG; SPRACHGESCHICHTE

Das Hurritische[2] und das Urartäische[3] sind zwei eng verwandte agglutinierende Ergativsprachen mit unterschiedlichen zeitlichen und räumlichen Verbreitungsgebieten. Die Geschichte des Hurritischen erstreckt sich vom letzten Viertel des 3. Jt. bis etwa zum ersten Viertel des 1. Jt. in Nord-Mesopotamien, Syrien und Zentral- und Süd-Anatolien. Das Urartäische ist vom späten 9. Jh. bis zum 2. Hälfte des 7. Jh. für Ost-Anatolien, West-Iran und Armenien bezeugt.

Die kleine Sprachfamilie des Hurritischen und Urartäischen steht bislang isoliert da. Beziehungen zur kaukasischen Sprachfamilie sind denkbar (Diakonoff-Starostin 1986), aber schwer zu beweisen (Farber 1988, Smeets 1989).

Das Hurritische[4] läßt sich ab etwa 2250 (Akkad-Zeit) in Toponymen und Personennamen[5] sicher belegen.[6] Das hurritische Textkorpus ist in zwei

[1] Abkürzungen: ChS = Corpus der hurritischen Sprachdenkmäler; HchI = König 1955–1957; MittBr = Mittani-Brief. In Glossen zu Satzanalysen finden sich folgende Abkürzungen: 1 = 1. Person; 2 = 2. Person; 3 = 3. Person; Abl = Ablativ; Abs = Absolutiv; Ag = Agens; Ant = Antipassiv; Art = Artikel; Dat = Dativ; Erg = Ergativ; Ess = Essiv; Erw = Wurzelerweiterung; Gen = Genitiv; Instr = Instrumentalis; Intr = Intransitiv; Mod = Modalsuffix; Neg = Negation; Nom = Nominalisierungssuffix; Part = Partikel; Poss = Possessivpronomen; Prät = Präteritum; Rel = Relativpronomen; Zug = Zugehörigkeitssuffix. In diesen Analysen gibt ein doppelter Bindestrich Morphemgrenzen wieder, ein einfacher Bindestrich trennt Wurzeln von Wurzelerweiterungen. Ein einfacher Bindestrich steht auch in Transliterationen zwischen Silbenzeichen. – Für kritische Bemerkungen und Anregungen danke ich Geerd Haayer und Thomas Richter.

[2] Einheimische Bezeichnung: *hurrohe* / *hurvohe* (das Toponym Hurri mit dem Zugehörigkeitssuffix *-he*).

[3] Eigene urartäische Bezeichnung nicht bekannt; die Termini „Urartu", „urartäisch" gehen auf das Assyrische zurück. Das urartäische Wort für Urartu, Biainili, bezieht sich nur auf das Gebiet, nicht auf die Sprache.

[4] In rezenter Zeit sind drei hervorragende Grammatiken erschienen: Giorgieri 2000; das Lehrbuch Wegner 2000; zusammenfassend Wilhelm 2004a. Älter, aber benutzbar und forschungsgeschichtlich unverzichtbar: Speiser 1941; Bush 1964. Lexikon: Laroche 1976–77. Geschichte: Wilhelm 1982; für Mittani Kühne 1999.

[5] Zur hurritischen Onomastik s. u. a. Wilhelm 1998 (allgemein); Richter 2001 (altbabylonische Zeit); Gelb-Purves-MacRae 1943 (Nuzi); Richter 1998 (Tikunani); Giorgieri 1999b (Amarna); Pruzsinszky 2003: 221–254 (Emar).

[6] Das sumerische *ta/ibira* kann nicht als Argument für Hurritisch schon in frühdynastischer Zeit gelten (als Lehnwort aus hurritisch *tab=iri* „[Metall-]Gießer"), da die Zei-

Schriften (der mesopotamischen Keilschrift und dem ugaritischen Keilalphabet)[7] niedergeschrieben und umfaßt eine Vielzahl von Gattungen aus unterschiedlichen Fundorten. Der älteste hurritische Text ist eine Königsinschrift des Tišatal (Anfang 2. Jt.) von Urkeš (Wilhelm 1998). Ebenfalls aus der 1. Hälfte des 2. Jt. stammen Beschwörungen (aus Mari, Tuttul und Babylon) und ein Text aus Tikunani (Salvini 1996: 123–128). Der Löwenanteil der hurritischen Texte datiert jedoch aus der 2. Hälfte des 2. Jt., mit der hethitischen Hauptstadt Hattuša in Zentral-Anatolien als wichtigster Quelle: Die hier vertretenen Gattungen sind Mythen, Epen, Weisheitsliteratur, Omina, Gebete und rituelle Sprüche (Mythen, Epen und Omina teilweise als Übersetzungen mesopotamischer Literatur).[8] Briefe stammen aus dem ägyptischen Amarna (der Mittani-Brief EA 24 des Königs Tušratta an den ägyptischen Pharao Amenhotep III., das nach wie vor für unser Verständnis der hurritischen Sprache wichtigste Dokument), aus Tell Brak und aus der syrischen Hafenstadt Ugarit. Diese Stadt lieferte daneben einen akkadisch-hurritischen Weisheitstext, (bis zu viersprachige) lexikalische Listen und religiöse Texte unterschiedlicher Art (Laroche 1968, Dietrich-Mayer 1997, André-Salvini/Salvini 1998). In Emar wurden eine lexikalische Liste und Omina gefunden und vermutlich auch das Fragment einer akkadisch-hurritischen Fassung des ursprünglich präsargonischen Weisheitstextes „Rat des Šuruppak“.[9] Hurro-akkadische Misch‘sprachen’ sind belegt für das nordmesopotamische Nuzi (Wilhelm 1970) und für das syrische Qatna (Richter 2003: 171–177). Das Ende der späten Bronzezeit mit seinen Umwälzungen bedeutet auch das Ende des Hurritischen als Schriftsprache; es ist einige Jh. lang bloß noch hauptsächlich in Personennamen und Toponymen in assyrischen und urartäischen Texten bezeugt.[10]

Es liegen noch kaum Untersuchungen zu zeitlich und lokal bedingten Dialekten und Sprachvarianten vor. Eine übliche, grobe Einteilung ist die zwischen dem Althurritischen und dem Mittanihurritischen, die sich vor allem im Verbum voneinander unterscheiden. Das Althurritische ist das Hurritische der

chengruppe *tibira* (bis in die Ur-III-Zeit DUB.NAGAR, erst ab der altbabylonischen Zeit URUDU.NAGAR geschrieben!) vermutlich einen Bildhauer, wohl kaum einen Metallarbeiter bezeichnet (mündliche Mitteilung P. Attinger, vgl. Wilhelm 1988: 50–7, Wegner 2000: 15).

[7] Dazu kommt noch eine kurze Inschrift in luwischen Hieroglyphen aus dem hethitischen Felsheiligtum Yazılıkaya.

[8] Für die hurritischen Texte aus Hattuša s. die Reihe Corpus der hurritischen Sprachdenkmäler, I. Abteilung: Die Texte aus Boğazköy.

[9] Für diesen fragmentarischen, aber traditionsgeschichtlich hochinteressanten Text s. Krebernik 1996, Alster 1999.

[10] Z. B. in den Ortsnamen *Ardini* „die Stadt“ (Salvini 1995: 47), dem urartäischen Namen für die Kultstadt Muṣaṣir, und *Taše* mit der möglicherweise noch Mitte des 8. Jh. von den Urartäern verstandenen Bedeutung „Geschenk“ (van Loon 1974: 194).

ältesten Sprachzeugnisse, das allerdings noch bis ins Hurritische der Texte aus Boğazkale/Hattuša fortwirkt. Das Mittanihurritische ist das Hurritische des Mittanibriefes. Althurritisch ist also oft nicht älter als Mittanihurritisch. Das poetische „Lied der Freilassung“ kombiniert geschickt Elemente aus beiden Sprachformen.

Die ersten urartäischen[11] Texte datieren aus der Regierungszeit von Sarduri I. (Ende des 9. Jh.). In den nächsten etwa 200 Jahren entsteht ein umfangreiches Textkorpus, hauptsächlich in der mesopotamischen Keilschrift notiert.[12] Aus allen Teilen des urartäischen Reiches stammen Annalen, Feldzugsberichte, Bauinschriften und eine Opferliste auf Felsen oder Stelen und Weihinschriften auf unterschiedlichen Schriftträgern (Stelen, Helmen, Ringen, Gefäßen, Pfeilspitzen usw.). Texte der Verwaltung (Erlasse, Briefe und Abrechnungen) auf Tontafeln sind gefunden in Rusahinili/Toprakkale (Ost-Anatolien), Rusai URU.TUR/Bastam (Iran) und Teišebai URU/Karmir-Blur (Armenien). Mit dem Untergang des urartäischen Reiches Ende des 7. Jh. verschwindet auch die Schriftsprache Urartäisch.

Da diese Texte entweder stark formulargebunden und repetitiv oder (im Fall der wenigen Verwaltungstexte) noch kaum verständlich sind, sind unsere Kenntnisse der urartäischen Grammatik noch sehr lückenhaft. So ist z. B. über die 2. Person des Pronomens und des Verbums kaum etwas bekannt.

2. Struktur des Hurritischen und Urartäischen

2.1. Phonologie und Graphik

2.1.1. Hurritisch

Folgende Sprachlaute sind für das Hurritische bekannt:
Konsonanten: *k g*; *p b*; *t d*; *h*[13] *ğ*[14]; *s z*[15]; *š ž*[16]; *ts*; *l m n r*; *f v*; *w y*.

[11] Ausführliche Beschreibungen des Urartäischen bieten Diakonoff 1971; Melikišvili 1971. Kürzer gefaßt, aber dem neuesten Stand der Forschung Rechnung tragend: Wilhelm 2004b. Textcorpora: König 1955–57, Melikišvili 1960, Harouthiounyan 2001, Diakonoff 1963 (Verwaltungstexte). Lexikon: Glossare zu den Textcorpora. Geschichte: Salvini 1995. Allgemeine Bibliographie: Zimansky 1998.
[12] Kurze Inschriften sind geschrieben in luwischen Hieroglyphen und in vermutlich von der luwischen Hieroglyphenschrift inspirierten, zum größten Teil noch unentzifferten urartäischen Hieroglyphen.
[13] Hiermit ist der stimmlose velare Frikativ gemeint.
[14] *ğ* wird im folgenden nicht von *h* differenziert.
[15] Stimmhafter Sibilant wie *s* in deutsch „sagen“.
[16] *ž* wird im folgenden nicht von *š* differenziert.

Vokale: *a ā*; *e ē*; *i ī*; *o ō*; *u ū*.

Es gibt keine Wörter mit *l*- oder *r*-Anlaut.

Die Existenz der Affrikate *ts* ist noch umstritten.

Die Laute *f* und *v* werden im Mittani-Brief mit *w*-haltigen Zeichen geschrieben, in Hattuša daneben auch mit *p*- und *b*-haltigen Zeichen. Nur der Mittani-Brief unterscheidet prinzipiell zwischen *o* und *u*, indem er *u* für o und *ú* für *u* schreibt, sowie auch *ku* für *k*/*go* und *gu* für *k*/*gu*.

Doppelschreibung von Vokalen läßt wahrscheinlich auf Vokallänge schließen. Zwischen *e* und *i* wird in der Schreibung oft nicht unterschieden, vor allem nicht in Hattuša.

Für die Doppelschreibung von Konsonanten zwischen Vokalen gibt es mehrere Erklärungen; nach einer davon würde sie Stimmlosigkeit ausdrücken. Stimmhafte Konsonanten sind keine eigenständigen Phoneme, sondern Allophone von ihren stimmlosen Entsprechungen; sie kommen in drei Positionen vor: zwischen Vokalen, vor oder nach *l*/*m*/*n*/*r* und im Wortauslaut.

2.1.2. Urartäisch

Die für das Urartäische benutzte Keilschriftvariante unterscheidet folgende Sprachlaute:[17]

Konsonanten: *k g q* (?); *t d ṭ* (?); *p b*; *h*; *ʾ* (?); *s z*; *š*; *ts*; *l m n r*; *f* (?); *w y*.

Vokale: *a ā*; *e ē*; *i ī*; *u ū*.

Es gibt keine Wörter mit *r*-Anlaut. Im Wortauslaut kommen nur Vokale vor, vgl. *aluš=me* „wer mir", aber ohne angefügtes Enklitikum *aluše* „wer".

Bei den Konsonanten ist die Existenz der emphatischen Konsonanten *q*, *ṭ*, des Glottisverschlußlautes *ʾ* und des labialen Frikativs *f* umstritten.

Die Existenz eines *o* ist möglich, aber nicht zu beweisen.

Doppelschreibung von Konsonanten wird vermieden. Bei den Sibilanten gibt nach der Ansicht mancher Urartologen ein geschriebenes s ein gesprochenes *š* wieder und umgekehrt. Möglicherweise notiert ein *g* ab und zu ein gesprochenes *y*, und das Zeichen *ʾa* die Silbe *wa*.

Doppelschreibung von Vokalen deutet wahrscheinlich auf Vokallänge, ist aber sehr unregelmäßig. Ebenso unregelmäßig ist die Unterscheidung zwischen *e* und *i*.

[17] *h* und *z* wie in § 2.1.1.

2.2. Morphologie

2.2.1. Wortklassen

Hurritisch und Urartäisch kennen folgende Wortklassen: Pronomen, Nomen, Verbum, Partikel. Durch Anfügung von Suffixen kann ein nominaler Stamm zu einem verbalen Stamm umgebildet werden und umgekehrt.

Beim hurritischen Nomen überwiegen *i*/*e*-Stämme; einige frequente Wörter sind jedoch *a*-Stamm. Wichtige Suffixe zur Bildung von Substantiva sind *-šše* (Abstrakta), *-arde* (Abstrakta), *-he* (deverbale Substantiva), *-ki* (deverbale Substantiva), *-ni* (individualisierend), *-nni* (Berufsbezeichnungen) und *-li* (Berufsbezeichnungen). Adjektiva bilden u. a. -(*h*)*he* (Zugehörigkeit), *-uzzi* (Verbundenheit) und -(*š*)*še* (adjektivierend).

Verbalwurzeln bestehen im allgemeinen aus einer Silbe, seltener aus zwei oder mehr Silben. Einige wichtige Wurzelerweiterungen sind *-ar-* (imperfektiv?), *-ugar-* (Reziprozität), -V*št-* (unklar), *-am-* (Faktitiv) und *-a*(*n*)*n-* (Kausativ).

Auch im Urartäischen überwiegen unter den Nomina *i*-Stämme; *a*- und *u*-Stämme sind seltener. Wichtige Suffixe sind für Substantiva *-še* (Abstrakta), *-tuhi* (Abstrakta) und *-uše* (deverbal), und für Adjektiva *-hi* (Zugehörigkeit, häufig in Patronymika [§ 3.6.h S. 155]), *-alhi*/*-ulhi*/*-hali* (bildet Adjektiva zu Toponymen), -(*u*)*si* (bildet Adjektiva zu Nomina und Pronomina).

Urartäische Verbalwurzeln sind meistens einsilbig. Die Funktion einiger wichtiger Wurzelerweiterungen ist noch nicht gesichert, doch sind sie vermutlich mit ihren gleichlautenden hurritischen Entsprechungen etymologisch und semantisch verwandt: *-ar-*, -V*št-*, und *-an-* (Salvini 1991: 120–127).

2.2.2. Pronomen

Die Morphologie des hurritischen Pronomens ist zu einem großen Teil zu rekonstruieren. Unsere Kenntnisse des urartäischen Pronomens sind dagegen äußerst beschränkt, lassen aber auf ein Formsystem schließen, das mit dem hurritischen große Ähnlichkeiten hat. Die folgenden Paragraphen werden abwechselnd hurritische und urartäische Pronomina behandeln, damit Gemeinsamkeiten und Unterschiede zwischen dem Hurritischen und Urartäischen auf Anhieb klar werden.

2.2.2.1. Selbständiges Personalpronomen

Hurritisch: Der Absolutiv Singular ist in allen Personen ein *e*-Stamm. Ein Stammwechsel ist nur in der 1. Person zu beobachten. Für die Kasusendungen und ihre Funktionen vgl. § 2.2.3 S. 144f.

Folgende Formen sind bekannt (Wegner 1992):

Singular	1. Person	2. Person	3. Person
Absolutiv	*ište*	*fe*	*mane*
Ergativ	*išaš*	*feš*	*manuš*
Genitiv	*šove*	*feve*	?[18]
Dativ	*šova*	*feva*	
Direktiv	*šuda*		
Ablativ			*manudan*
Komitativ	*šura*		*manura*
Äquativ II	*šonna*		*manunna*
Plural			
Absolutiv	*šatti=l(la)*	*fe=lla*	*mane=lla*
Ergativ	*šieš*	*fešuš*	*manšoš*
Genitiv		*feše*	
Dativ	*šaša*(?)	*feša*	*manša*
Direktiv	*šašuda*		
Essiv		*feša*(?)[19]	
Komitativ			*manšu/ora*

Urartäisch: Nur drei Formen sind bekannt (s. vor allem Girbal 2001). Zwei davon sind mit ihren hurritischen Gegenstücken so gut wie identisch. Paradigma: Absolutiv 1. Person Singular *ište*, 3. Person Singular *mane*; Ergativ 1. Person Singular *yeše*.

[18] Nach einem sehr vorsichtigen Vorschlag von Neu wäre in KBo XXXII 14 I 47 für den Genitiv der 3. Person Singular eine Form *fuve* anzusetzen (Neu 1999: 299–300); zu der Stelle s. jedoch Wegner 2000: 194.

[19] Vermutlich belegt in RS 15.30+ Vs. 2, 3 (Laroche 1968: 463).

2.2.2.2. Enklitisches Personalpronomen

Hurritisch: Das enklitische Personalpronomen ist weniger emphatisch als das selbständige. Als Ausdruck des Subjekts beim intransitiven Verbum kann es entweder an das Verbum angehängt werden oder an einer anderen Stelle im Satz stehen. Die Formen sind:

	1. Person	2. Person	3. Person
Singular	*-t(ta)*	*-m(ma)*	*-n(na), -me/-ma*[20]
Plural	*-til(la)*	*-f(fa)*	*-l(la), -lle*[21]

Die Funktion der enklitischen Personalpronomina im Hurritischen ist die eines Absolutivs. In vereinzelten Fällen kann *-nna* eine 1. Person Singular/Plural vertreten (Girbal 1990: 93–97). Auch *-lla* kann personenneutral sein, vgl. *fe=lla* (§ 2.2.2.1 S. 140).

Vor diesen Enklitika (außer *-nna*) wird das auslautende *-i* eines Nomen meistens zu *-a*. Das Ergativsuffix *-š* (§ 2.2.3 S. 144) fällt vor dem enklitischen Personalpronomen aus, außer vor *-nna*; bei einem Zusammenstoß von *-š* und *-nna* entsteht *-šša* (Farber 1971) (§ 3.10.a S. 155).

Urartäisch: Die urartäischen enklitischen Personalpronomina haben im Vergleich zu den entsprechenden hurritischen Formen ein *-i* im Wortauslaut statt eines *-a*. Ihre Bedeutung ist manchmal sehr schwach; sie erscheinen sogar in Kombination mit gleichbedeutenden selbständigen Personalpronomina (§ 3.1 S. 154). Paradigma: 1. Person Singular *-di* (Abs), *-me* (Dat), 3. Person Singular *-ni*, *-bi*, 3. Person Plural *-li*.

Die Funktion dieser Pronomina ist die eines Absolutivs, nur die 1. Person Singular hat daneben auch eine Form für den Dativ. Die Form *-bi* für die 3. Person Singular kommt nur in Verbindung mit Verben vor (s. § 2.2.5.2 S. 150).

Wie das hurritische *-nna* kann auch das urartäische *-ni* personenneutral sein und bloß einen Absolutiv anzeigen (§ 3.1 S. 154).

[20] Variante *-me/-ma* nach den Konjunktionen *ai*, *inna* und *inu/unu* sowie nach dem Relativpronomen *iya/iye* (§ 2.2.2.5 S. 143).

[21] Variante *-lle* nach den Konjunktionen *ai*, *inu* und *panu* sowie nach dem Relativpronomen *iya/iye* (§ 2.2.2.5 S. 143).

2.2.2.3. Selbständiges Possessivpronomen

Hurritisch: Im Gegensatz zum Urartäischen verfügt das Hurritische nicht über ein selbständiges Possessivpronomen. Es benutzt stattdessen das enklitische Possessivpronomen (§ 2.2.2.4 S. 142), den Genitiv des selbständigen Personalpronomens (§ 2.2.2.1 S. 140), oder eine Kombination von beiden (§ 2.3.1 S. 153).

Urartäisch: Für das Urartäische sind folgende zwei selbständige Possessivpronomina bekannt (cf. Girbal 2001: 142–143): 1. Person Singular *šusi*, 3. Person Singular *masi*.

Die 1. Person Singular zeigt den Stamm *šu-*, die aus dem hurritischen obliquen selbständigen Personalpronomen (§ 2.2.2.1 S. 140) bekannt ist, der Stamm *ma-* der 3. Person Singular hängt möglicherweise mit dem Stamm *man-* des hurritischen und urartäischen Personalpronomens (§ 2.2.2.1 S. 140) zusammen.

2.2.2.4. Enklitisches Possessivpronomen

Hurritisch: In der 1. und 3. Person Plural ist das Pluralelement *-aš* erkennbar. Die 2. Person Plural weicht ab. Die enklitischen Personalpronomina treten unmittelbar an das Substantivum (§ 3.2 S. 154).

	1. Person	2. Person	3. Person
Singular	*-iffe* / *-iff(u)-*[22]	*-v* / *-v(u)-*[23]	*-i*
Plural	*-iffaš*	*-šše* / *-šu-*[24]	*-yaš*

Urartäisch: Wie beim selbständigen Possessivpronomen (§ 2.2.2.3 S. 142) sind nur die 1. Person Singular *-uki* und 3. Person Singular *-i* bekannt.

Durch Aphairesis verschwindet oft das *-u* von *-uki* nach einem vorangehenden Vokal (§ 3.3.a S. 154). Da die meisten urartäischen Substantiva *i*-Stämme sind, ist das an das Nomen suffigierte Possessivpronomen *-i* oft nicht gut erkennbar (§ 3.3.b S. 154, vgl. dazu § 3.3.c S. 154).

[22] *-iffe* im Absolutiv, *-iffu-* vor einem Kasussuffix mit konsonantischem Anlaut, sonst *-iff-*.
[23] *-v* im Absolutiv, *-vu-* vor einem Kasussuffix mit konsonantischem Anlaut, sonst *-v-*.
[24] *-šše* im Absolutiv, *-šu-* vor einem konsonantisch anlautenden Kasussuffix, sonst nicht belegt.

2.2.2.5. Relativpronomen

Hurritisch: Das Hurritische hat ein Relativpronomen *iya*/*iye*, das nur im Absolutiv vorkommt. Es kann, muß aber nicht, mit dem Nominalisierungssuffix *-šše* (§ 2.2.6 S. 152) kombiniert werden (s. für Relativsätze auch § 2.3.4 S. 153).

Urartäisch: Das urartäische Relativpronomen ist *ali*, von dem folgende Formen belegt sind: Absolutiv Singular *ali* und Plural *ali*/*eli*, Ergativ Singular *aluš*(*e*).

Der Wechsel zwischen den Vokalen *-i-* und *-u-* ist mit dem *-e*/*u*-Wechsel in der hurritischen pronominalen Flexion zu vergleichen, cf. *mane* (§ 2.2.2.1 S. 140) und *-iffe* (§ 2.2.2.4 S. 142).

2.2.2.6. Demonstrativpronomen

Hurritisch: Einige Demonstrativpronomina sind bekannt (s. vor allem Wilhelm 1984): *anni* „dieser"; *an̆di* „der, jener (anaphorisch-kataphorisch)"; *ani* „jener (anaphorisch)"; *akki* ... *agi* „der eine ... der andere".

Diese Pronomina haben im Absolutiv (wie in den oben zitierten Formen) den Themavokal *-i*, in den anderen Kasus jedoch den Themavokal *-u* (vgl. hurritisch § 2.2.2.1 S. 140, urartäisch § 2.2.2.5 S. 143).

Urartäisch: Im Urartäischen sind folgende demonstrative Formen belegt: Singular: Abs. *ini=Ø* (HchI 51:5), *ina=Ø*(*=ni*) (HchI 9:20). Plural: Abs. *in*(*i*)*=nili* (Schreibung *i-ni-li*) (HchI 104:36), *ina=nili* (HchI 80 Kol. III 45); Ess. *in*(*i*)*=na=a* (*i-na-a*) (HchI 74 Rs. 5); Abl.-Instr. *in*(*i*)*=na=ni* (*i-na-a-ni*) (HchI 117:17), *ina=na=ni* (Wilhelm 1976: 114 Anm. 36).

Das Nebeneinander von Formen mit dem Stamm *ina* und Formen mit dem Stamm *ini* ist noch nicht völlig geklärt. Nach einer oft geäußerten, bei der heutigen Beleglage noch schwer zu beurteilenden Hypothese (z. B. König 1955–57: 187) wäre zwischen zwei Pronomina zu unterscheiden: einem demonstrativen *ini* „dieser" und einem rückverweisenden *ina* „der genannte".[25] Auch eine lautgesetzliche Entwicklung wäre hier denkbar: Bei einem ursprünglichem *ina* könnte sich das im Absolutiv Singular auslautende *-a* zu *-i* entwickelt haben;[26] die Form *ina=Ø*(*=ni*) wäre dann eine Analogiebildung aufgrund der anderen Kasusformen, die das *-a* bewahrt hätten. So wären die zwei Paradigmata möglicherweise auf ein Pronomen *ina*/*i* „dieser" zurückzuführen.

[25] Unter den oben angeführten Belegen würde man dann allerdings in HchI 9:20 eher eine Form von *ini* erwarten.

[26] Vgl. die Bemerkung zum urartäischen Artikel *-nili* in § 2.2.4 S. 146.

2.2.2.7. Interrogativpronomen

Hurritisch: Das Fragepronomen ist im Hurritischen nur mit zwei Formen im Singular belegt: Absolutiv *au* (?)[27], Ergativ *aveš*.

Urartäisch: Ein urartäisches Fragepronomen ist bis jetzt nicht belegt.

2.2.2.8. Indefinitpronomen

Hurritisch: Die bislang bekannt gewordenen hurritischen Indefinitpronomina sind: *oli* „anderer"; *šue* „all, ganz".

Urartäisch: Als Indefinitpronomina dienen die zwei indeklinablen *ainiei* „jemand", *giei* „etwas". Diese kommen auch mit Negation vor: *ui ainiei* „niemand", *ui/mei giei* „nichts". Das Wort für „anderer" ist das deklinierbare *uli*, „jeder, all" ist *šui*.

2.2.3. Nomen

Die Nominalsysteme des Hurritischen und des Urartäischen zeigen eine sehr große Übereinstimmung und können also gemeinsam behandelt werden.

Die wichtigsten Funktionen der Kasus sind:
Absolutiv: intransitives Subjekt; direktes Objekt; Prädikatsnomen; *Ergativ*: transitives Subjekt; *Genitiv*: Zugehörigkeit; *Dativ*: indirektes Objekt, Ziel; *Direktiv*: Ziel, indirektes Objekt; *Essiv/Lokativ*: Ort, im Hurritischen daneben auch: Zustand, Patiens beim Antipassiv; *Ablativ*: Herkunft, Ort, Ziel, selten Patiens beim Antipassiv; *Ablativ-Instrumentalis*: Herkunft, Mittel; *Komitativ*: Begleitung; *Assoziativ*: Eigenschaft; *Äquativ I/II*: Vergleichbarkeit, Eigenschaft; *Instrumentalis*: Mittel.

Wenn die vokalisch anlautenden Kasussuffixe *-a*, *-oš* und *-ae* (aber nicht *-e*) direkt an das Nomen treten, wird der Themavokal elidiert (§ 3.11 S. 156). Diese drei Kasussuffixe sind auch nicht von Suffixaufnahme (§ 2.2.4 S. 147) betroffen.

Die Kasussuffixe sind:[28]

[27] MittBr III 121 und ChS I/5 23 II 10' mit der hethitischen Entsprechung ChS I/5 19 III 42; Hinweis I. Wegner.
[28] S. vor allem Giorgieri 1999a.

	Hurritisch		Urartäisch	
	Singular	Plural	Singular	Plural
Absolutiv	-*Ø* (Pl. a. -*lla*)		-*Ø*, Pl. meist -*li*	
Ergativ	-*š*	-(*a*)*šuš*	-*š*(*e*)	
Genitiv	-*ve*	-(*a*)*še*	-*i*, -*e*	-*we*
Dativ	-*va*	-(*a*)*ša*	-*e*	-*we*
Direktiv	-*da*	-*(a)šta*	-(*e*)*di*	-*edi* / -*šte*
Essiv/Lokativ[29]	-*a*	-*a* / -(*a*)*ša*	-*a*	
Ablativ	-*dan*	-(*a*)*štan*	-*tane*	-*štane*
Ablativ-Instrumentalis	-*n*(*i*/*e*)	-*(a)šani*/*e*	-*ni*/*e*	
Komitativ	-*ra*	-*(a)šura*	-*rani*	
Assoziativ	-*nni*			
Äquativ I	-*oš*[30]			
Äquativ II	-*nna*[31]	-(*a*)*šonna*		
Instrumentalis	-*ae*			
Genitiv?Direktiv?	-*e*			

Die Kasussuffixe fügen sich wie folgt in die Enklitikakette hinter dem Nomen ein:

1	2[32]	3	(4)	5	6
Artikel (§ 2.2.4 S. 146)	Poss. (§ 2.2.2.4 S. 142)	Kasus	2. Kasus[33]	Pers.-pron. (§ 2.2.2.2 S. 141)	Partikel

[29] In der Hurritologie ist für diesen Kasus der Terminus „Essiv", in der Urartologie der Terminus „Lokativ" üblich.
[30] Nur in Mari und im hurritisch-hethitischen „Lied der Freilassung" belegt.
[31] Eine Kombination der Endungen -*nni* und -*a*. Ausschließlich im Mittani-Brief belegt, in dem das Äquativsuffix -*oš* nicht vorkommt.
[32] Nur in den seltensten Fällen sind die Leerstellen 1 und 2 gleichzeitig besetzt (Giorgieri-Röseler 1996: 283 Anm. 9).
[33] Nur in der Kombination des Assoziativs mit dem Essiv (-*nna*, „Äquativ II") oder dem Instrumentalis (-*nnae*).

Im Fall einer Suffixaufnahme in einer Genitivkonstruktion (§ 2.2.4 S. 147) erscheinen nach dem Genitivsuffix in der dritten Leerstelle noch einmal der Artikel und ein Kasussuffix.

2.2.4. Der bestimmte Artikel und die Suffixaufnahme

Das hier für das Hurritische und das Urartäische zu behandelnde Suffix wurde vor langer Zeit als *bestimmter Artikel* beschrieben (Thureau-Dangin 1931: 254–256), doch sind seitdem viele andere Bezeichnungen vorgeschlagen.[34] Da trotz einiger Unklarheiten die Bezeichnung „bestimmter Artikel" nach wie vor am besten zutrifft, wird dieser Terminus hier beibehalten. Das Suffix steht zwischen dem Wortstamm und dem Kasussuffix. Seine Formen sind:

	Hurritisch		Urartäisch	
	Singular	Plural	Singular	Plural
Absolutiv	–	*-na*	–	*-nili*
Andere Kasus	*-ne-*	*-na-*	*-ni-*	*-na-*

Sowohl im Hurritischen als auch im Urartäischen kommt der Artikel im Absolutiv Singular nicht vor – jeder singularische Absolutiv kann also sowohl unbestimmt als auch bestimmt sein. Der Absolutiv Plural *-nili* ist eine urartäische Neuerung.[35] Bei Substantiva auf *-li/a*, *-ni/a* und *-ri/a* fällt im Hurritischen bei Antritt des Artikels das *-i* oder *-a* im Stammauslaut durch Synkope aus und es entsteht *-lle* (Singular) / *-lla* (Plural), *-nne* (Singular) / *-nna* (Plural) bzw. *-rre* (Singular) / *-rra* (Plural) (§ 3.4 S. 154). Bei Konsonantengruppen tritt Vokaleinfügung auf (§ 3.4.a S. 154).

Bei urartäischen Substantiva mit *l/n/r* vor dem Themavokal *-i* gelten dieselben Elisions- und Assimilationsregeln wie im Hurritischen. Da die urartäische Keilschrift aber Doppelschreibungen von Konsonanten vermeidet, sind

[34] Vgl. z. B. Wegner 2000: 53–54 und Wilhelm 2004a: 106–107. Die rezente hurritologische Literatur verwendet oft die Bezeichnung „Relator". Dieser Terminus ist aber aus zwei Gründen weniger geeignet: Er ist bislang für das Hurritische nie klar definiert worden und er ist in der linguistischen Terminologie schon anderweitig belegt.

[35] Eine mögliche Erklärung für diese Form: Durch die Entwicklung von auslautendem *-a* zu *-i* (vgl. z. B. *-di*, *-ni*, [§ 2.2.2.2 S. 141] oder *-edi* [§ 2.2.3 S. 145]) wurde der Artikel im Absolutiv Plural von *-na* zu *-ni* (in den anderen Kasus blieb durch das Antreten der Kasussuffixe *-na-* erhalten); zur Unterscheidung dieser Form von dem singularischen Artikel *-ni-* und dem enklitischen Pronomen *-ni* wurde das pluralische *-li* (§ 2.2.2.2 S. 141) angefügt.

im Singular und im Absolutiv Plural unbestimmte und bestimmte Formen nicht voneinander zu unterscheiden (§ 3.5 S. 154).

Ein Attribut (im Genitiv, oder ein Adjektiv, z. B. gebildet mit einem Zugehörigkeitssuffix, oder – im Hurritischen – mit dem Nominalisierungssuffix [§ 2.2.6 S. 152]) muß im Hurritischen und Urartäischen mit seinem Leitwort kongruieren. Dem Kasussuffix, das diese Kongruenz bewirkt, geht der Artikel voran (§ 3.6 S. 154).[36] So kann ein Substantiv zwei Kasusmorpheme tragen: das des Genitivs und das des übergeordneten Wortes. Diese Erscheinung heißt in der Hurritologie und Urartologie „*Suffixaufnahme*“.[37] Suffixaufnahme unterbleibt im Absolutiv Singular, da dieser Kasus weder durch ein Suffix markiert wird noch den Artikel tragen kann (vgl. §§ 3.6.b mit 3.6.c, und 3.6.d mit 3.6.e S. 154f.).

2.2.5. Verbum

In den nächsten Paragraphen erfolgt die Behandlung des hurritischen und des urartäischen Materials getrennt, weil für das Verbum die Unterschiede zwischen den beiden Sprachen sehr groß sind.

2.2.5.1. Das hurritische Verbum

Indikativ: Das transitive und das intransitive Verbum werden im Indikativ unterschiedlich behandelt. Zu jedem transitiven Satz kann das Antipassiv ein intransitives Gegenstück bilden. Das Mittanihurritische und das Althurritische liegen in ihrer Morphologie des indikativischen Verbums weit auseinander.

Im *Mittanihurritischen* hat das Verbum nach dem Stamm ein *-i* für aktive[38] und antipassivische Formen von transitiven Verben und ein *-a* für das aktive intransitive Verbum. Die Tempusmarkierungen sind beim aktiven transitiven und antipassivischen Verbum *-Ø-* für das Präsens, *-oš-* für das Präteritum und *-ed-* für das Futur. Danach kommen im aktiven Verbum Suffixe für den Agens (§ 3.7.a–c S. 155):

[36] Um in den Analysen die Suffixaufnahme als Sonderverwendung des Artikels klar abzuheben, folgen wir Wegner 2000 (S. 61 aber mit einer anderen Analyse) und geben den Artikel als Trägersuffix der Suffix-aufnahme in Großbuchstaben wieder.

[37] Zu diesem Phänomen s. vor allem Wegner 1995, Wilhelm 1995a.

[38] Nur im Präsens in der negierten 1. Person und in der 2. und 3. Person.

	1. Person	2. Person	3. Person
Singular	*-affu* / *-av*[39]	*-o*	*-a*
Plural	*-avša*	*-aššo/u*[40]	*-ta* (/ *-aša*?)

Das enklitische Personalpronomen (§ 2.2.2.2 S. 141) für das direkte Objekt kann hinter der Agensmarkierung angehängt werden, aber kann auch an einer anderen Stelle im Satz stehen.

Die antipassivische Markierung *-i* steht nach dem Tempussuffix *-Ø-* (Präsens), *-oš-* (Präteritum), *-ed-* (Futur) (§ 3.7.d S. 155). Optional steht direkt dahinter noch ein enklitisches Personalpronomen zum Ausdruck des Subjekts (§ 3.7.e S. 155).

Das intransitive Verbum hat die Markierung *-a* nach dem Tempussuffix *-Ø-* (Präsens), *-oš-t-* (Präteritum), *-et-t-* (Futur) (§ 3.7.f S. 155). Auch hier tritt optional das enklitische Personalpronomen als Markierung des Subjekts dahinter (§ 3.7.g S. 155).

Das *Althurritische* markiert das transitive Verbum im Aktiv durch ein *-o* und im Antipassiv durch ein *-i*: eine Differenzierung, die das Mittanihurritische nicht kennt. Das intransitive Verbum hat auch hier das Kennzeichen *-a*. Über Tempusmarkierungen verfügt das Althurritische nicht. Nur wenige Personenmarkierungen sind bekannt. Das transitive aktive Verbum hat die Suffixe *-m* für den Agens der 3. Person Singular[41] (§ 3.7.h S. 155) und *-ido* für den Agens der 3. Person Plural (§ 3.7.i S. 155); das intransitive Subjekt wird in der 3. Person Singular/Plural durch ein *-b* nach dem *-i-* oder *-a-* markiert oder bleibt unmarkiert (§ 3.7.j–k S. 155).

Modale Formen: Das Hurritische verfügt über eine Vielzahl an modalen Formen, die zu einem sehr großen Teil in ihrer Bildung und Bedeutung noch nicht eindeutig geklärt sind. (1) Eine Gruppe bilden Wunschformen mit dem Suffix *-i-*: 1. Singular *-i=le*,[42] 2. Singular *-i/e=Ø* (§ 3.10.b S. 155), 3. Singular *-i=en* (§ 3.10.a S. 155),[43] 2. Plural *-i=(š)*, 3. Plural *-i=d=en*.[44] (2) Finale Be-

[39] Die Langform *-affu* in Kombination mit der Verneinung *-va-* (§ 2.2.6 S. 151).

[40] Nur im „Lied der Freilassung" (Neu 1996: 409, 415) und in Qatna (Richter 2003: 172, 176) bezeugt; bei dieser Endung wären die Elemente für den Plural (*-aš* / *-ša*) und für die 2. Person (*-o-*) im Vergleich zur 1. Plural vertauscht.

[41] Vielleicht markiert dieses Suffix gleichzeitig das direkte Objekt in der 3. Person Singular (Wilhelm 2004a: 111), allerdings nicht im „Lied der Freilassung".

[42] Nach Stämmen mit *l*-Auslaut entfällt das Suffix *-i-* in *-i=le*.

[43] Bei Antritt eines enklitischen Personalpronomens (außer *-nna*) an diese Endung (oder an die Endung *-iden* der 3. Person Plural) erscheint ein *-i-* als Verbindung zwischen der Endung *-en* und dem Pronomen. Im Hurritischen von Hattuša verschwindet das *n* vor einem Wort mit konsonantischem Anlaut (Wegner 1990).

[44] Nach Stämmen mit *t*-Auslaut entfällt das Suffix *-i-* in *-i=d=en*.

deutung haben Formen für die 3. Person mit dem Suffix -*(il=)ae/i*, im Plural -*(il=)ae/i=ša*. (3) Formen mit den Suffixen -*(i/oll=)eva* und -*i/oll=ed-* geben einen Wunsch oder eine Möglichkeit wieder, solche mit -*eva* eine Möglichkeit. (4) Nur in Hattuša belegt sind dringende Wünsche mit dem Suffix -*ilanni* (3. Singular) oder -*idanni* (3. Plural). (5) Ebenfalls nur aus Hattuša stammen noch wenig erforschte Wunschformen der 3. Person Singular und Plural auf -*ileš*, -*oleš* und -*olaeš*.

Formen vom Typ (1) und (2) sind für transitive und intransitive Verben gleich – anders als das indikativische Verbum unterscheiden sie also nicht zwischen beiden verbalen Klassen. Bei Typ (3) sind die Formen auf -*va* mit transitiven und intransitiven Verben belegt, die mit -*i/oll=ed-* aber nur in Konstruktionen mit einem transitiven Subjekt und einem Objekt. Vom Typ (4) sind nur transitive Formen bekannt.

Nominale Formen: Das direkt an den Verbalstamm tretende Suffix -*umme* bildet Infinitive. Der Infinitiv kann wie ein Substantiv dekliniert werden.

Partizipia werden gebildet mit den Suffixen -*iri* und -*aure* nach dem Verbalstamm. Beide beschreiben vollendete Handlungen; Formen mit dem ersten Suffix sind aktiv, solche mit letzterem Suffix passiv zu übersetzen. Morphologisch noch undurchsichtig sind Formen mit einem Suffix -*ili(y)a*, die durch Relativsätze mit einer 1. Person Singular als Agens wiederzugeben sind.

2.2.5.2. Das urartäische Verbum

Indikativ: Auch das Urartäische behandelt transitive und intransitive Verben im Indikativ unterschiedlich. Tempusmarkierungen kennt das Urartäische nicht.[45] Es ist nur eine einzige transitive Form mit Präsensbedeutung bekannt: *ali* „er sagt“.[46] Die anderen belegten transitiven Formen haben Vergangenheitsbedeutung. Sie haben ein -*u*- als Transitivitätsbezeichnung hinter dem Stamm (vgl. das -*o* in § 2.2.5.1 Althurritisch S. 148). Danach kommen Personenmarkierungen für den Agens:

	1. Person	2. Person	3. Person
Singular	-*Ø*		-*Ø*, -*a*
Plural	-*še*?[47]		-*itu*

[45] Für eine unsichere Ausnahme s. den drittletzten Absatz dieses Kapitels.

[46] Oder das Relativpronomen (§ 2.2.2.5 S. 143) mit Ellipse des Verbums „was (er sagt)“ (Diakonoff 1963: 87)? Die Morphologie von *ali* ist noch völlig dunkel.

[47] Der Ansatz dieser Endung beruht lediglich auf der unsicheren Lesung *šid-išt=u=še* in HchI 12:38 (Melikišvili 1960: 124, vgl. Salvini ap. Melikišvili 1971: 101–102).

Endungen der 2. Person sind bislang unbekannt. Die 3. Person Singular hat die Endung *-a* nur, wenn das Objekt eine 3. Person Plural ist, sonst *-Ø* (§ 3.8.d–e S. 155).

Im allgemeinen wird die Transitivitätsmarkierung *-u-* vor der Endung *-itu* elidiert; manchmal aber verschwindet das *-i-* der Endung und das *-u-* bleibt erhalten. Nach einem Verbalstamm mit *r*-Auslaut verschwinden sowohl das *-u-* wie das *-i-* (§ 3.8.f S. 155). Das ist auch der Fall nach einem Verbalstamm mit einem Dental im Auslaut, aber nur, wenn ein enklitisches Pronomen folgt; in der Schreibung erscheint der doppelte Dental als nur ein *-t-* (§ 3.8.h versus § 3.8.g S. 155).

Hinter der Agensmarkierung steht ein enklitisches Personalpronomen (§ 2.2.2.2 S. 141) zur Bezeichnung des direkten oder (weniger oft und in der heutigen Beleglage nur in der 1. Person Singular) des indirekten Objekts (§ 3.8.a–h S. 155). Für das direkte Objekt der 3. Person steht *-bi*, wenn der Agens eine 1. Person Singular ist, sonst *-ni* (§ 3.8.a–b S. 155). Diese Verteilungsregel, zusammen mit der oben erwähnten Regel für den Agens der 3. Person Singular, ermöglicht es dem Urartäischen, zwischen den sonst identischen Formen mit einem Agens der 1. Person Singular oder der 3. Person Singular zu differenzieren.[48]

Das einzige bekannte enklitische Pronomen für den Dativ (1. Singular *-me*) kann auch hinter dem Verbum stehen; es verdrängt dann das enklitische Pronomen im Absolutiv *-ni* (§ 3.8.c–h S. 155).

Das intransitive Verbum hat hinter dem Stamm die Intransitivitätsmarkierung *-a-* (vgl. das Hurritische).[49] Das enklitische Personalpronomen des Absolutivs (§ 2.2.2.2 S. 141) markiert danach das Subjekt (§ 3.8.i–k S. 155). Für das Subjekt der 3. Person Singular wird dabei immer das Pronomen *-bi* gewählt (vgl. das intransitive Suffix *-b* im Althurritischen, § 2.2.5.1 S. 148) (§ 3.8.j S. 155). Alle bekannten Formen haben Vergangenheitsbedeutung.

Noch unklar sind intransitive Formen auf *-ia*. In einer oft belegten Formel tritt eine dieser Formen in einem syntaktischem Kontext auf, der mit einem möglichen Agens im Absolutiv und einem möglichen Patiens im Dativ antipassivisch anmuten könnte (§ 3.9 S. 155); doch die Formel ist noch zu undurchsichtig, um damit die Endung *-ia* als Antipassiv zu etablieren (Gehlken 2000: 32 Anm. 6). Ebenfalls unklar sind intransitive Fomen mit dem Suffix *-i*.

Modale Formen: Wie für das Hurritische besteht auch für das Urartäische große Unklarheit über die modalen Formen. Mehr als eine grobe Einteilung

[48] Einige Forscher sind hier einen Schritt weiter gegangen und nehmen für das Urartäische ein System von transitiven Verbalendungen an, die gleichzeitig das Subjekt und das direkte Objekt markieren (z. B. Salvini 1995: 197–200, Wilhelm 2004b: 130–131). Diese Hypothese ist noch näher zu untersuchen (vgl. Gehlken 2000).

[49] Eine Ausnahme ist das Verbum *man-* „sein“: *man=u* „war“.

der wichtigsten Beispiele ist hier nicht möglich. (1) Wunschformen mit dem Suffix *-i-*: 1. Singular *-i=li* (unsicher) [Wilhelm 2004b: 133]; 2. Singular *-i/e=Ø*; 3. Singular *-i=n*; 3. Plural *-i=tin(i)*. (2) Formen auf *-ilani* (3. Singular) und *-idani* (3. Plural), vermutlich mit einer finalen Bedeutung: „damit er/sie ...". (3) Noch unklare Formen mit der Endung *-alani* stehen in negierten Relativsätzen mit einem 3. Singular oder 3. Plural als transitivem Subjekt. (4) Formen mit dem Transitivitätsvokal *-u-*, gefolgt von *-li* (nicht zu verwechseln mit den Wunschformen auf *-ili*) sind belegt in Relativsätzen und konditionalen Nebensätzen. Sie haben entweder modale Bedeutung (Potentialis) oder sind als Futur zu interpretieren.

Formen vom Typ (1) sind bei transitiven und intransitiven Verben identisch. Typ (3) ist nur in transitiven Sätzen belegt. Typ (4) ist vielleicht ein Tempus, und in diesem Fall nicht hierher gehörig.

Nominale Formen: Formen mit *-ume* nach dem Verbalstamm sind vermutlich Infinitive.

Wie das Hurritische (§ 2.2.5.1 S. 149) hat auch das Urartäische Partizipia mit Vergangenheitsbedeutung. Das Suffix *-auri* bildet Partizipia zu transitiven Verben (passiv zu übersetzen), das Suffix *-uri* zu intransitiven Verben (aktiv zu übersetzen).

2.2.6. Zwei verbale Suffixe im Hurritischen: Verneinung, Relativsatz

Verneinung wird im Hurritischen durch ein Verbalsuffix wiedergegeben, und auch Relativsätze können mit Hilfe eines Suffixes am Verbum gebildet werden. Das Urartäische benutzt in beiden Fällen lexikalische Elemente (s. § 2.2.2.5 S. 143).

Im Mittanihurritischen hat das negierte indikativische aktive transitive Verb in der 1. und 2. Person ein Suffix *-va-* hinter der Transitivitätsmarkierung *-i-*. Dieses Suffix verschmilzt mit der folgenden Agensmarkierung: 1. Singular *-uffu*; 1. Plural *-uffuš*; 2. Plural *-uššu*. In der 3. Person Singular steht ein Suffix *-ma* hinter der (dann oft plene geschriebenen) Agensmarkierung *-a*. Das Althurritische des „Liedes der Freilassung" verneint aktive transitive Verben mit einem vor der Transitivitätsmarkierung *-o-* positionierten Suffix *-ud-*.

Intransitive und antipassivische Verben haben die Negation *-kk-*. Bei intransitiven Verben steht dann *-okko*, bei antipassivischen Verben *-ikki* (vor einem enklitischen Personalpronomen *-okka*, bzw. *-ikka*) hinter dem Stamm.[50]

[50] Das Verbum *mann-* „sein" ist unregelmäßig: *mann=i* „ist", *mann=okko* „ist nicht".

Wunschformen (sowohl transitive als auch intransitive) haben wiederum das Verneinungssuffix *-va-*; es steht hinter dem modalen Suffix *-i-*.

Das sowohl im Mittani-Brief als auch im „Lied der Freilassung" vorkommende, nach einem nominalen oder verbalen Stamm stehende Element *-ubad-* ist vermutlich auch ein Negationssuffix.

Neben dem Relativpronomen *iya/e* (§ 2.2.2.5 S. 142) hat das Hurritische noch eine Möglichkeit, *Relativsätze* zu bilden: die Anfügung des Nominalisierungssuffixes *-šše* hinter einer Verbalform (§ 3.6.d–e S. 155). Das Verbum wird hierdurch zu einem Adjektiv, das den Artikel tragen kann (§ 2.2.4 S. 146) (§ 3.6.e S. 155). Ein so gebildeter Relativsatz kann durch *iya/e* eingeleitet werden und sein Bezugswort kann innerhalb des Relativsatzes nur die Funktion eines Absolutivs haben (vgl. § 2.3.4 S. 153).

2.2.7. Postpositionen, postpositionale Ausdrücke, Präpositionen

Hurritisch: Einige Substantiva sind im Hurritischen die Basis für feste postpositionale Ausdrücke geworden. Im allgemeinen sind sie um das enklitische Possessivpronomen *-i-* (§ 2.2.2.4 S. 142) erweitert. Einige Beispiele: *ayi=i=da* nach Dativ „in Gegenwart von" (*ayi* „Gesicht"); *edi=i=da* oder *edi=i=va*[51] nach Dativ „für, wegen" (*edi* „Körper, Person"); *furi=i=da* nach Dativ „vor (den Augen von)" (*furi* „Blick"); nur in Hattuša: *abi=i=da* nach Dativ „vor" (*abi* „Vorderteil").

Das letzte Wort kommt auch als Präposition vor: *abi* vor Dativ „vor" (nur Hattuša).

Urartäisch: Drei vielleicht enklitische Postpositionen sind (-)*kai* mit Absolutiv „vor" (NB *ka*(*i*)=*uki* [vgl. § 2.2.2.4 S. 142] „vor mir"!), (-)*pi*(*ei*) mit Absolutiv „unter", (-)*ṣi/e* mit Lokativ „in".

Von Substantiva gebildete Postpositionen sind z. B. *edi=i=a* nach Genitiv/ Dativ „nach (Richtung)", *edi=i=ni* nach Ablativ-Instrumentalis „aus, wegen" und *ištini=i=ni* nach Lokativ „für, zu".

Eine Präposition ist *pari* mit Dativ/Lokativ „bis (zu)".

2.3. Syntax

Die Syntax des Hurritischen und Urartäischen ist noch relativ wenig erforscht. Dieser Abschnitt kann bloß einige Phänomene kurz behandeln.

[51]Gerade der einzige Beleg für *edi=i=va* zeigt, wie sehr es hier um feststehende Ausdrücke geht: *fe=va edi=i=va* (MittBr III 55) „wegen dir" kombiniert das Possessivpronomen *-i-* mit einer 2. Person.

2.3.1. Genitivkonstruktionen

Attribute können in einer Genitivkonstruktion vor oder nach ihrem Leitwort stehen. Sowohl im Hurritischen wie im Urartäischen bewirkt die sog. Suffixaufnahme, daß ein Nomen im Genitiv durch Anfügung des Artikels und des Kasussuffixes des übergeordneten Wortes der Genitivkonstruktion mit seinem Leitwort kongruiert (§ 2.2.4 S. 147). In beiden Sprachen begegnen ab und zu Konstruktionen vom Typ „des x sein y" (§ 3.6.a–c,f–g, i S. 155f.).

2.3.2. Antipassiv im Hurritischen

Das Antipassiv ist der Gegenpol zum Passiv: Es bildet im Hurritischen intransitive Sätze mit einem obligatorischen Agens als Subjekt im Absolutiv und einem optionalen Patiens im Essiv (oder seltener im Ablativ-Instrumentalis). Über diese hurritische Konstruktionsmöglichkeit und ihre Funktionen ist noch wenig bekannt.[52] Zwei wichtige Funktionen sind: das Bilden patiensloser Sätze (§ 3.7.d–e S. 155) und von Relativsätzen mit einem Agens als Bezugswort (§ 2.3.4 S. 153).

2.3.3. Gespaltene Ergativität im Hurritischen

Anscheinend markiert das Hurritische das transitive Subjekt von Wunschformen mit dem *i*-Suffix (§ 2.2.5.1 S. 148f.) in der 3. Person als Ergativ, in der 1. und 2. Person aber als Absolutiv (Hazenbos 2001) (§ 3.10.a–b S. 155).

2.3.4. Relativsätze

Hurritische Relativsätze haben das Verbum im Indikativ, eventuell erweitert mit dem Suffix *-šše* (§ 2.2.6 S. 152). Diese Sätze kennen eine syntaktische Beschränkung: Das Bezugswort des Satzes darf nur die Funktion eines Absolutivs haben. Wenn nun ein Relativsatz einen Agens als Bezugswort haben soll, kommt das Antipassiv (§ 2.3.2 S. 153) zum Einsatz (§ 3.11 S. 156).

Urartäische Relativsätze haben nach den bis jetzt bekannten Belegen das Bezugswort nur im Absolutiv oder im Ergativ. Das Verbum steht im Indikativ, aber wenn ein Relativsatz eine konditionale (oder futurische?) Nuance hat, erhält das Verbum die Endung *-uli* (§ 2.2.5.2 S. 151).

[52] Girbal 1992, Giorgieri 2000: 250–253, Wilhelm 2000, Hazenbos 2002: 871–872.

2.3.5. Wortstellung

Das Verb steht im *Hurritischen* meistens am Satzende oder am Satzanfang. Im Mittani-Brief steht das Verbum meistens am Satzende und in transitiven Sätzen befindet sich das Subjekt meistens vor dem direkten Objekt. Die Stellung der Basiselemente im Satz ist also AOV / SV.[53] In transitiven Sätzen im „Lied der Freilassung" sind jedoch Sätze mit einer Voranstellung des direkten Objekts (OAV) häufig. Adverbialphrasen können vor dem Verb stehen (in transitiven Sätzen zwischen A und O), doch auch dahinter gesetzt werden (Wegner 2000: 101).

Im *Urartäischen* erschwert die Einförmigkeit des Textkorpus Untersuchungen zur Wortstellung. Das Verbum steht sowohl am Satzanfang als auch am Satzende, und die meist vorkommende Stellung der Basiselemente ist AOV / SV, doch sind viele unterschiedlich bedingte Abweichungen möglich, die eher auf eine relativ freie Wortstellung schließen lassen. Auch die Position der Adverbialphrasen ist nicht festgelegt (Gragg 1991).

3. Beispiele

1. *Urartäisch*: *ište=di Rusa=Ø=ni* (HchI 122:24)
1SgAbs=Abs1Sg R=Abs=Abs1!Sg
„Ich bin Rusa"

2. *Hurritisch*: a. *šen*(*a*)*=iffe=Ø* (MittBr I 65) „mein Bruder (Abs.)"; b. *paššithi=vu=š* (MittBr I 72) „dein Gesandter (Erg.)".

3. *Urartäisch*: a. *e-ba-ni-ki-di* (HchI 104:27) für *ebani=*(*u*)*ki=di* „zu meinem Land"; b. *ti-i-ni* (HchI 40:3, 6) für *tini=i=Ø* „sein Name (Abs.)"; c. *si-la-a-i-e* (HchI 40:1, 4) für *sila=i=e* „seiner Tochter/Gattin(?)"

4. *Hurritisch*: a. [*k*]*e-bé-e-él-la-šu-uš* (KBo XXXII 14 I 14) für *kebl*(*i*)*=na=šuš* „die Jäger (Erg.)"; b. *e-e-en-na-šu-uš* (MittBr II 52) für *en*(*i*)*=na=šuš* „die Götter (Erg.)"; c. *ni-ha-a-ar-re-e-we* (MittBr III 41) für *nihar*(*i*)*=ne=ve* „der Mitgift".

5. *Urartäisch*: a. *pi-la-we* (HchI 121:3) für *pil*(*i*)*=na=we* „den Kanälen"; b. *ba-ba-na-we* (HchI 10:20) für *baban*(*i*)*=na=we* „den Bergen"; c. *ku-ri-li* (HchI 103 §4 VII 44) für *kur*(*i*)*=nili* „die Füße (Abs.)"

6. *Hurritisch*
a. *šen*(*a*)*=iffu=ve=NE=ve ōmīni=i=ve* (MittBr I 97)
Bruder=Poss1Sg=GenSg=ArtSg=GenSg Land=Poss3Sg=GenSg
„des Landes meines Bruders"
b. *šen*(*a*)*=iffu=ve ašti=i=Ø* (MittBr III 21)
Bruder=Poss1Sg=GenSg Frau=Poss3Sg=Abs

[53] A steht hier für das transitive Subjekt, S für das intransitive Subjekt, O für das direkte Objekt, V für das Verbum.

„die Frau (Abs.) meines Bruders“
c. *šen(a)=iffu=ve=NE=š ašti=i=š* (MittBr III 7)
Bruder=Poss1Sg=GenSg=ArtSg=ErgSg Frau=Poss3Sg=ErgSg
„die Frau (Erg.) meines Bruders“
d. *šala=Ø ar=oš=a=šše* (MittBr III 104–105)
Tochter=Abs geben=Prät=Ag3Sg=Nom
„die Tochter (Abs.), die er gegeben hat“
e. *tiwe=na=Ø tan=oš=av=šše=NA=Ø* (MittBr I 73)
Ding=ArtPl=Abs machen=Prät=Ag1Sg=Nom=ArtPl=Abs
„die Dinge (Abs.), die ich gemacht habe“
f. *šen(a)=iffu=ve=NE=ve ašti=i=ve* (MittBr IV 48)
Bruder=Poss1Sg=GenSg=Art=GenSg Frau=Poss3Sg=GenSg
„der Frau meines Bruders“ (eig. „meines Bruders seiner Frau“)
g. *fe=ve tiša=v=Ø* (KBo XXXII 15 I 20’)
2Sg=GenSg Herz=Poss2Sg=Abs
„dein Herz (Abs.)“
Urartäisch
h. *Menua=še Išpuini-hi=NI=še* (HchI 59:1–2)
M=Erg I-Zug=ArtSg=Erg
„Menua (Erg.), der (Sohn) des Išpuini“
i. *Haldi=i=NI=ni alsuiši=i=ni* (HchI 104:32)
H=GenSg=Art=AblInstr Größe=Poss3Sg=AblInstr
„durch die Größe des Haldi“ (eig. „durch des Haldi seine Größe“)

7. *Hurritisch*: a. *tad=i=a* (MittBr I 74) „er liebt“; b. *tad=av* (MittBr I 75) „ich liebe“; c. *ar=oš=a* (MittBr I 46) „er gab“, d. *pašš=oš=i* (MittBr I 65) „er schickte“; e. *hill=oš=i=tta(=ān)* (MittBr II 26) „(und) ich sprach“; f. *un=a* (MittBr II 14) „er kommt“; g. *un=a=lla(=ān)* (MittBr I 115) „(und) sie kommen“; h. *tav-ašt=o=m* (KBo XXXII 14 I 43) „er goß“; i. *tun=ido* (KBo XXXII 14 IV 17) „sie zwangen(?)“; j. *šar=i=b* (KBo XXXII 15 I 5’) „er wünscht“; k. *nahh=a=b* (KBo XXXII 14 IV 12) „er setzte sich“.

8. *Urartäisch*: a. *ar=u=Ø=bi* (HchI 16 VI 18) „ich gab ihn“; b. *ter=u=Ø=ni* (HchI 8:3, 8) „er bestimmte es“; c. *ar=u=Ø=me* (HchI 124 Vs. 44) „er gab (es) mir“; d. *zad=u=Ø=li* (HchI 91A:8) „ich machte sie“; e. *zad=u=a=li* (HchI 10:2) „er machte sie“; f. *par-tú* (HchI 103 §4 IX 52) für *par=(u)=(i)tu* „sie führten weg“; g. *a-ti-[tú]* (HchI 103 §14 V 34) für *at=(u)=itu* „sie fraßen“; h. *za-tú-me* (HchI 104:10) für *zad=(u)=(i)tu=me* „sie machten (ihn) mir“; i. *ušt=a=di* (HchI 103 §4 III 31) „ich zog aus“; j. *ušt=a=bi* (HchI 103 §3 II 6) „er zog aus“; k. *ušt=a=li* (HchI 117:9) „sie zogen aus“.

9. *Urartäisch*: *ali=Ø ab=a=di haš=ia=l(i?)=me* DINGIR.MEŠ (HchI 104:10)
Rel=Abs wünschen=Intr=Abs1Sg hören=?=Abs3Pl?=Dat1Sg Götter
„Die Götter hörten mich(?), der ich verlangend war(?).“

10. *Hurritisch*: a. *Mane=Ø=nna=man šen(a)=iffu=š=(nn)a=man ag-ugar-ašt=i=en*
M=Abs=Abs3Sg=Part Bruder=Poss1Sg=Erg=Abs3Sg=Part schicken-Erw-Erw=Mod=3
„Mein Bruder möge den Mane schicken.“ (MittBr II 57–58)
b. *šarišši=Ø šar=i=Ø=mma(=an)* (Wilhelm 1995b IV 15)
Wunsch=Abs wünschen=Mod=2=Abs2Sg(=Part)
„Wünsche einen Wunsch.“

11. *Hurritisch*: *arn(i)=a=n(na) pal=i=(k)ki=šše=Ø* (RS 15.10:14)[54]
Sünde=Ess=3SgAbs kennen=Ant=NegIntr=Nom=Abs
„einer (Abs.), der keine Sünde kennt"

Bibliographie

Alster, B.

1999 Updates to Šuruppak's Instructions, Proverbs of Ancient Sumer, and Ancient Rulers, N.A.B.U. 1999, 88.

André-Salvini, B. und M. Salvini

1998 Un nouveau vocabulaire trilingue sumérien-akkadien-hourrite de Ras Shamra, SCCNH 9, 3–40.

Bush, F.W.

1964 A Grammar of the Hurrian Language. Diss. Brandeis University, Ann Arbor.

Diakonoff, I. M.

1963 Urartskie pis'ma i dokumenty. Moskva.

1971 Hurritisch und Urartäisch. München.

Diakonoff, I. M. und S. A. Starostin

1986 Hurro-Urartian as an Eastern Caucasian Language = Münchener Studien zur Sprachwissenschaft Beih. 12 (NF). München.

Dietrich, M. und W. Mayer

1997 Das hurritische Pantheon von Ugarit, Ugarit-Forschungen 29, 161–181.

Dijkstra, M.

1993 The Akkado-Hurrian Bilingual Wisdom-Text RS 15.010 Reconsidered, Ugarit-Forschungen 25, 163–171.

Farber, W.

1971 Zu einigen Enklitika im Hurrischen, Or. 40, 29–66.

1988 Besprechung zu Diakonoff-Starostin 1986, ZA 78, 314–316.

Gehlken, E.

2000 Ein Skizzenblatt zum urartäischen Verbum, N.A.B.U. 2000, 31–33.

Gelb, I. J., P. M. Purves und A. A. MacRae

1943 Nuzi Personal Names = Oriental Institute Publications 57. Chicago.

Giorgieri, M.

1999a Die hurritischen Kasusendungen, in: D.I. Owen u. a. (ed.), Nuzi at Seventy-Five, SCCNH 10, 223–247.

1999b Zu den hurritischen Personennamen in den Amarna-Briefen, SMEA 41, 63–83.

2000 Schizzo grammaticale della lingua hurrica, in: G. Pugliese Carratelli (ed.), La civiltà dei Hurriti, La parola del passato 55, 171–275.

Giorgieri, M.und I. Röseler

1996 Notes on the Mittani Letter, SCCNH 8, 281–284.

Girbal, Chr.

1990 Zur Grammatik des Mittani-Hurritischen, ZA 80, 93–101.

1992 Das hurritische Antipassiv, SMEA 29, 171–182.

[54] S. Dijkstra 1993: 167–168.

2001 Selbständige Pronomina der ersten Person Singular im Urartäischen, in: Th. Richter u. a. (ed.), Kulturgeschichten: Altorientalische Studien für Volkert Haas zum 65. Geburtstag (Saarbrücken) 139–144.

Gragg, G.
1991 Subject, Object and Verb in Urartian: Prologue to Typology, Aula Orientalis 9, 105–112.

Harouthiounyan, N. V.
2001 Corpus of Urartian Cuneiform Inscriptions. Erevan.

Hazenbos, J.
2001 Zur Syntax einiger modaler Formen im Hurritischen, in: Th. Richter u. a. (ed.), Kulturgeschichten: Altorientalische Studien für Volkert Haas zum 65. Geburtstag (Saarbrücken) 171–177.
2002 Besprechung zu Wegner 2000, JAOS 122, 870–872.

König, F. W.
1955–7 Handbuch der chaldischen Inschriften = AfO Beiheft 8.

Krebernik, M.
1996 Fragment einer Bilingue, ZA 86, 170–176.

Kühne, C.
1999 Imperial Mittani: An Attempt at Historical Reconstruction, in: D. I. Owen u. a. (ed.), Nuzi at Seventy-Five, SCCNH 10, 203–221.

Laroche, E.
1968 Documents en langue hourrite provenant de Ras Shamra, Ugaritica 5, 447–544.
1976–7 Glossaire de la langue hourrite, Revue Hittite et Asianique 34–35 (1976–77 [1978–79]).

van Loon, M.
1974 The Euphrates mentioned by Sarduri II of Urartu, in: K. Bittel u. a. (ed.), Anatolian Studies Presented to Hans Gustav Güterbock on the Occasion of his 65th Birthday = PIHANS 33 (Istanbul) 187–194.

Melikišvili, G. A.
1960 Urartskie klinoobraznye nadpisi. Moskva.
1971 Die urartäische Sprache = Studia Pohl 7. Roma.

Neu, E.
1996 Das hurritische Epos der Freilassung I: Untersuchungen zu einem hurritisch-hethitischen Textensemble aus Ḫattuša = StBoT 32.
1999 Ausgewählte Kapitel zur hurritisch-hethitischen Bilingue, in: D. I. Owen u. a. (ed.), Nuzi at Seventy-Five, SCCNH 10, 293–303.

Pruzsinszky, R.
2003 Die Personennamen der Texte aus Emar = SCCNH 13.

Richter, Th.
1998 Anmerkungen zu den hurritischen Personennamen des *ḫapiru*-Prismas aus Tigunānu, SCCNH 9, 125–134.
2001 Theophore Elemente ḫurritischer Personennamen altbabylonischen Datums aus Syrien und dem Osttigrisgebiet, in: G. Wilhelm (ed.), Akten des IV. Internationalen Kongresses für Hethitologie = StBoT 45, 563–575.
2003 Das „Archiv des Idanda“: Bericht über Inschriftenfunde der Grabungskampagne 2002 in Mišrife/Qaṭna , MDOG 135, 164–188.

Salvini, M.
1991 Betrachtungen zum hurritisch-urartäischen Verbum, ZA 81, 120–132.

1995 Geschichte und Kultur der Urartäer. Darmstadt.

1996 The Ḫabiru Prism of King Tunip-Teššup of Tikunani. Roma.

Smeets, R.

1989 Besprechung zu Diakonoff-Starostin 1986, BiOr. 46, 259–279.

Speiser, E. A.

1941 Introduction to Hurrian = Annual of the American Schools of Oriental Research 20. New Haven.

Thureau-Dangin, F.

1931 Vocabulaires de Ras-Shamra, Syria 12, 225–266.

Wegner, I.

1990 Phonotaktischer *n*-Verlust in Jussivformen des Boğazköy-Hurritischen, Or. 59, 298–305.

1992 Die selbständigen Personalpronomina des Hurritischen, SMEA 29, 227–237.

1995 Suffixaufnahme in Hurrian: Normal Cases and Special Cases, in: F. Plank (ed.), Double Case: Agreement by Suffixaufnahme (Oxford) 136–147.

2000 Hurritisch: Eine Einführung. Wiesbaden.

Wilhelm, G.

1970 Untersuchungen zum Ḫurro-Akkadischen von Nuzi = AOAT 9.

1976 Zur urartäischen Nominalflexion, ZA 66, 105–119.

1982 Grundzüge der Geschichte und Kultur der Hurriter. Darmstadt.

1984 Die Inschrift auf der Statue der Tatu-ḫepa und die hurritischen deiktischen Pronomina, SMEA 24, 215–222.

1988 Gedanken zur Frühgeschichte der Hurriter und zum hurritisch-urartäischen Sprachvergleich, in: V. Haas (ed.), Hurriter und Hurritisch = Xenia 21 (Konstanz) 43–67.

1995a Suffixaufnahme in Hurrian and Urartian, in: F. Plank (ed.), Double Case: Agreement by Suffixaufnahme (Oxford) 113–135.

1995b Ein Ritual des AZU-Priesters. Corpus der hurritischen Sprachdenkmäler I Erg. 1, Roma.

1998 Die Inschrift des Tišatal von Urkeš, in: G. Buccellati u. a. (ed.), Urkesh and the Hurrians: Studies in Honor of Lloyd Cotsen = Bibliotheca Mesopotamia 26 (Malibu) 117–143.

1999 Name, Namengebung. D: Bei den Hurritern, RlA 9, 121–127.

2000 Die Absolutiv-Essiv-Konstruktion des Hurritischen, in: Europa et Asia Polyglotta: Festschrift für Robert Schmitt-Brandt zum 70. Geburtstag (Dettelbach) 201–208.

2004a Hurrian, in: R. Woodard (ed.), The Cambridge Encyclopedia of the World's Ancient Languages (Cambridge) 95–118.

2004b Urartian, in: R. Woodard (ed.), The Cambridge Encyclopedia of the World's Ancient Languages (Cambridge) 119–137.

Zimansky, P.

1998 Ancient Ararat: A Handbook of Urartian Studies. Delmar.

ELAMISCH

Manfred Krebernik

1. EINLEITUNG[1]

Das östlich und südöstlich von Sumer bzw. Babylonien gesprochene Elamische ist nach dem Akkadischen, Sumerischen und Hethitischen die am umfänglichsten, und nach dem Akkadischen die sprachgeschichtlich am längsten dokumentierte Keilschriftsprache. Genetisch ist es vielleicht weitläufig mit den Drawida-Sprachen verwandt (MacAlpin 1981). Elamische Keilschrifttexte erstrecken sich über ca. 1800 Jahre und reichen von der sargonischen bis in die achämenidische Epoche.

Einschränkend ist zu sagen, daß die zeitliche und räumliche Verteilung der Quellen ungleichmäßig ist, und daß die überlieferten Gattungen und damit auch die lexikalische, morphologische und syntaktische Bandbreite der Texte beschränkter sind als bei den erstgenannten Sprachen – insbesondere fehlt eine der sumerisch-akkadischen vergleichbare elamische „Literatur" weitestgehend. Mehrsprachige Texte treten von wenigen Ausnahmen abgesehen erst in Gestalt der großenteils stereotypen achämenidischen Königsinschriften in Erscheinung, deren Sprache stark vom Altpersischen beeinflußt ist. Aufgrund dieser Überlieferungslage sind Lexikon und Grammatik des Elamischen noch in vielen Punkten unklar und umstritten. Die folgende Darstellung verdankt sich im wesentlichen den in der Bibliographie angeführten Arbeiten, aus Raumgründen mußte jedoch auf Einzelnachweise und Diskussionen strittiger Details weitgehend verzichtet werden, die (meist mehrfachen) Quellen für die angeführten Textbeispiele lassen sich relativ leicht dem Wörterbuch von Hinz/Koch 1987 entnehmen und sind nur in Sonderfällen angegeben.

Der Großteil der bekannten elamischen Keilschrifttexte stammt aus wenigen Hauptfundorten: Susa, Čōġā Zanbīl, Tall-i Malyān, Persepolis. Hinzu kommen Felsinschriften (Mālamīr, Naqš-i Rustam, Bīsutūn) sowie Einzelfunde von kaum oder gar nicht erschlossenen Tells wie Čōġā Pahn East/West, Deh-e Now, Izeh, Tepe Bormi, Tepe Horreeye, Tepe Pomp in Hūzistān oder Liyan bei Būšehr am Persischen Golf.

Nach Übernahme der Keilschrift in sargonischer Zeit bediente man sich dieser zunächst nur ausnahmsweise zur Wiedergabe des Elamischen. Frühestes und bedeutendstes Dokument der altelamischen Epoche ist der Vertrag

[1] Folgende Abkürzungen werden im anschließenden Text verwendet: aE = altelamisch, mE = mittelelamisch, nE = neuelamisch, achE = achämenidisch-elamisch, GN = Gottesname, PN = Personenname.

eines elamischen Herrschers mit Narām-Sîn von Akkade. Eine altelamische Weihinschrift ist von dem Sukkalmah Siwe-palar-huhpak, einem Zeitgenossen Hammurapis, erhalten. Auch elamische Beschwörungen wurden in dieser Zeit aufgezeichnet und (wie auch hurritische) sogar in Mesopotamien benutzt und weitertradiert. Für gewöhnlich schrieb man in Elam jedoch sumerisch und vor allem akkadisch: so sind aus Susa zahlreiche altbabylonische Wirtschaftstexte und Rechtsurkunden erhalten, auch die Archive von Haft Tepe (= Kapnak?; ca. 10 km südöstlich von Susa) aus der früh-mittelelamischen Periode (Dynastie der Kidiniden) sind akkadisch abgefaßt. Dies änderte sich schlagartig und offenbar in Folge bewußter „Sprachpolitik" während der nachfolgenden Dynastie der Igihalkiden (14. Jahrhundert): Humban-numena und sein Sohn Untaš-Napiriša, der Erbauer von Čōġā Zanbīl, sowie die nachfolgende Šutrukiden-Dynastie (Šutruk-Nahhunte, Kutir-Nahhunte, Šilhak-Inšušinak, Hutelutuš-Inšušinak) haben eine große Anzahl elamischer Inschriften hinterlassen. In die Zeit Šilhak-Inšušinaks datieren auch die mittelelamischen Wirtschaftstexte aus Tall-i Malyān. Dann schweigen die einheimischen Quellen bis in das 8. Jahrhundert. Erst aus der mittleren (bis zur Zerstörung Susas durch Assurbanipal) und späten Phase der neuelamischen Epoche (bis zur Eroberung Babylons durch Kyros) sind (nicht allzu zahlreiche) elamische Inschriften[2] (vor allem des Hanne), Wirtschaftstexte[3] (über 300) und Briefe[4] (ca. 20) erhalten. Aus achämenidischer Zeit schließlich stammen Königsinschriften (die gewöhnlich dreisprachig abgefaßt sind) sowie Tausende, bis heute nur zum kleineren Teil edierte Verwaltungstexte aus Persepolis[5].

Das Verbreitungsgebiet des Elamischen läßt sich aufgrund der Quellenlage nicht genau erfassen. Es grenzte jedenfalls an das sumerisch- bzw. akkadischsprachige Babylonien und erstreckte sich von der Susiana aus südöstlich bis in die nachmalige Persis, wo Anšan (Tall-i Malyān) lag.

Die Präsenz des Akkadischen zumindest im westlichen Teil Elams hat ihre Spuren in Gestalt von Entlehnungen hinterlassen. Das Akkadische als Umgangssprache wurde in neubabylonischer Zeit vom Aramäischen verdrängt, das bereits im ausgehenden 8. Jahrhundert auch auf dem iranischen Hochland Fuß gefaßt hatte, wie die Inschrift von Bukan zeigt.

[2] F. W. König, Elamische Königsinschriften, AfO Bh. 16 [1965] Nr. 71–89.

[3] V. Scheil, Mémoires de la Délégation (Mission) archéologique (francaise) en (de) Perse (Iran) IX [1907] 299–307 ; (ebd.), Mémoires de la Délégation (Mission) archéologique (francaise) en (de) Perse (Iran) XI [1911] 89–101.

[4] F. H. Weißbach, Susische Thontäfelchen, in: BA 4 [1902] 168–202.

[5] R. T. Hallock, Persepolis Fortification Tablets, OIP 92 [1969] mit Texten aus den Jahren 509–494 sowie G. G. Cameron, Persepolis Treasury Tablets, OIP 65 [1948] mit Texten aus den Jahren 492–458.

Das achämenidenzeitliche Elamisch weist starke persische Einflüsse in Wortschatz und Syntax auf. Als Verwaltungssprache wurde das Elamische unter Artaxexes I. (465–425) durch das Aramäische ersetzt. Die letzten dreisprachigen und damit auch elamischen Inschriften hat Artaxerxes II. (405–359) hinterlassen.

Aus jüngerer Zeit gibt es spärliche Hinweise auf ein Fortleben der elamischen Sprache in einem persisch, aramäisch, griechisch und schließlich auch arabisch geprägten Umfeld. So berichten die „Astronomical Diaries" für 125/124 von einem Sieg des Partherkönigs über ein elamisches Heer unter einem Anführer mit dem elamischen Namen Pittit (Potts 1999: 391), der babylonische Talmud zitiert einen Gewährsmann des 4. Jahrhunderts n. Chr. mit der Aussage, daß die Juden in Susa das Buch Esther an Purim in der Landessprache rezitierten, und die arabischen Geschichtswerke von al-Iṣṭaḫrī und Ibn Ḥawqal überliefern, daß die Bewohner von Ḫūzistān im 10. Jahrhundert n. Chr. neben dem Persischen und Arabischen noch eine vom Hebräischen und Syrischen verschiedene Sprache gebrauchten (Potts 1999: 415).

Selbstverständlich war die elamische Sprache in ihrem weiten, oben skizzierten Überlieferungsrahmen nicht stabil und homogen. Die Texte lassen auf dem Weg vom Altelamischen über das Mittel- und Neuelamische bis zum Achämenidisch-Elamischen starke sprachgeschichtliche Veränderungen erkennen. Einzelne Phänomene weisen auch auf regionale bzw. dialektale Differenzierungen hin, was aber bislang nicht systematisch untersucht ist. Besonders deutlich sind die Unterschiede zwischen dem Corpus der a/mE Inschriften einerseits und dem achE Textcorpus andererseits, möglicherweise fußen beide auf verschiedenen Dialekten.

2. Schrift- und Lautsystem

Eine genaue Rekonstruktion der elamischen Phonologie und Phonotaktik stößt auf folgende Schwierigkeiten: (1) die Möglichkeiten der nicht für das Elamische konzipierten Keilschrift dürften nur bedingt zur Wiedergabe von Phonemsystem und Wortstruktur des Elamischen geeignet gewesen sein; (2) der Ansatz der keilschriftlichen Lautwerte beruht im wesentlichen auf dem semitischen Akkadischen; (3) die Graphie des Elamischen hat sich diachron verändert; (4) im Laufe von 1800 Jahren ist mit sprachgeschichtlichen Veränderungen im Lautsystem zu rechnen; (5) auch synchron könnte es dialektale Unterschiede im Lautsystem gegeben haben.

Die zur Wiedergabe des Elamischen verwendete Keilschrift weicht zunächst kaum von der in Babylonien verwendeten ab; als Besonderheit des Syllabars sei die (auch in akkadischen Texten aus Susa übliche) Verwendung von *šà* erwähnt. Erst seit mE Zeit geht die elamische Keilschrift immer mehr ihren eigenen Weg, bis sich im 1. Jahrtausend eine spezifische Schriftform herausbildet, die sich hinsichtlich Zeichenformen, Logogramm- und Determinativgebrauch sowie Syllabar stark von der mesopotamischen Keilschrift babylonisch-assyrischer Prägung unterscheidet. Das elamische Schriftsystem in seiner historischen Entwicklung ist von Stève 1992 detailliert dargestellt worden.

Das Schriftsystem läßt etwa folgendes Lautsystem erkennen:

Vokale	Halbvokale	Konsonanten			
a		p	pp	m	mm
e		t	tt	n	nn
i	(y)	k	kk	(ŋ?)	(ŋŋ?)
u	(w)	l	ll		
		r	rr		
		s	ss		
		(z	zz)		
		(š	šš)		
		h[6]	hh		

Für das Konsonantensystem spielten offenbar nicht dieselben distinktiven Merkmale eine Rolle wie im semitischen Akkadischen, das bei Okklusiven, Affrikaten und Spiranten die dreifache Opposition stimmlos – stimmhaft – „emphatisch" (glottalisiert) aufweist. Die in dieser Hinsicht (auch bei Lehn- und Fremdwörtern) stark variierende Graphie des Elamischen zeigt vielmehr eine gewisse Konsistenz in der Schreibung einfacher und geminierter Konsonanten (letztere ist allerdings nur im Wortinneren möglich und nicht obligatorisch, zudem kann sie auch ein bloß graphisches Phänomen sein). Dem wird in der hier angewandten Transliteration Rechnung getragen, indem auf stimmhafte und „emphatische" Lautwerte verzichtet und die elamische Distinktion durch Einfach- bzw. Doppelsetzung der Konsonanten wiedergegeben wird. In obigem Schema wird die Opposition für alle Konsonaten angesetzt, was aber unsicher ist. Die einfach notierten Konsonanten hatten wohl eine spirantische Aussprache, genaueres bleibt noch zu klären.

Die Keilschrift kann aufgrund der ihr eigenen Syllabogrammstruktur nur Einfachkonsonanz im An- und Auslaut sowie Doppelkononanz im Inlaut ausdrücken, was genau der altsemitischen Silbenstruktur entspricht. Diese kann jedoch für das Elamische, das wir durch die Brille des akkadischen Schriftsystems sehen, nicht vorausgesetzt werden. Aus den Schreibungen wie aE <*ha-áš-ak*/*ik-li*> und mE <*te-ep-ti*> , <*te-em-ti*> sind beispielsweise *hašk-l*(*i*) (Verbalform) bzw. *tempti* „Herr" zu erschließen. Ein ähnliches oder homophones Wort gibt achE <*te-um-ip-ti*> wieder. Problematisch ist die

[6] Statt *ḫ* wird in der Transliteration des Elamischen üblicherweise *h* verwendet.

Beurteilung graphischer Endvokale nach Doppel- oder Mehrfachkonsonanz, da Mehrfachkonsonanz im Auslaut gegebenenfalls nur unter Inkaufnahme solcher „überhängenden“ Vokale graphisch darstellbar war. Soweit es die Schrift erkennen läßt, besaß das Elamische mindestens die Silbenstrukturen $(K_1)v$, $(K_1)vK_2$ und $(K_1)vK_2K_3$ (wobei meist K_2 = *l/m/n/r/š/h*). Darüber hinaus gab es wohl auch silbenanlautende Doppelkonsonanz, doch ergibt die Graphie kein klares Bild. Altpersische Wörter mit anlautender Doppelkonsonanz werden graphisch meist mit *i* nach dem ersten Konsonanten wiedergegeben: sehr häufig ist <*pír-r...*> für *fr...*, ferner <*ki-ri-ma*>, <*kir*$_x$(KUR)-*ri-ma*> neben <*ik-ri-ma*> für *grīva* (Hohlmaß). Hinter achE <*ir-šá*> für älteres <*ri-ša*> „groß“ steht vielleicht eine Entwicklung *riša* > *rša* mit vermutlich silbischem *r*, wie es auch im Iranischen vorkam.

3. Zur morphosyntaktischen Struktur des Elamischen

3.1. Allgemeines

Das Elamische besitzt eine agglutinierende, mit Suffixen, Enklitika und Postpositionen operierende Morphosyntax; zudem existiert Reduplikation als Mittel der Wortbildung und Derivation. In älterer Zeit gibt es keine morphologisch gekennzeichneten Kasus, lediglich die Pronomina weisen eigene Akkusativformen auf. Ein Artikel existiert nicht. Syntaktische Beziehungen werden zunächst durch Wortstellung und auf Bedeutungsklassen bezogene Kongruenzmorpheme ausgedrückt, erst in jüngeren Sprachstufen bilden sich einige Postpositionen bzw. Suffixe zum Ausdruck syntaktischer und lokaler Beziehungen (Kasus) heraus. Ortsbezeichnungen können ohne grammatische Kennzeichnung als Dimensionalobjekte fungieren, was durch resumptives *aha* „da, dort“ verdeutlicht werden kann.

Die normale Konstituentenfolge in nominalen Syntagmen ist Determinatum – Determinans; Inversion nach dem Muster „B – sein A“ für „A von B“ ist möglich und wird unter iranischem Einfluß ausgebaut.

Die Wortstellung ist mangels Kasusmorphemen für das Verständnis eines Satzes entscheidend. Die grundlegende Syntagmenfolge ist: Subjekt – (weitere nominale Syntagmen: indirektes Objekt, gewöhnlich vor direktem Objekt; Zirkumstantial) – (Negation, resumptive Pronomina nebst *aha* „dort“) – Prädikat. Die Reihenfolge der resumptiven Pronomina hängt teilweise von der prädikativen Verbalform ab: direktes Objekt unmittelbar vor Konjugation I, Subjekt unmittelbar vor Konjugation II/III. Im späten Elamisch wird die Wortfolge, teils bedingt durch das Auftreten von Postpositionen, teils unter iranischem Einfluß, freier. Detaillierte Untersuchungen zur Satzstruktur fehlen bislang. Beispiele: *u* (Titulatur) A *kuši-h*, GN_1 *ak* GN_2 *apun* (< *ap u i-n* oder <

ap i-n) tuni-h „ich, Titulatur: A baute ich (*kuši-h*), (den Gottheiten) GN_1 und GN_2 sie=ihnen (*ap*) ich (*u*) es (*i-n*) schenkte-ich (*tuni-h*)" = „Ich, (Titulatur), baute A und schenkte es GN_1 und GN_2.". – *u* (Titulatur) A *kuši-h*, GN *tuni-h* „ich, (Titulatur), A baute-ich, der Gottheit GN (ich es) schenkte-ich" = „Ich, (Titulatur), baute A (und) schenkte (es) GN".

Die mehrfach diskutierte Frage nach der Ergativität des Elamischen (Resumé: Khačikjan 1998: 63–66) ist auf das Ganze gesehen negativ zu beantworten: nominale Subjekte transitiver und intransitiver Sätze unterscheiden sich nicht, transitive und intransitive Verbalform können ein gemeinsames Subjekt haben, Pronomina kennen eigene Akkusativformen; daß das Personalpronomen /*i-r*/ der 3. Person (belebt) gleichlautend als Objekt vor transitiven (Konjugation I) und als Subjekt vor intransitiven Verbalformen (Konjugation II/III) fungieren kann, reicht als Begründung von Ergativität nicht aus.

Zur Satz- und Textgliederung dient vor allem die enklitische Partikel *-a*, die das Ende von Syntagmen und Sätzen markiert. Satzeinleitende Konjunktionen und Relativpronomina spielen dagegen nur eine untergeordnete Rolle und treten größtenteils erst spät in Erscheinung.

3.2. Typische Konstruktionen

Sein charakteristisches Gepräge erhält das (ältere) Elamische vor allem durch den vielfachen Einsatz von Kongruenzmorphemen: sie verklammern die Bestandteile nominaler Syntagmen, werden bei der Bildung relationaler Ausdrücke, die unseren Präpositionalphrasen entsprechen, verwendet und kennzeichnen den Bezug der Negation in Aussagesätzen.

Soll A durch ein nominales oder pronominales Attribut B qualifiziert werden (im Deutschen Genitiv, Adjektiv, Possessivpronomen oder Relativsatz), so geschieht dies in der Form A B-k(A), wobei k(A) ein die Bedeutungsklasse von A repräsentierendes Suffix ist. Attributive Sätze (Relativsätze) kommen jedoch auch ohne Kongruenzmorphem aus, zur Kennzeichnung reicht die Finalpartikel *-a* (dies gilt insbesondere, wenn der Attributsatz durch Relativpronomina eingeleitet ist). In den folgenden Beispielen sind die Kongruenzen (Bezugswort und entsprechendes Suffix am Attribut) durch Unterstreichung verdeutlicht: PN *sunki-r hatamti-r* „PN, der König (*sunki-r*) von Elam (*hatamti*)". – *u sunki-k hatamti-k* „ich (*u*), der König (*sunki-k*) von Elam". – *takki-me sutu hanik u-ri-me* „das Leben (*takki-me*) meiner (*u-ri*) geliebten Schwester (*sutu hanik*)". – *siyan* GN *zana hute-hiši-p-ri-ni* „Tempel (*siyan*) der GN, der Herrin (*zana*) der Edlen (*hute-hiši-p*)".

Eine räumliche Relation zwischen A und B kann ausgedrückt werden durch A B (Pronomen-k(A)) R-k(A). Hierbei ist der „Relationalausdruck" R-k(A) ein adjektivisches (oder „partizipiales“) Derivat einer Ortsbezeichnung, das per Klassensuffix -k(A) mit A kongruiert. Zwischen B und R tritt oft, aber nicht obligatorisch, ein resumptives, auf A bezügliches Pronomen. So werden z. B. zu *ukku* „Kopf, Oberseite“, *pat* „Fuß“ und *šara* „Unterseite“ *ukku-r* „oberer“, *pat-r*(*i*) / *šara-r* „unterer“ gebildet, wobei *-r* jeweils den Bezug auf eine 3. Singular signalisiert („ich als unterer“ wäre *šara-k*). Beispiele: *peti-r* ... *hat Napiriša Inšušinak ak Kiririša Siyankuk-p-a-ri ukku-r i* (*i-*)*r ta-k-ni* „ein Feind (*peti-r*), der ... (Relativsatz), das ‚Szepter‘ von Napiriša, Inšušinak und Kiririša von Siyankuk (als) oben-befindliches (*ukku-r*) diesem (*i*) es (*i-r*) sei gelegt!“ = „der Fluch von Napiriša, Inšušinak und Kiririša von Siyankuk komme auf ihn!“; oder *ukku-r i-r*(*i*) „(als) sein oberer“? – *peti-r u-ri ni pat-r u* (*i-*)*r ta-t-ni* „mein (*u-ri*) Feind (*peti-r*), du (*ni*) (als) unteren (*pat-r*) ich=mir (*u*) er=ihn (*i-r*) mögest-du-setzen (*ta-t-ni*)“= „meinen Feind mögest du mir unterwerfen!“; oder *pat-r u-r*(*i*) „(als) meinen unteren“?

Untergeordnete Sätze werden in älterer Zeit der übergeordneten Satzstruktur fast ausnahmslos asyndetisch eingefügt. Sie sind in aller Regel durch die Finalpartikel *-a* markiert. Das Zeitverhältnis ergibt sich aus den Verbalformen, der spezifische Sinn (temporal, kausal, final u. a.) aus dem Kontext. Die folgenden Beispiele illustrieren verschiedene Arten von Adverbialsätzen: *u Šutruk-Nahhunte* (Titulatur) *Inšušinak napi-r u-ri ur* (< *u i-r*) *tahha-n-r-a Akkatu halpu-h* „ich (*u*), Šutruk-Nahhunte, (Titulatur), Inšušinak, mein Gott (*napi-r u-ri*), ich=mir (*u*) er (*i-r*) befehlender (*tahha-n-r-a*), Akkad zerstörte ich (*halpu-h*)“ = „Als/Da mein Gott Inšušinak es mir befahl, zerstörte ich, Šutruk-Nah-hunte, (Titulatur), Akkad“. – *u Untaš-Napiriša* (Titulatur) *Pelala kulla-n-k-a kulla-a ur* (< *u i-r*) *tumpa-n-r-a ak turu-n-k-a hutta-n-r-a Siyankuk siyan i-me upat hussi-p-me kuši-h* „ich (*u*), Untaš-Napiriša, (Titulatur), Pelala, ich bittender (*kulla-n-k-a*), diese Bitte (*kulla-a* < *kulla i*?) ich=mir (*u*) sie (*i-r*) erfüllende (*tumpa-n-r-a*), und (*ak*) ich sagender (*turu-n-k-a*), sie machende (*hutta-n-r-a*), das Siyankuk, ihren Tempel (*siyan i-me*), aus gebrannten Ziegeln (*upat hussi-p-me*) erbaute ich (*kuši-h*)“ = „Der Pelala, die, wenn ich bitte, die Bitte erfüllt, und wenn ich (etwas) sage, (es) ausführt, erbaute ich, Untaš-Napiriša, (Titulatur), das Siyankuk, ihren Tempel, aus gebrannten Ziegeln“. Wie ersichtlich, ist die Grenze zwischen Adverbial- und Relativsatz fließend: so könnte man das vorangehende Beispiel auch übersetzen „weil Pelala ... erfüllt und ... ausführt“ oder „daß Pelala ... erfülle und ... ausführe“ bzw. „was ich sage“. Explizit können Finalsätze ausgedrückt werden durch die Konstruktion A *intikka ak* ... *hutta-h* „A war beabsichtigt (*i-n ti*(*k*)*-k-a* oder *inti*(*k*)*-k-a*), und ich machte ...“, wobei A eine Nominalphrase oder ein Objektsatz ist: Ich, PN, erbaute A, *takk-me u-me tur-hih-sit-me u-me šullume-n-k-a askit hušu*(*n*)*-te* (Var. *hušu-ya*) *in-ki he-n-k-a intikka aki kuši-h* „mein Leben (*takk-me u-me*), mein Glück (*tur-hih-sit-me u-me*) ich vollendender (*šullume-n-k-a* [lexikalische Deutung umstritten]), ein vergeltende Strafe (*askit hušu*(*n*)-*te* [genaue lexikalische Deutung umstritten]) nicht (*in-ki*) ich erhaltender, (dies) war beabsichtigt, und ich erbaute (A)“ = „Auf daß ich mein Leben glücklich vollende (?), auf daß ich nicht verdammt werde, habe ich (A) erbaut“.

Zu den untergeordneten Sätzen zählen auch Infinitivkonstruktionen. In dieser Funktion treten neutrale Verbalsubstantive auf (vor allem auf *-n*, seltener auf *-me*, meist mit Finalpartikel *-a*), die durch nominale Syntagmen komplementiert sein können: A GN *u-n*/*l-li-n-a tela-k-ni* „A, GN ich (*u*) es (*i-n*) zu geben (*li-n-a*), sei aufgestellt (*tela-k-ni*)“ = „A sei (für) GN von mir als Weihegabe gestiftet!“. Auch kürzer: *i-n*/*l-li-n-a* „es zu geben“. – *siyan kuši-h-ma pel kittim-ma na*(*n*) *mellu-k-r-a Napiriša ak Inšušnak kiri-n-a he-h-l*/*ni* „Tempel (*siyan*), den ich erbaut habe (*kuši-h-me-a*), immerwährende Jahre (*pel kittin-me-a*), lange Tage (*nan mellu-k-r-a*), Napiriša und Inšušnak anzubeten (*kiri-n-a* [lexikalisch umstritten]), möge ich erlangen (*he-h-l*/*ni*)!“ = „Möge ich immerwährende Jahre und lange Tage erhalten, um Napiriša und Inšušnak im Tempel, den ich erbaut habe, anzubeten!“.

4. Pronomina

4.1. Personalpronomina der 1. und 2. Person

	Singular				Plural			
	Nominativ		Akkusativ		Nominativ		Akkusativ	
	ä.	j.	ä.	j.	ä.	j.	ä.	j.
1.	*u*	*u*	*u-n*	*u*(*-n*)	*nika*	*nuku*		*nuku*(*-n*)
2.	*ni*	*nu*		*nu-n*	*num*	*numi*	*numu-n*	*numi*(*-n*)

ä. = älter, j. = jünger

4.2. Anaphorisches Pronomen der 3. Person

	Singular		Plural	
	Nom.	Akk.	Nom.	Akk.
Personenklasse	*i-r*	*i-r*	*ap*(*pi*)	*appi-n, apun* (?), *appa-n* (achE)
Sachklasse	*i*(*-n*)	*i*(*-n*)		

ir, *i*(*n*) stehen (mit zunehmender Regelmäßigkeit) resumptiv vor finiten Verbalformen: bei Konjugation I als direktes Objekt, bei Konjugation II/III als Subjekt, der Gebrauch bedarf jedoch noch genauerer Klärung. Die Deutung von *apun* als Variante zu *appin* ist unsicher, meist kommt man mit der (auf Grillot-Susini 1978 zurückgehenden) Analyse *ap u i-n* oder *ap i-n* aus.

4.3. Demonstrativpronomina

		Singular		Plural	
		Nah	Fern	Nah	Fern
Personenklasse	älter	*i*		*ap*	
	jünger	(*h*)*i*	*hupi-r*(*ri*)	*ap*(*pi*)	*hupi-pi*
Sachklasse	älter	*i*	(*hu*)		
	jünger	(*h*)*i*	*hupi*		

Bis auf unsicheres *hu* sind die ferndeiktischen Formen erst n/achE bezeugt. *i* wird achE regelmäßig <*hi*> geschrieben, das *h* besitzt aber – wie wahrscheinlich auch bei *hupi* etc. – keine lautliche Realität. Die Demonstrativa werden substantivisch und adjektivisch gebraucht, in letzterem Falle meist nachstehend.

4.4. Possessivpronomina

Zum Ausdruck des Besitzes können die Personal- und anaphorischen Pronomina wie attributive Substantive kongruierend nachgestellt werden (wobei die Kongruenzmorpheme *-r* und *-p* meist mit *-i* verlängert erscheinen): *napi-r u-ri* „mein Gott", *takki-me u-me* „mein Leben", *rutu ni-ri* „deine Gattin", *ayani-p nika-ppi* „unsere Verwandten", *takk*(*i*)*-me puhu nika-me-me/na* „das Leben unserer Nachkommenschaft", *siyan appi-me* „ihr (Plural) Tempel", *likir api-te* „ihr (Plural) ...-Opfer". Bereits mE kommen (betonte?) Formen mit Doppelsuffix vor: *takki-me u-me-ni* „mein Leben". Im achE ist doppelt suffigiertes *u-ni-ni* > *unini/a, unan* „mein" für Personen und Sachen lexikalisiert worden: *taššu-p* (*appa*) *unina* „meine Truppen". Daneben findet sich noch altes *u-ri* in der Konstruktion *u lipar-uri* „mein Diener", wo es der Sandhi-Schreibung nach (<*li-pá-ru-ri*>) als Suffix empfunden wurde (Paradigma siehe übernächste Seite).

Daneben gibt es (enklitische) Kurzformen ohne Kongruenzsuffix und Klassenunterscheidung. Sie sind vor allem in der 3. Person üblich: *-e* mit Plural *-ape* (geschrieben <*-a-pi-e*>). Belegt sind außerdem *-ni* „dein" und *-nika*

„unser". Im achE findet sich mutmaßliches *-ta* „mein" in dem Ausdruck (*u*) *atta-ta* „mein Vater", dessen Analyse nicht völlig sicher ist (Deminutiv oder Spezialform für Verwandtschaftsbezeichnungen?).

Zur Hervorhebung eines reflexiven Besitzverhältnisses, das normalerweise nicht eigens gekennzeichnet wird, dient *tu*(*h*) „Eigen(tum)" mit entsprechendem Possessivsuffix: *hiš tuh-e* „seinen eigenen Namen", *Kambuziya halpi du-e-ma halpi-k* „Kambyses starb in seinem eigenen Tod" (d. h. er wurde nicht ermordet). Im achE kommt *du-n* „sich selbst" vor (Akkusativ auf *-n* wie bei den Personalpronomina). Ferner gibt es achE eine (auf dem Pronominalstamm *i* beruhende?) Bildung (*h*)*isu*(*-ti*/*a*) (geschrieben <*hi-su*>) „(allein) er selbst, persönlich".

4.5. Interrogativ-, Relativ-, Indefinitpronomina

Fragepronomina sind *akka* „wer, welcher?" und *appa* „was, welches?". Ersteres ist bisher nur in indirekter Frage belegt: *akka kuši-š-ta im-me turna-h* „wer (den Tempel) gebaut hat, weiß ich nicht"; letzteres achE in der Verbindung *appa hamak* „welches?". Sehr häufig sind *akka* und *appa* als Relativ- und Indefinitpronomina bezeugt. Relatives *akka* hat gewöhnlich kein Klassensuffix, erst achE kommt pluralisches *akka-p*(*i*) „welche" vor. Im achE werden häufig auch attributive und appositionale Nomina mittels Relativpronomen angeschlossen, was einer altpersischen Vorstufe der späteren „Iżāfat"-Konstruktion entspricht: *Kammatta akka makuš // Gaumāta haya maguš* „Gaumata, der Magier"; *tattam appa unina // dātam taya mana* „mein Gesetz". Mit persönlichem Klassensuffix bedeutet *akka-ri* „irgendwer" bzw. attributiv *akka-r-a* „irgendein", mit Negation „niemand" bzw. „kein". *appa* bildet mit Sachklassensuffix *appa-n* „jemals". Im achE fungiert *appa* auch als Konjunktion im Sinne von „daß, weil".

	Singular				Plural			
	Lang		Kurz		Lang		Kurz	
	älter	jünger	älter	jünger	älter	jünger	älter	jünger
1. P.k.	*u-r(i)*	*lipar-uri* *unina(/i/u)*, *unan*		*-ta* (?)	*nika-pi*	*nuka-me*	*-nika*	
S.k.	*u-me* *u-me-ni*				*nika-me* *nika-me-na*			
2. P.k.	*ni-ri*		*-ni*	*-ni*				
S.k.								
3. P.k.	*i/e-r(i)*		*-e*	*-e*		*appini* *hupirrini*	*-ap(p)e*	*-ap(p)e*
S.k.	*i-me*				*api-me/te*			

P.k. = Personenklasse, S.k. = Sachklasse

5. Nomina

5.1. Substantive

Substantive ohne (erkennbares) Suffix sind zahlreich und können Personen und Sachen bezeichnen: *ruh* „Mensch", *atta* „Vater", *amma* „Mutter", *iki* „Bruder", *sutu* „Schwester", *zana* „Herrin", *elt*(*i*) „Auge", *siri* „Ohr", *ki/ur* „Hand", *pat* „Fuß", *kik* „Himmel", *mur*(*u*) „Erde, Ort", *ulhi* „Wohnung", *kukk*(*i*) „Dach", *hiš* „Name", *hutt* „Werk, Arbeit"; erstarrte Suffixe könnten z. B. vorliegen in *šak* „Sohn", *pak* „Tochter". Die jeweilige Bedeutungsklasse (einschließlich Lokutiv, Allokutiv, Delokutiv bei Substantiven der Personenklasse) wird erst in der Kongruenz sichtbar (vgl. § 3.2 S. 164ff.).

Zur nominalen Derivation dienen einerseits Vollreduplikation (*hutt* „Werk, Produkt" – *hutthutt* „Vorräte") und Endreduplikation (*Pilili*, *Haltete*; gebräuchlicher Personennamen-Typus, wohl Hypokoristika mit deminutiver Grundbedeutung), andererseits Suffixe: *-k*, *-me*, *-n*, *-r*, *-p*, *-t* kennzeichnen Bedeutungsklassen und werden auch als entsprechende Kongruenzmorpheme bei attributiven Nominalphrasen verwendet. Nicht als Kongruenzmarker belegt sind die Suffixe *-m* und *-š*. Synchron von den gleichlautenden Klassensuffixen zu unterscheiden sind *-k* und *-n* als Formantien von Verbalnomina.

Derivierte Substantive der Personenklasse sind durch das Suffixquadrupel *-r*, *-p*, *-k*, [*-t*] gekennzeichnet: *sunki-r* „(er, der) König", *sunki-p* „(sie, die) Könige" („Delokutiv" Singular bzw. Plural); *sunki-k* „(ich, der) König" (Lokutiv); *sunki-t* „(du, der) König" („Allokutiv"; aus Kongruenzmorphemen und Konjugationssuffixen erschlossen). Eigene Formen für die 1. und 2. Plural sind nicht belegt (vgl. aber § 9.3 S. 177). Vor dem Klassensuffix erscheint in der Regel ein Vokal (meist *i*), der etymologisch aus dem Pronominalstamm (vgl. *i-r* „er") und/oder dem verbalen Themavokal hervorgegangen sein könnte. Vokallose Anfügung wie z. B. bei *kat-ri/u* „Regent" zu *kat* „Thron" findet sich seltener, ist aber bei substantivierten *k*-Partizipien die Regel: *halpi-k-ra* „Toter", *katta-k-ra* „Lebender". Viele Substantive dieser Klasse können ihrem syntaktischen Verhalten nach als (substantivierte) Adjektive (*hatamti-r* „elamisch, Elamer") oder als Partizipien (*meni-r* „Regent") gelten: sie können ohne zusätzliches Kongruenzmorphem adjektivisch gebraucht werden und ein direktes Objekt vor sich haben: *peti-r* „Feind" neben *pepti* (reduplizierter Stamm) „abtrünnig werden/ machen", adjektivisch *sunki-r peti-r* „feindlicher König"; *meni-r* „Regent" neben *men*(*-ni*) „Macht", mit Objekt: *hal-meni-r* „Land-Regent"; *lika-me riša-k/r* „(ich/er) Reich-Vergrößerer" neben *riša* „groß" (jünger auch mit Genitivus objectivus: *liku-me-na riša-h*; dialektal mit *-h* für *-k*, siehe F. W. König, Elamische Königsinschriften, in: AfO Bh. 16 [1965] Nr. 77 I).

Bei einigen Wörtern schwankt der Gebrauch zwischen einfachem und suffigiertem Stamm: *nap* und *napi-r* (Pl. *nap-pi, napi-p*) „Gott", *ruhu* und *ruhu-r* „(Mutter-)Sohn", im achE ist für *ruh* „Mensch" *ruhi-r*(*ra*) gebräuchlich. Ferner wird n/achE für *šak* „Sohn" bei invertierter Genitivverbindung die Form *šak-r*(*i*) verwendet: <^{v}*da-ri-ia-ma-u-iš* ^{v}*mi-iš-tá-áš-pá šá-ak-ri*> „Darius, des Hystaspes Sohn", wohl zu analysieren als *šak-*(*i*)*r-e* „sein Sohn". Grillot-Susini 1987: 24ff. setzt hier „Sekundärsuff." mit determinierender Funktion an.

Nach Ausweis der Kongruenz können auch numinose Begriffe wie *hatt*(*i*) „Szepter, Fluch", *hih* „Bann, Segen" persönlich konstruiert werden. Das Pluralsuffix *-p* kommt auch bei Sachen (insbesondere Körper- und Bauteilen) vor: *elt*(*i*)*-pi* „Augen", *ku/ir-pi* „Hände", *pat*(*i*)*-p* „Füße", *hina-p* „Türangelsteine", *hutt-halik-pi* „Figuren"; als Kongruenzmorphem: *upat hussi-p* „gebrannte Ziegel", *upat lansiti-pp-a* „goldene Ziegel", *na*(*n*) *mellu-k-r-a* „lange Tage". Anscheinend enthalten auch Sachbezeichnungen wie *hunir* „Leuchter(?)", *leri* „Riegel(?)", *suhter* „Altar", *kunnir* „Fenster", *tepir* „Vorhang, Schleier (?)", *likir* „ein Opfer" suffixales *-r* (Nomina instrumenti nach Analogie von Nomina agentis?). Für *likir* zeigen Kongruenz (*likir api-ti* „ihr *likir*", t-Klasse) und Ableitung *likri-n*, daß *-r* nicht mehr als Klassensuffix empfunden wurde. Ähnliches gilt für *men-ri-k* > *merri-k* „ich, der Regent" (statt *meni-k*) mit offenbar erstarrtem Delokutivsuffix *-r*(*i*).

-me könnte in seiner Grundbedeutung den „Bereich von jemandem/etwas" bezeichnen. Zu nomina agentis bildet es Abstrakta wie *sunki-me* „Königtum", *lipa-me* „Dienst" (aber achE auch „Dienerin") zu *sunki-r* „König" bzw. *lipa-r* „Diener". Häufig sind auch Ableitungen von Sachbezeichnungen wie *husa-me* „Gehölz, Hain" zu *husa* „Holz, Baum" (Kollektiv?), *murun-me* „Örtlichkeit" zu *muru-n* „Erde", *šutt*(*i*)*-me šatt*(*i*)*-me* „Nacht- und Tag-Zeit" zu *šutt*(*i*), *šatt*(*i*). Aus *-me* mit „Nominalisator" *-a* entsteht die Postposition *-ma* „in, mit".

-n bezeichnet Örtlichkeiten, oft Bauten und deren Teile (in Kontrast zu *-me* ursprünglich möglicherweise einen „inneren" oder „engeren" Bereich): *muru-n* „Erde" (im Gegensatz zum Himmel") zu *mur*(*u*) „Erdboden, Ort", *šutti-n* „West" zu *šutt*(*i*) „Nacht", *ay*(*a*/)*-n* „Haus", *siya-n* „Tempel" (wohl zu *siya* „schauen"; analoge Namen von sakralen Räumen sind *hiya-n, hini-n, hušti-n, kini-n, likri-n, limmi-n, sili-n*), *teti-n* „Säule, Balken", *huhu-n* „Wall" (beides reduplizierte Bildungen), *kiti-n* „göttlicher Schutz", *kitti-n* „langer Zeitraum". Auch Toponyme wie Awan, Anšan, Hupšen, Šuše/un gehören hierher. Das Formans des Verbalnomens auf *-n* (zumindest in seiner infinitivischen Funktion) könnte etymologisch mit dem Klassensuffix identisch sein. Seltene Personenbezeichnungen auf *-n* wie *šatin* „Priester" oder die Götternamen *Humpan, Hutran* sind entweder als *n*-"Partizipien" oder durch Bedeutungsentwicklung Ort > Person (wie akkadisch *maṣṣaru* = deutsch „Wache") erklär-

bar. Aus dem generalisierten Kongruenzmorphem *-n* mit „Nominalisator" *-a* entstand n/achE die Genitivpostposition *-na* (Grillot-Susini 1973).

Ob *-m*, das in manchen Wörtern mit *-n* wechselt, ein selbständiges Suffix oder eine Lautvariante von *-n* darstellt, ist unsicher. Beispiele: *la-m* „Opfer" (jünger *la-n*), (*hal-*)*mašu-m* etwa „Grundstück" (neben *hal-maši*), *rapta-m* „Widder" (jünger *raptu*), *siru-m* „Lanze", *titti-m* „Pfeil", *mintilu-m* (akk. Lehnwort?). *huhpu-m* in einem Ur III-Text aus Ur[7] neben *huhpi-n* „Becken" ist vielleicht durch die akkadische Mimation beeinflußt.

Als Wortbildungs- und Kongruenzmorphem war *-t* im aE produktiv: *hala-t muru-t pat-pat u-t* „Lehm des Erdbodens (ist) unter mir"; *šutti-t šatti-t* „Nacht und Tag" (jünger *šutti-me šatti-me*). Später ist es überwiegend in erstarrten und nicht immer sicher analysierbaren Bildungen belegt, Kandidaten sind z. B. *halti* „Tür", *Haltamti* „Elam", *suhmut*(*u*) „Stele" sowie die Personenbezeichnungen *tempti* „Herr" und *Nahhunte* „Sonne(ngott)", das vielleicht *na*(*n*) „Tag" und *hun* „Licht" enthält. Im mE dient *-t* nur noch sporadisch als Kongruenzmorphem: *hal tiya-t* „fremdes Land", *aski-t hušu*(*n*)*-t-a* / *hušu-ya* „strafendes Los (?)". Die Grundbedeutung ist unklar.

Ein Suffix *-š* findet sich z. B. in *hal-marri-š* „(die) das Land hält" = „Festung", *hal-happ*(*a*)*ti-š* „Prozession(?)", *hal-kata-š* (?), *šah-tu-š* (?). Genetisch wohl mit dem Morphem der 3. Person (Konjugation I) identisch, könnte es in seiner Produktivität durch iranische Lehnwörter wie *kurtaš* „Arbeiter" (wo *-š* auf die indogermanische Nominativendung zurückgeht) beeinflußt sein.

5.2. Adjektive, Partizipien und adjektivisch gebrauchte Substantive

Einige nicht-abgeleitete Nomina scheinen primär adjektivische Funktion zu haben, da sie attributiv ohne Kongruenzmorphem stehen können: *nap*(*ir*) *riša* „der Große Gott", *kiri riša* „die Große Göttin", *iki hamit* „getreuer(?) Bruder". Daneben sind aber auch Ausdrücke mit kongruierendem Klassenmorphem gebräuchlich: *zana riša-rri*/*a* „die große Herrin".

Sehr häufig werden „Partizipien" auf *-k* adjektivisch verwendet: *amma haštu-k* „verehrte(?) Mutter", *pak hani-k u-ri* „meine geliebte Tochter".

Mit Klassensuffixen derivierte Nomina können ohne zusätzliches Kongruenzmorphem (aber mit Kongruenz des Klassensuffixes) adjektivisch gebraucht werden: *sunki-r peti-r* „feindlicher König".

Substantive ohne Klassensuffix können adjektiviert werden, indem sie ein Klassensuffix annehmen, das mit dem Bezugswort kongruiert. Häufig ge-

[7] H. H. Figulla/W. J. Martin, Letters and documents of the Old-Babylonian period, UET 5 [1953] 795 i 11.

schieht dies bei Orts- (*sunki-r hatamti-r* „elamischer König" = „König von Elam"; zu *ukku-r* „oberer", *šara-r* „unterer" s. § 3.2 S. 165) und Materialbezeichnungen: *tetin lansiti-(n)ni* / *lansiti-(m)ma* / *lansiti-ya* < **lan-siti-ni/me(-a)* „Säule/Balken (*tetin*) aus Gold". Wie ersichtlich, werden mE als Kongruenzmorpheme der Sachklasse *-n* und *-me* promiscue benutzt, dazu ein Suffix *-ya* unklarer Herkunft (vielleicht aus dem Konguenzmorphem *-me* + *a* nach Vokal abstrahiert: v-*ma* > v-*wa* > v-*ya* (?).

Adjektive und Partizipien können substantiviert werden, wobei die Personenklasse nötigenfalls durch ein entsprechendes Suffix verdeutlicht wird: *hutta-k hali-k u-me* „mein Gemachtes-Gegründetes" = „mein Werk", *hutla-k(-ri)* „Gesandter", *riša-r napi-pi-r* „der Große (Größte) der Götter", *hurtu Anšan-ip-na* „das Volk der Anšaner", *kat-ri* „der zum Thron Gehörige" = „Fürst".

5.3. Nominalkomposition

Zusammengesetzte Nomina sind häufig, es lassen sich an Haupttypen unterscheiden: (1) Zwei gleichgeordnete Nomina: *hutta-k hali-k* „Gemachtes-Gegründetes" = „Werk"; *ruhu-šak* „Muttersohn-Vatersohn" = legitimer Nachfahr, Erbe", *kik-murun* „Himmel-Erde" = „Welt"; (2) Nomen mit Attribut: *hutt-hali-k* „gegründetes-Werk , Bildwerk"; (3) Verbalnomen mit vorausgehendem Objekt: *hal-meni-r* „Land-Regent", *kap-nuški-r* „Schatzhüter".

6. Postpositionen, Kasussuffixe

Aus verschiedenen Wortklassen und Konstruktionen hat sich im n/achE eine Gruppe von enklitischen und suffigierten Morphemen entwickelt, die man als Postpositionen bzw. Kasussuffixe bezeichnen kann. Die alte Relationalphrase N (*ir*) *ukku-r* „er dem N daraufbefindlich" ergab eine Postposition *ukku* „auf". Aus Partizipien bzw. untergordneten Verbalsätzen (Konjugation II) sind *itakka* „mit" (< *i ta-kka* „ihm/dazu gesetzt"), *in-tukki-me* „wegen, um – willen", *tupaka* „über, betreffs" und wohl auch *ikki/a* „zu" (Person, Land) hervorgegangen. Unsicherer Herkunft sind *mar* „von", das bei personalem Bezug mit *ikki* kombiniert wird (*ikki-mar*), und *em-i* (Singular), *em-ap* (Plural) „von ihm/ihnen" (mit *tu-* „nehmen, erhalten"). *tippa* „vor" ist wohl ein zunächst adverbiell gebrauchtes Nomen („Vorderseite"). Aus den alten Kongruenzmorphemen *-me* und *-n(i)* + Finalpartikel *-a* entstanden *-ma* „in, mittels, für" bzw. *-na* „von" (Genitiv).

7. Adverbien

Eine morphologisch definierte Wortklasse „Adverb" existiert nicht, modale und andere Umstandsbestimmungen werden häufig phraseologisch ausgedrückt, etwa durch appositionelle (Verbal-)Nomina, reduplizierte Verbalstämme oder Verbkoppelung: *pepši-h* (auch verkürzt: *pepšiya*, *pepši*) *hutta-h* „ich erneuerte – machte", d. h. „ich baute erneut, renovierte"; so auch achE *sap murun massi-ka tar-ma-k* „als die Erde entfernt – beendet war" = „als die Erde ganz entfernt war", *nu melli*(*k*)*-ta katak-ti* „du mögest lang sein – leben" = „mögest du lange leben". Daneben dürfte es seit jeher auch spezifische adverbielle Wörter und Ausdrücke gegeben haben, von denen jedoch erst n/achE eine größere Zahl belegt ist: *am* „jetzt", (*h*)*ami* „da, dort", (*h*)*ammer* „damals" dürften von derselben pronominalen Wurzel kommen; ebenso *appan* „jemals", *appuna*, *appukki*/*a* „damals"; *iršekki* (zu *riša* „groß") „viel, sehr"; *meni* „dann, darauf" (zu *me* „Rückseite), *meššil*/*a*(*n*) „später, nachträglich" (wohl < *me* + *šinni*/*u* „kommen"); (*h*)*i sila* „dieses Bildnis" = „so" u. a. m.

8. Numeralia

Da Zahlen normalerweise mit Zahlzeichen geschrieben werden, sind nur wenige elamische Zahlwörter vollständig bekannt, vor allem *ki-* „1", das achämenidisch wie ein Indefinitpronomen gebraucht werden kann.

9. Verben

9.1. Verbalstämme

Verbalstämme enden in der Regel vokalisch, vor allem in der älteren Sprache kommen auch einige Formen mit konsonantischem Stammauslaut vor: *hap-hu* „wir haben gehört", *hap-ti* „du hast gehört" oder „hör(t)" zu *hap*(*u*) „hören"; *kel-hu-na*, *kel-ti* (<*ké-el-at-ti*>), *kel-ti-na* zu *kel*(*i*) „befehlen"; *kut-hi* „ich trug" zu *kut*(*u*/*i*) „halten, tragen"; *mit-ki-ni* „er möge befallen" zu *mit*(*i*) „losgehen, angreifen"; *te-n-ti* „sei(d) gnädig". Viele Basislexeme können nominal und verbal gebraucht werden, wobei die Frage der Priorität kaum entscheidbar ist: *me* „Rückseite" – „folgen", *tu*(*h*) „Eigen(tum)" – „nehmen". Bei konsonantisch auslautendem Stamm ist das zugehörige Verbum gewöhnlich vokalisch erweitert: *hutt* „Erzeugnis, Werk" – *hutta* „machen", *kuš* „Nachkommenschaft" – *kuši* „erzeugen, erbauen". Es handelt sich von Hause aus wohl um einen epenthetischen Vokal ohne Morphemstatus, der diachron und, besonders in späten Texten, auch synchron bei vielen Verben variiert: *halpu*, jünger *halpi* „niederwerfen, töten"; *hutta*, jünger *(h)utta/i* „machen", *kazza*, jünger *kazza/i* „schmieden" u. a. m.

Durch Anlautreduplikation des Verbalstamms können Pluralität der Handlung bzw. von Subjekt oder Objekt ausgedrückt werden. Diese Stammesmodifikation ist aber nicht für jeden Anlaut und für jede Wortstruktur bezeugt. Einsilbige Stämme: *li* – *lili* „geben", *ta* – *tatta* „stellen". Bei Stämmen des Typs KvKv wird in der Regel der Stammvokal elidiert: *hapu* – *hahpu* „hören", *hupa* – *huhpa* „vorangehen", *hutta* – *huhta* „machen", *kappa* – *kakpa* „einschließen", *kazza* – *kakza/i* „schmieden", *kela* – *kekla* „befehlen", *kuti/u* – *kukti* „tragen, halten, bringen", *kuši* – *kukši* „erzeugen, erbauen", *peli* – *pepli* „gründen", *pera* – *pepra* „lesen", *peši* – *pepši* „erneuern", *peti* – *pepti* „befeinden", *rappa* – *rarpa* „binden, befestigen", *sippa* – *sispa* „glänzend machen (?)", *sira* – *sisra* „aufhängen, wägen", *siti/u* – *sistu* „heil, gesund sein/werden" (*situ-ma-p*, *sistu-ma-p* „Genesende"), *turu* – *tutri* „sagen"; erhalten ist der Stammvokal in *kata/u* – *kakkata* „leben", *kikkite* „weihen(?)", *sikka* – *sissikka* „errichten", *tallu* – *tatallu* „schreiben". Stämme des Typs KvKK: *parti* – *paparti* „verderben"; <*te-et-ki-*> gehört wohl zu *tenki* „bringen", ebenso <*si-is-ki-*> zu *sinki* (wohl dasselbe Verbum). Zu dem Kompositum *sukkar-ta* / *sikka-ta* „aufstellen" ist eine Form mit Reduplikation am ersten Element belegt: *suska-ta*.

Es gibt feste Fügungen aus Nomen und Verb wie *si-ma ta* „vorne hinstellen" = „(als Weihgabe) aufstellen" oder *pu/ikti ta* „Hilfe setzen" = „helfen". Auf univerbierte Komposita dieser Art scheinen etliche Verben zurückzugehen, doch sind entsprechende Etymologien oft spekulativ; am häufigsten bzw. am besten erkenntlich sind mit *-ma* (Grundbedeutung unsicher, etwa „setzen", „sagen") und *-ta* „ponere" gebildete: *tu(h)* „Eigen, Selbst" + *ma* > *tuma* „nehmen, erhalten", *el(t)* „Auge" + *ma* > *elma* „betrachten, denken, halten für", *ki/ur* „Hand" + *ma* > *kurma* „übergeben", *mur* „Erde" + *ta* > *murta* „hinstellen, einsetzen".

9.2. Konjugation

Der Verbalstamm kann als Verbalnomen, mit Personensuffixen als Nomen agentis fungieren („Partizip I"): *kap-nuški* „Schatz-Bewahrung" = „Schatzhaus", *kap-nuški-r* „Schatzhüter". Der Verbalstamm bildet auch die Grundlage von Konjugation I, die von den nominalen Klassensuffixen verschiedene Personenzeichen *-h*, *-t*, *-š* besitzt. Das *-h* der 1. Person kann schon mE, besonders in Koppelungen, schwinden: *pepši-h huttah* > *pepši(ya) hutta-h* „ich machte erneut". Den Plural kennzeichnet eine Stammerweiterung *-h*, an welche dieselben Personalsuffixe treten wie im Singular, *-h-h* in der 1. Person ergibt *-hu*. Nach Schwund von *h* fallen im n/achE Singular und Plural der 2. und 3. Person zusammen, in der 1. Plural wird die Differenzierung durch ein *t*-Suffix verstärkt: *hutta-*(*h*)*u-t*. Konjugation I ist transitiven Verben vorbehalten und drückt eine vollendete Handlung aus (relative Vergangenheit).

Durch das an den Stamm tretende Suffix *-k* wird ein Verbalnomen gebildet, das intransitiv-passive, vollendete und primär adjektivische Bedeutung hat. Als Partizip („Partizip II") in prädikativer Funktion bildet es, mit Personalsuffixen versehen, Konjugation II. Zu beachten ist, daß die 3. Person Singular kein *-r* benötigt; wird das *k*-Partizip mit *-r* versehen, so hat es keine primäre Prädikatsfunktion mehr: *halpi-k* „(ist) tot", aber *halpik-ra* „tot, (als) Toter". Die belegten Formen zeigen zumindest für das achE in der 1. Singular und der 3. Plural Abweichungen vom erwarteten Paradigma: *-k*(*k*)*it* (Gemination graphisch nicht belegt) bzw. *-p* ohne Spur von vorangehendem *-k-* (> *h* > Ø?). Konjugation II kommt bei intransitiven und detransitivierten Verben (Passiv zu Konjugation I) zur Anwendung und drückt eine abgeschossene Handlung (Vorzeitigkeit, relative Vergangenheit) aus.

Ein weiteres Verbalnomen wird durch das Suffix *-n* gebildet. Es ist seiner Bedeutung nach unvollendet und aktivisch. Obwohl funktional infinitivische und partizipiale Funktion („Partizip III") zu unterscheiden sind, dürfte es sich genetisch um ein und dieselbe Form handeln, die weiterhin vielleicht auch mit der *n*-Klasse der Substantive identisch ist. Das *n*-Partizip bildet, mit Personalsuffixen versehen, Konjugation III. Die 3. Singular der Personenklasse wird in indikativischer Funktion mit *-r* gebildet, während *r*-lose Formen als Prädikat voluntative Bedeutung haben (vgl. § 10.1 S. 179). Die Analyse der wenigen für die 1. Plural in Frage kommenden Belege ist strittig, das gemeinsame Element *nu* ist vielleicht (Khačikjan 1998: 36f.) als Pluralmorphem zu interpretieren. Konjugation III ist sowohl von transitiven als auch intransitiven Verben bildbar und drückt eine unvollendete (bevorstehende, beabsichtigte) Handlung aus; im achE entspricht Konjugation III dem altpersischen Subjunktiv (Tucker 1998: 181f.).

Als Imperativ dient in älterer Zeit der Allokutiv: *hap-ti* „hör(t)!", *te-n-ti* „sei(d) gnädig!". Das achE bildet eine mit der 3. Singular von Konjugation I gleichlautende Form auf *-š*; lediglich bei intransitivem *mite*/*a* „gehen, kommen" wird auch der bloße Stamm verwendet. Singular und Plural sind nicht differenziert (Paradigma S. 178).

Zusammengesetzte Verbalformen werden m/nE durch die Kombination von Verbalnomina auf *-r* (das hier nicht mehr als Morphem der Personenklasse fungiert), *-k*, *-n*, *-Ø* mit einem voll flektierten (Hilfs-)Verbum *ma* (vgl. § 9.1 S. 175, § 10.4 S. 180) gebildet: *zammi-k ak miši-r−ma-k* „(Tempel) war schwach geworden und drohte einzustürzen"; *palli-k−ma-n-ki ak im-me turu-*

h, šilha–ma-n-ki ak im-me huhta-h „ich mühte mich ab, aber nicht sagte ich (es), ich strengte mich an, aber nicht vollbrachte ich (es)"; *inni pera-n–ma-n-ka* „ohne daß ich dabei (die Inschrift) las".

Aus derartigen Konstruktionen sind achE Paradigmen mit *-ma* als Stammerweiterung entstanden, theoretisch angesetzt als Im = **hutta-ma-*, IIm = **hutta-ma-k-* und IIIm = **hutta-ma-n-*. Eine genauere Sichtung der Belege (Tucker 1998) zeigte, daß wohl nur transitives *hutta-ma-n*(*-ki*/*ri*/*pi*) und intransitiv-passives *hutta-ma-k* (nur 3. Singular) existierten, die dem altpersischen Präsens entsprachen.

9.3. Prädikative Nomina

Außer den oben behandelten Verbalnomina können auch gewöhnliche Nomina und Nominalphrasen ohne Kopula prädikativ gebraucht werden. Für die 1. Person sind achE besondere Formen mit *t*-Suffix bezeugt: *sunki-ki-t* „ich bin/war König", *u* SUNKI(*-k*/*r*?)*-appini-ki-t* „ich bin/war ihr König", *sunki-pu-t* <SUNKI-*ip-ú-ut*> „wir sind/waren Könige", *inni titik-ra-ku-t* „ich bin/war kein Lügner", <*šá-lu-ú-ut*> „wir sind Adelige" (fehlerhaft für oder auf lautlichem Wege entstanden aus *šallu-pu-t*).

	Konjugation I		Konjugation II		Konjugation III	
	Singular	Plural	Singular	Plural	Singular	Plural
1.	hutta-h *pepši(ya)*	hutta-hu	hutta-k-ki	(?)	hutta-n-ki	*he-nun-ka* *he-nu* *turu-nun-ki*
	hutta *halpi(ya)*	*hutta-(h)ut* *huttu-t*	*šanu-k(k)it*			*siya-nun* *tiri-ma-nun*
2.	hutta-t	hutta-h-ti	hutta-k-ti	(?)	hutta-n-ti	(?)
	[*hutta-t*]	[*hutta-t hutti-t*]	*šani-k-ti*			
3.	hutta-š	hutta-h-ši	hutta-k	[hutta-k-pi?]	hutta-n-ri	hutta-n-pi
	hutta/i-š	*hutta/i-š*	*hutta-k*	*šinnu-p*		*hutti-nunu-pa*
Imp.	(= 2. P.)					
	hutta/i-š, *mita/e*					

Die Tabelle gibt für jede Person die paradigmatischen Formen anhand des Verbums *hutta-* „machen", wie sie mE durch verschiedene Verben dokumentiert sind (der durchgeführte *i*-Auslaut beruht auf gängigen Graphien), an; darunter kursiv die späten (achE) Formen anhand konkreter Beispiele.

10. PARTIKELN

10.1. Negationen

Aussagen werden durch *in-* negiert, das in a/mE Zeit mit seinem Bezugswort kongruiert: *in-ki*, *in-ri/ra* (1., 3. Singular Personenklasse), *in-me/ma* > *im-me/ma*, *in-ni* (Sachklasse). Letzteres ist n/achE *inni* (selten *inna*) lexikalisiert.

Verbote und negative Wunschsätze werden mit *ani* (jünger *anu*) und Konj. III ausgedrückt, wobei in der 3. Singular Personenklasse regelmäßig die Endung fehlt: *ani uzzu-n* / *anu izzu-n* „er möge nicht wandeln", aber *tumpir ani i-n kutu-n-ki* „einen Widersacher (?) möge ich nicht haben", *anu titki-me elma-n-ti* „halte es nicht für Lüge!". Als verkürzte 1. Plural ist (mit Khačikjan 1998: 49) wohl *ani henu(nk)* „mögen wir nicht bekommen" zu interpretieren.

10.2. Die Wunschpartikel *-ni*

Das an das Prädikat (Konjugationen I und II, Nomina) tretende Suffix *-ni* (mit folgendem *-a* > *-na*), a/mE auch *-li*, kennzeichnet Wunschsätze: *hutta-h-ni* „ich will machen", *hutta-š-ni* „er soll machen", *tela-k-ni* „(es) sei (als Weihegabe) aufgestellt!". Zuweilen haben solche Sätze konzessiven oder adversativen Sinn: „Mag es auch niemanden gegeben haben (*in-na* ŠÀ-*ri-ir-ni*) ...: doch ich betete zu Ahura-Mazda, und er half mir" (Darius Behistun § 13). Affirmative Bedeutung ist dagegen nicht sicher bezeugt.

10.3. Die Partikel der Abgeschlossenheit *-ti*

Die enklitische Partikel *-t(i)*, *-ta* (< *ti-a*) tritt an Verbalformen, und zwar zunächst nur in vorzeitigen Relativsätzen (die aber auch ohne *-ti* möglich sind); in achE Texten kommt sie auch am Ende von Hauptsätzen vor. Ihre Funktion ist wohl die Markierung von zeitlicher Abgeschlossenheit bzw. Vorzeitigkeit. Im achE erscheint sie nur in der 3. Person von Konj. I, während parallele Formen der 1. Person auf *-ra* enden: *kutta appa hutta(h)-ra kutta appa atta-ta Dariyamauš sunkir hutta-š-ta* „sowohl was ich getan hatte, als auch was mein Vater Darius getan hatte". **hutta-ta* < *hutta-h-ta* wurde vielleicht wegen Formgleichheit mit dem Allokutiv vermieden, wie es zum Einsatz von *-ra* kam, ist jedoch unsicher.

Die n/achE an Nomina, Pronomina und Adverbien belegte Partikel *-ti/ta* ist wahrscheinlich etymologisch mit der vorigen identisch. In Kombination mit Temporaladverbien wie *appukka*, *šašša*, *hammer* „damals" dürfte sie ebenfalls die Abgeschlossenheit betonen, die Verbindung mit *am* „jetzt" + *ta* heißt „bisher". Bei Pronomina und Quantitätsbezeichnungen wie *mar-p-ip-ta* „alle", *hupi marri-ta* „all dieses", (*h*)*i-su-t*(*t*)*a*/*e* „für sich (allein), er persönlich,", *2-p-ip-ta* „alle zwei, beide", *iršekki tay-ti šišna* „all das viele andere Schöne" scheint *-ta* die quantitative Abgeschlossenheit (Vollständigkeit) hervorzuheben.

10.4. Die Partikeln der direkten Rede

Zitierte Rede wird n/achE durch nachgestelltes *-man-ka* (1. Singular), *-ma-ra* (3. Sg.), *-ma-pa* (3. Plural) gekennzeichnet, wohl Formen eines isoliert nicht mehr gebräuchlichen Verbum dicendi *ma-* „sagte ich/er, sagten sie" (vgl. § 9.1 S. 175, 9.2 S. 177).

10.5. Die syntaktischen Finalpartikeln

Die enklitische Partikel *-a* markiert das Ende von Syntagmen und Sätzen (weshalb sie auch als Nominalisator und als Verbindungspartikel interpretiert wurde) und gliedert somit die Satz- bzw. Textstruktur. Zu beachten ist, daß *-a* nur an das letzte von mehreren gleichgeordneten Syntagmen treten muß und so deren Parallelität anzeigt: *sunki-p liku-p-Ø urpu-pp-a* „die früher herrschenden Könige"; *siyan* GN*-me upat-m*(*e*)*-a kuši-k-Ø ak mišir-ma-n-a* „der Tempel des GN, der aus Ziegeln gebaut war und zu verfallen drohte".

Ob sich hinter dem häufigen auslautendem *-i* von Nominal- und Verbalsuffixen (alter Morphemauslaut, Stützvokal) auch eine enklitische Partikel verbergen kann (vgl. Grillot-Susini 1987: 41), ist ganz unsicher.

10.6. Konjunktionen und Subjunktionen

Zur Koordinination von Syntagmen und Sätzen dienen *aki* (archaisch), *ak* (geschrieben <*a-ak*>, mE einmal <*ia-ak*>) „und" sowie achE *kutta* (*kutta ... kutta* ... „sowohl ... als auch ...").

Im älteren Elam. sind subordinierte Sätze überwiegend durch Einbettung, Kongruenzmorpheme und die Finalpartikel *-a* erkenntlich, als Subjunktion ist vereinzelt *anka* „wenn" belegt. Im achE finden sich daneben *appa* im Sinne von „daß, weil", *sap* „wie, als, wenn, damit" u. a. m.

Bibliographie

Brice, W.
1962–3 The Writing System of the Proto-Elamite Account Tablets of Susa, Bulletin of the John Rylands Library 45, 15–69.

Diakonoff, I. M.
1967 Эламкий Язык ['Die elamische Sprache'], in I. M. Diakonoff, Языки Древней Передней Азии ['Die Sprachen des alten Vorderasien'] (Moskau) 85–112.

Englund, R.
1997 Proto-Elamite, in: E. Yarshater (ed.), Encyclopaedia Iranica 8 (New York) 325–330.

Gragg, G.
1995 Less Understood Languages of Ancient Western Asia, in: J. M. Sasson (ed.), Civilizations of the Ancient Near East IV, 2161–2179.

Grillot-Susini, F.
1973 La postposition génitive -na en élamite, Cahiers de la Délégation Archéologique Française en Iran (Paris) 3, 115–169.
1978 Les affixes nominaux et les pronoms indépendants de la langue élamite, Journal Asiatique 266, 1–35.
1987 Eléments de grammaire élamite. Paris.
1997 Elamite Language, in: E. Yarshater (ed.), Encyclopaedia Iranica 8 (New York) 332–335.

Hinz, W.
1962 Zur Entzifferung der elamischen Strichschrift, Iranica Antiqua 2, 1–21.
1975 Problems of Linear Elamite. JRAS, 106–115.

Hinz, W. und H. Koch
1987 Elamisches Wörterbuch, AMI Ergänzungsband 17.

Khačikjan, M.
1998 The Elamite Language. Rom.

Labat, R.
1950 La structure de la langue élamite. Paris.

McAlpin, D.
1981 Proto-Elamo-Dravidian: The Evidence and its Implications. Philadelphia.

Meriggi, P.
1969 Altsumerische und proto-elamische Bilderschrift. ZDMG Supp. 1, 156–163.
1971 La scrittura proto-elamica. Roma.
1975 Der Stand der Erforschung des Proto-Elamischen, JRAS, 105.

Paper, H. H.
1955 The Phonology and Morphology of Royal Achaemenid Elamite. Ann Arbor.

Potts, D. T.
1999 The Archaeology of Elam. Cambridge.

Reiner, E.
1969 The Elamite Language = HdO I/2,1-2/2 (Leiden/Köln) 54–118.
1992 Elamite, in: W. Bright (ed.), International Encyclopedia of Linguistics I (New York) 406–409.

Salvini, M.
1997 Linear Elamite, in: E. Yarshater (ed.), Encyclopaedia Iranica 8 (New York) 330–332.

Stève, M.-J.
1992 Syllabaire élamite: Histoire et paléographie. Neuchâtel/Paris .

Stolper, M. W.
2004 Elamite, in : R. D. Woodard (ed.), The Cambridge Encyclopedia of the World's Ancient Languages (Cambridge) 60–94.

Tucker, E.
1998 The „Nominal Conjugations" in Achaemenid Elamite = Achaemenid History 11 (Leiden) 165–194.

Vallat, F.
1978 L'origine de l'écriture à Suse, Cahiers de la Délégation Archéologique Française en Iran (Paris) 8, 11–59.
1986 The Most Ancient Scripts of Iran. The Current Situation, World Archaeology 17/3, 335–347.

Index

Zusammengestellt von Brit Jahn

Der Index erschließt ausschließlich die Überschriften der vorangegangenen Kapitel.

Adjektiv 22–23 (S); 172–173 (E)
Adposition 107–108 (Heth)
Adverb 23 (S); 97 (Heth); 107–108 (Heth); 174 (E)
Affix, nominal 19 (S)
Aktionsart 111–112 (Heth)
Aktiv 98–100 (Heth)
Antipassiv 153 (H/U)
Artikel, bestimmt 146–147 (H/U)
Aspekt 111–112 (Heth)
Demonstrativpronomen 94–95 (Heth); 143 (H/U); 167 (E)
Derivation 50 (A); 52–53 (A)
Diathese 109–110 (Heth)
Erbwortschatz 67 (A)
Ergativität, gespalten 153 (H/U)
Entwicklung, sprachhistorisch 67–68 (A)
Finalpartikel 180 (E)
Flexion 50–51 (A); 54 (A)
Genitiv 153 (H/U)
Indefinitpronomen 96–97 (Heth); 144 (H/U)
Interrogativpronomen 96 (Heth); 144 (H/U); 168 (E)
Kasus, adverbial 19 (S)
  adnominal 19 (S)
Kasussuffix 173 (E)
Kasussyntax 103–106 (Heth)
Kategorie, verbal 109–114 (Heth)
Komparation 106–107 (Heth)
Kongruenz 102–103 (Heth)
Konjugation 115–117 (Heth); 175–177 (E)
Konjunktion 180 (E)
Konsonant 16 (S); 48 (A)
Lautlehre 85–87 (Heth)
Lokalpartikel 107–109 (Heth)
Lehnwort, akkadisch 68–72 (A)
Mediopassiv 100–101 (Heth)
Mediumpräfix 31–32 (S)
Modalität 112–113 (Heth)
Modus 55–56 (A)
Morphemtypen 48–49 (A)
Morphologie 48–58 (A); 87–102 (Heth); 130–133 (Hatt); 139–152 (H/U)
Negation 114–115 (Heth); 179 (E)
Negationspräfix 33 (S)
Nomen 50–51 (A); 87–92 (Heth); 144–146 (H/U); 170–173 (E) prädikativ 177 (E)
Nominalkomposition 173 (E)
Nominalphrasen 17–23 (S)
Numeralia 174 (E)
Ortsbezugspartikel 109 (Heth)
Partikel 115–115 (Heth); 179–180 (E)
Partizip 172–173 (E)
Perfekt 55 (A); 61 (A)
Personalaffix 54–55 (A)
Personalpronomen 166 (E)
  enklitisch 92–93 (Heth); 141 (H/U)
  selbständig 92 (Heth); 140 (H/U)
Phonologie 15f (S); 47–48 (A); 129,130 (Hatt)
  hurritisch 137–138 (H/U)
  urartäisch 138 (H/U)
Plural, nominal 18 (S)
Position
  1: Kopf 17 (S)
  2: Erweiterung 18 (S)
  3: Possessor 18 (S)
  4: Pluralmarker 18 (S)
  5: Kasusmarker 18–22 (S)
Possession, inalienable 22 (S)

Possessivpronomen 167–168 (E)
enklitisch 93–94 (Heth); 142 (H/U)
selbständig 141–142 H/U)
Postposition 152 (H/U); 173 (E)
Präfix
adverbial 30 (S)
/a(l)-/ 35 (S)
modal 33–35 (S)
/nga/ 32 (S)
pronominal 29–31 (S)
Präpositon 152 (H/U)
Präsens 59–60 (A)
Präsens-Futur-Marker 28 (S)
Präteritum 60–61 (A)
Präverb 108–109 (Heth)
Pronomen 49–50 (A); 92–97 (Heth); 139–144 (H/U); 166–169 (E)
anaphorisch 166–167 (E)
Relativpronomen 96 (Heth); 142–143 (H/U); 168 (E)
Relativsatz 151–152 (H/U); 153 (H/U)
Satzfolgen 63–66 (A)
gleichgeord. asyndetisch 63 (A)
gleichgeord. syndetisch 64 (A)
untergeord. asyndetisch 64 (A)
untergeord. syndetisch 65–66 (A)
Satzsyntax 63–66 (A)
Sprachgeschichte 44–47 (A); 128–129 (Hatt); 135–137 (H/U)
Stativ 51–52 (A)
Status constructus 51 (A)
Status rectus 51 (A)
Struktur, morphosyntaktisch 163–166 (E)
Subjunktion 180 (E)
Subordination 117–118 (Heth)
Subordinativ 56–57 (A)
Subordinator 25 (S)
Substantiv 170–172 (E)
adjektivisch 172–173 (E)
Suffix
konstrastierend 96 (Heth)
pronominal 28 (S)
verbal 151–152 (H/U)
Suffixaufnahme 146–147 (H/U)
Syntax 102–119 (Heth); 152–154 (H/U)
Tempus 25–28 (S); 59–63 (A)
Varianz, dialektal 67–68 (A)
Variationen
diachron 12ff. (S)
synchron 12ff. (S)
Ventiv 32 (S); 57 (A)
Verb 52–58 (A); 97–102 (Heth); 174–177 (E)
finit 24–36 (S)
hurritisch 147–149 (H/U)
infinit 36–38 (S)
schwach 57–58 (A)
urartäisch 149–151 (H/U)
Verbalbasis 28–29 (S)
Verbalnomen 101–102 (Heth); 113–114 (Heth)
Verbalstamm 174–175 (E)
Verneinung 151–152 (H/U)
Vokal 15 (S); 47–48 (A)
Vorzeitigskeitspräfix 33 (S)
Wortbildung 102 (Heth)
Wortklassen 48 (A); 139 (H/U)
Wortschatz 66–72 (A); 120 (Heth)
Wortstellung 118–119 (Heth); 154 (H/U)
Wortsyntax 59–63 (A)
Wunschpartikel 179 (E)
Zahlwort 97 (Heth)
Zeitbezug 110–111 (Heth)